है कुछ, दीखे और

(वैचारिक निबन्ध)

है कुछ, दीखे और

कैलाश वाजपेयी

भारतीय ज्ञानपीठ

लोकोदय ग्रन्थमाला : ग्रन्थांक 1095
ग्रन्थमाला सम्पादक
रवीन्द्र कालिया
सह-सम्पादक
गुलाबचन्द्र जैन

है कुछ, दीखे और
(वैचारिक निबन्ध)
कैलाश वाजपेयी

प्रथम संस्करण : 2012
मूल्य : 200 रुपये

ISBN 978-81-263-3095-9

प्रकाशक : **भारतीय ज्ञानपीठ**
18, इन्स्टीट्यूशनल एरिया, लोदी रोड, नयी दिल्ली-110 003

मुद्रक : विकास कम्प्यूटर ऐंड प्रिंटर्स, दिल्ली-110032

आवरण-सज्जा : ज्ञानपीठ कला प्रभाग

HAI KUCHH, DEEKHE AUR
(Essays)
by Kailash Vajpayee

Published by : **Bharatiya Jnanpith**
18, Institutional Area, Lodi Road, New Delhi-110 003

e-mail : jnanpith@satyam.net.in, sales@jnanpith.net
website : www.jnanpith.net

First Edition : 2012
Price : Rs. 200

अनुक्रम

है कुछ, दीखे और

श्वेताश्वतरोपनिषद् में एक जगह लिखा है—

समान रूप वाली बहुत-सी सन्तानों को उत्पन्न करनेवाली एक लाल, उजली और काली मूल प्रकृति की सेवा करते हुए एक अजन्मा पुरुष पीछे-पीछे चलता है। और दूसरा अजन्मा इसका भोग कर लेने पर इसे पीछे छोड़ देता है। इस श्रुति को सर्वाधिक महत्त्व, अपने यहाँ सांख्य दर्शनवाले देते हैं। दरअसल सांख्य दर्शन की पृष्ठभूमि इसी श्रुति पर खड़ी है। सृष्टि शुरू कैसे हुई, इसे लेकर एक लम्बी बहस पिछली कई शताब्दियों से चलती चली आ रही है। वृहदारण्यक उपनिषद् कहता है—प्रारम्भ में पुरुष अकेला था। पुरुष यानी स्त्रष्टा। एक हूँ दो हो जाऊँ उसकी ऐसी इच्छा से जीवन का प्रारम्भ हुआ। बाइबल के अनुसार, ईश्वर ने सृष्टि की रचना छः दिन में की और रविवार के दिन वह सो गया। अन्य कहीं आया है कि रचयिता ने कहा—'कुन' यानी हो जा और दुनिया हो गयी। दुनिया शब्द का मूल सम्भवतः द्विनियत्व में है, जिसका निहितार्थ हुआ जिसकी नियति दोहरी हो। बहरहाल श्वेताश्वतरोपनिषद् में जिन दो का जिक्र है, रूपक के रूप में इन्हें बकरा-बकरी माना जाता है। मूल प्रकृति सही अर्थों में पुरुष के संसर्ग में आकर ही फलवती हो पाती है। ऋषि कवि कहता है—ये दोनों अर्थात् अज और अजा अजन्मा हैं। जिन तीन रंगों का जिक्र ऊपर हुआ है वे और कुछ नहीं, प्रकृति के तीन गुण हैं। जिन्हें हम सत्, रज और तम कहकर बुलाते हैं। इन गुणों को आलंकारिक भाषा में शुक्ल, लोहित और कृष्ण इन तीन रंगोंवाला माना या कहा गया है। शुक्ल यानी सफेद अथवा उजला रंग सतोगुण का प्रतिनिधित्व करता है, लोहित या लाल रंग रजोगुण का प्रतिनिधित्व करता है, जबकि कृष्ण अथवा काला रंग तमोगुण का। प्रकाश का काम करने की वजह से सतोगुण को शुक्ल कहा गया है। क्योंकि काला रंग अन्धकार की ओर इशारा करता है इसलिए तमोगुण को सभी ने निकृष्ट कहा है। यह जो सृष्टि का संचालन करने वाली प्रकृति है इसे त्रिगुणात्मक इसलिए कहा गया है क्योंकि सृष्टि के सब पदार्थों में, विशेष रूप से जीव में, यही तीनों गुण विद्यमान रहते हैं शायद इसलिए कोई भी आदमी हर समय न क्रोध में रह

सकता है, न पूरी तरह शान्त। कोई भी आदमी हर समय न तो दूसरों पर रौब डालता है और न ही हर समय परम विनयशील रह सकता है। पदार्थों को प्रकृति की अजा कहा गया है। यह पुरुष इसी प्रकृति की खुशामद या फिर सेवा में लगा रहता है। प्रकृति के सभी कार्यों को (मन, बुद्धि और ईहा) अपना समझकर प्रकृति के साथ-साथ घूमता रहता है। यह मुक्त पुरुष क्योंकि प्रकृति को भोग लेता है, इसलिए इसे भुक्तभोगा भी कहा जाता है। श्वेताश्वतरोपनिषद् के सूत्र का पहला भाग पूर्वार्ध प्रकृति की ओर इशारा करता है, जबकि उत्तरार्ध में इशारा पुरुष की ओर है। यह कुछ सोचने जैसा है कि प्रकृति यदि अचेतन है तो वह कोई भी कार्य कैसे कर पाएगी। किसी भी बड़े काम को करने के लिए प्रकृति को चेतन की मदद चाहिए। इसी तर्क के सहारे सांख्य कहता है कि प्रकृति के हर कार्य-व्यापार के पीछे किसी चेतन अधिष्ठाता का होना अनिवार्य है।

❑

...और सरस्वती सूख गयी

अथर्ववेद पर कुछ भी लिखने के पूर्व यह स्पष्ट कर देना जरूरी है कि सबसे अधिक संख्या में उपनिषद् यहीं मिलते हैं। कुल मिलाकर अथर्ववेद में सन्निहित उपनिषदों की संख्या उन्तालीस है जिनमें से कुछ के नाम पर इस प्रकार हैं—1. मुण्डक उपनिषद्, 2. प्रश्नोपनिषद्, 3. माण्डूक्य उपनिषद्, 4. गर्भ उपनिषद्, 5. पिण्ड उपनिषद्, 6. आत्म उपनिषद्, 7. प्राणाग्नि उपनिषद्, 8. गरुड उपनिषद्, 9. ब्रह्मविद्या उपनिषद्, 10. क्षुरिका उपनिषद्, 11. नाडबन्ध उपनिषद्, 12. अमृतबिन्दु उपनिषद्, 13. ध्यानबिन्दु उपनिषद्, 14. योगशिखा उपनिषद्, 15. तेजोबिन्दु उपनिषद्, 16. योगतत्त्व उपनिषद्, 17. हंस उपनिषद्, 18. अरुण्य उपनिषद्, 19. जाबाल उपनिषद्, 20. नीलरुद्र उपनिषद्, 21. कैवल्य उपनिषद्, 22. नारायण उपनिषद्, 23. महा उपनिषद्, 24. कालनीर उपनिषद् एवं 25. अथर्वशिखा उपनिषद् आदि।

चार महावाक्य जो भारतीय दर्शन की धुरी हैं, वे भी वेदों से ही लिये गये हैं। ये हैं— 1. अहं ब्रह्मास्मि, 2. सर्वं खल्विदं ब्रह्म, 3. तत्त्वमऽसि, एवं 4. अयमात्मा ब्रह्म। अथर्ववेद पर पहली पुस्तक ब्लूमफील्ड ने 1899 में लिखी थी। 'सम आस्पेक्ट्स ऑफ इंडियन कल्चर' के लेखक डी.आर. भंडारकर की कृति काफी समय बाद सन् 1940 में छपकर आयी।

अथर्ववेद का नाम अथर्वा ऋषि और उनके शिष्य व वंशजों से जोड़ा जाता है। अथर्वा को ब्रह्मा की सन्तान माना जाता है जिन्होंने उन्हें ब्रह्मविद्या सिखायी। अंगिरस ऋषि इन्हीं के वंश में हुए थे। दधीचि, जिनका जिक्र ऋग्वेद और महाभारत दोनों में आता है, ने अपने घोर तप से देवलोक में खलबली मचा दी। उन्हें तपस्या से उचाट करने के लिए अलंबुषा नामक अप्सरा को भेजा गया। सरस्वती की लहरों पर नृत्य करती हुई इस सुन्दरी को देखकर दधीचि स्खलित हुए। यह ऊर्जा सरस्वती की लहरों में घुलने के कारण ही सरस्वती सूख गयी। हालाँकि इस तरह का कोई स्पष्टीकरण डेविड फ्रॉले और सुभाष काक के द्वारा लिखित पुस्तक 'इंडिया द क्रेडिल ऑफ सिविलाइजेशन' में नहीं मिलता है। वहाँ सरस्वती के सूखने का स्थान भी भिन्न है।

इसके आगे विवरण मिलता है कि इन्द्र ने दधीचि को कुछ अनिर्वचनीय विद्याएँ सिखायीं और साथ ही यह भी कहा कि यदि दधीचि ने यह भेद खोला अथवा इन विद्याओं के विषय में किसी को कुछ बताया तो इन्द्र उनका मस्तक अश्व जैसा बना देगा।

दधीचि ने किन्हीं कारणों से यह विद्या अश्विनीकुमारों को बता दी, इन्द्र ने तब दधीचि का मस्तक काटकर वहाँ अश्व को बैठा दिया, क्योंकि अश्विनीकुमार अंग-प्रत्यारोपण में निष्णात थे अतः उन्होंने दधीचि को पुनः ऋषि बना दिया। राक्षसों का नाश करने के लिए इन्द्र को जब वज्र बनाने की अनिवार्यता हुई तो इन्द्र ने दधीचि से कहा कि आपकी अस्थियों में ही वह क्षमता है जिनसे यह राक्षसघाती शस्त्र बन सकता है। सत्पुरुषों और देवताओं की रक्षा के लिए, इससे अधिक उपयुक्त अवसर और कौन-सा होगा, ऐसा सोचकर दधीचि ने अपनी अस्थियाँ इन्द्र को दान में दे दीं और इस तरह वह अमोघ अस्त्र बना जिसे हम वज्र कहते हैं। अथर्ववेद का एक और नाम ब्रह्मवेद भी है। इस वेद की दो शाखाएँ उपलब्ध हैं। एक शाखा का नाम पिप्पलाद शाखा है और दूसरी का शौनक शाखा। इसमें अभिचार, सम्मोहन, चिरयौवन, निद्रा विजय आदि के साथ अनेक मारक व्याधियों के उपचार भी सुझाए गये हैं। अथर्ववेद अत्यधिक रोचक और रहस्यपरक है। डॉ. भंडारकर का कहना है—'हो सकता है इस संहिता पर कुछ प्रभाव बाहर (मेसोपोटामिया) का हो।'

❑

ब्रह्मांड की बन्द कोठरी : वैज्ञानिकों की रहस्य-भाषा

क्या शुद्ध विज्ञान जो प्रकृति की बुनावट परखने निकला था अब स्वयं भी उलटबाँसी या सन्ध्याभाषा बोलने लगा है? क्या भौतिकी के नियमों के सहारे आज वैज्ञानिक भी उसी मनोभूमि पर पहुँच रहा है जहाँ तर्क, द्वन्द्वात्मकता, व्यंग्य, गर्वोक्ति और संशय सब-के-सब पीछे छूट जाते हैं और बाकी रह जाती है एक तरल सदाशयता और घुमड़ती है सिर्फ सीधी-सी प्रार्थना—

दुर्जनः सज्जनो भूयात्
सज्जनः शान्तिमाप्नुयात्,
शान्तो मुच्यते बन्धेक्यो
मुक्ताश्चान्यान् विमोचते।

यानी दुर्जन सज्जन हो जाएँ, सज्जन शान्ति पाएँ, शान्तजन बन्धन से छूट जाएँ और जो छुटकारा पा गये हैं वे दूसरों को छुटकारा दिलाएँ।

विज्ञान के रहस्यपरक होते चले जाने की कहानी दरअसल भौतिकी के उन नियमों से जुड़ी है जो पिछले कुछ दशकों में उद्घाटित हुए हैं, भौतिकी जिसे अँग्रेज़ी में 'फिज़िक्स' कहा जाता है मूलतः ग्रीक भाषा का शब्द है जिस का अर्थ है वस्तुओं की मूल प्रकृति को देखने-परखने का प्रयत्न। कहना न होगा कि कपिल के सांख्य से लेकर नागार्जुन के शून्यवाद तक पूर्व के तमाम ऋषि विचारकों का प्रयत्न भी यही था।

यूनानी चिन्तन का इतिहास कहता है कि सबसे पहले आयोनिया में कुछ चिन्तक हुए जिनकी चिन्तन पद्धति को फ़िजिसिस कहा गया। यह निकाय वहाँ 'मायलेशियन निकाय' के नाम से जाना गया। इन्हें एक और नाम 'हायलोज़ोइस्ट' भी इसलिए मिला क्योंकि ये लोग पदार्थ को भी सप्राण मानते थे। यह पढ़कर शायद अजीब लगे कि ग्रीक भाषा में पदार्थ अथवा मैटर के लिए कोई शब्द नहीं है। इसलिए 'एनेक्जिमेंडर' ने ब्रह्मांड को 'आकाशीय श्वास' से भरा हुआ बताया। आकाशीय

श्वास के लिए एनेक्जिमेंडर ने 'न्यूमा' शब्द का प्रयोग किया। (आयुर्विज्ञान में न्यूमोनिया शब्द की उत्पत्ति भी इसी 'न्यूमा' शब्द से हुई है)। कालान्तर में 'हेराक्लाइटस' ने स्थापना की कि पृथ्वी पर सब कुछ परिवर्तनीय है, बदल रहा है। यह तो 'होने' की प्रक्रिया में है। यहाँ यह न भूलें कि 'हेराक्लाइटस' के आस-पास ही भारतीय मनीषी भी इस सब कुछ, तेजी से बदलनेवाले हर विषय को 'संसार' कह चुके थे। (संसरति इति संसार:)। जो हो, हेराक्लाइटस ने कहा, सब बदलाव विपरीत या विरोधी ऊर्जा का नाटक है जो आत्यन्तिक रूप से एकत्व का ही रूप है। वस्तुओं एवं स्थितियों में निहित यही एकत्व अन्तत: हर विरोध को पाटकर फिर स्थैर्य तक पहुँच जाता है जिसे हेराक्लाइटस ने 'लोगोस' कहा।

हेराक्लाइटस के विरोध में इटली के एलिया पड़ाव में जनमे 'पारमेनिडीज' ने कहा—सब कुछ 'होने' की स्थिति में नहीं, शुरू से है, उसमें कोई परिवर्तन हमें दीख पड़ता है वह हमारा भ्रम है। इन्द्रियों की सीमा या अक्षमता के कारण ही हमें लगता है कि सब कुछ बदल रहा है। पारमेनिडीज और हेराक्लाइटस के 'होना' और 'है' सिद्धान्तों की टकराहट का परिणाम यह हुआ कि डेमोक्राइटस तक आते-आते अणु की कल्पना चर्चा का विषय बनी।

यूनान के अणुवादियों ने अणु की गति को शुद्धरूप से दैविक माना जिसका पदार्थ से दूर-दूर तक कोई सम्बन्ध नहीं। आगे आनेवाली शताब्दियों में पश्चिम के चिन्तन में यही द्वन्द्वात्मकता कभी मस्तिष्क और पदार्थ, तो कभी शरीर और आत्मा जैसी बहसों का विषय बनी। पश्चिम में ब्रह्मांड सम्बन्धी समझ के बीज सबसे पहले अरस्तू ने बोये। अरस्तू ने कहा कि आत्मा और भगवत्ता सम्बन्धी चिन्तन पदार्थिव चिन्तन से कहीं अधिक मूल्यवान है। इसलिए समझदार आदमी को केवल आध्यात्मिक विकास का प्रयत्न करना चाहिए। भौतिकीय चिन्ता अगर गैर महत्वपूर्ण रहा तो उसका कारण अरस्त् की ही स्थापनाएँ हैं जो ईसाई धर्म और पोप के प्रभुत्व में लम्बे अर्से तक संरक्षित रहीं। मगर पन्द्रहवीं शती तक आते-आते स्थिति ने पलटा खाया और गैलिलियो अपनी दूरबीन और गणित के साथ प्रकृति की अथाह गहराई में कूदने पहली बार मंच पर आया।

गैलिलियो ने क्योंकि अरस्तू और बाइबिल की मान्यताओं को चुनौती दी और सच कहने की सज़ा भोगी, इसलिए आज हर कोई उन्हें आधुनिक विज्ञान का जनक मानता है। गैलिलियो की स्थापना का तत्काल परिणाम यह हुआ कि यूरोप में दार्शनिक चिन्तन की दिशा भी कुछ-कुछ वैज्ञानिक होने लगी। पदार्थ और चेतना की द्वन्द्वात्मकता ने सत्रहवीं शती में रेने डेकार्ट्स को 'कॉगिटो एर्गो सम' अर्थात् 'सोचता हूँ इसलिए हूँ' कहने के लिए विवश किया। डेकार्ट्स ने मन को चेतन और शेष सब को पदार्थ कहा। इस वर्गीकरण की परिणति यह हुई कि पश्चिम में पदार्थ प्राणहीनता

की कोटि में आ गिरा, जिसका स्पष्टीकरण हम आगे करेंगे, जबकि पूर्व के कुछ चिन्तक शुरू से यही कह रहे थे कि जो पहाड़ देवदारू जैसे वृक्ष को जन्म दे सकता है वह जड़ कैसे हो सकता है।

यह कुछ सोचने जैसा है कि डेकार्ट्स के विभाजन ने जहाँ एक तरफ पदार्थपरक भौतिकी के अनेकानेक नियमों को जन्म दिया वहीं दूसरी तरफ विश्व संस्कृति की प्राणवाहिनी ऊर्जा को गलत रास्तों की तरफ मोड़ दिया। अन्यथा यूनानी और भारतीय चिन्तन जो हर विषय के एक सूत्र में जुड़े होने का पक्षधर था कभी उन अधकचरी मान्यताओं से प्रभावित ही न होता जो 'कैवल्य', 'निर्वाण' अथवा 'मुक्ति' जैसे शब्दों को फिजूल अथवा नशीला कहता है। बहरहाल भौतिकी में क्रान्ति लाने का श्रेय अगर किसी को दिया जा सकता है तो वे हैं न्यूटन, जिन्होंने यूक्लीड के ज्यामितिक नियमों के सहारे ब्रह्मांड का एक मानद ढाँचा खड़ा किया और कहा, 'दिक् या स्पेस एक अपरिवर्तनीय ठहरी हुई स्थिति का नाम है' (जबकि तरंग विज्ञान यानी 'वेव मेकेनिक्स' द्वारा अब यह पूरी तरह सिद्ध हो चुका है कि दिक् या स्पेस भी निरन्तर परिवर्तनीय है। यही नहीं हर जीव—जिसमें घास, कीट, पशु, मनुष्य सभी शामिल हैं—के भीतर बाहर का आकाश हर पल बदल रहा है)।

न्यूटन का संसार एक अबाधित दिक और अबाधित समय का संसार था, जिस में पदार्थ के कण आपसी आकर्षण विकर्षण के कारण गतिमान थे, जिन्हें सिद्ध करने के लिए न्यूटन ने डिफरेंशियल कैलकुलस तक गढ़ा और जिस के आधार पर उसने घोषणा की कि समस्त ब्राह्मांड एक विराट मशीन है जहाँ कारण और परिणाम दोनों पूर्वनिर्णीत है। न्यूटन से प्रेरित होकर गणितज्ञ लाप्लास ने पाँच खंडों वाला एक महाग्रन्थ ही लिख डाला। इस ग्रन्थ का नाम था 'मेकेनीक सेलेस्त'। इस ग्रन्थ द्वारा लाप्लास ने यह सिद्ध किया कि ग्रह नक्षत्रों से लेकर अणु तक सब में जो गति है वह आकर्षण सिद्धान्त की वजह से ही है। न्यूटन के होने के बाद कई शताब्दियों तक खगोलशास्त्र और भौतिकी में गुरुत्वाकर्षण, गर्मी और गति आदि के सिद्धान्त लगभग उसी रूप में मान्य रहे। विज्ञान अब तक शुद्ध विज्ञान था मगर जब फराडे ने ताँबे के तार के निकट चुम्बक रखकर विद्युत तरंगें पैदा कर दीं तो विज्ञान उस दिन से यान्त्रिकी की गिरफ्त में आ गया और विद्युताकर्षण के आधार पर फराडे और मैक्सवेल ने यह सिद्ध किया कि ऋणात्मक और घनात्मक विद्युत तरंगें दिक् में एक व्यक्तिक्रम ही नहीं पैदा करतीं बल्कि जो कुछ भी वहाँ घट रहा है उसे उत्थापित भी करती हैं। यहीं से आकाश में विद्यमान ब्रह्मांड किरणों, गामा किरणों, प्रकाश और रेडियो किरणों आदि का पता चला। आईस्टाइन के आने के बाद भौतिकी का एकदम रूपान्तरण हो गया। क्योंकि उसके सिद्धान्त ने यूक्लीड के ज्यामितिक नियमों को निरस्त कर कहा—तीन आयामी दिक् यानी स्पेस असल में वक्र है। इसीलिए खगोल भौतिकी अब दिक् को

भी खाली नहीं मानती। उसके अनुसार आकाश या दिक् या स्पेस भी हर क्षण बदल रहा है। यही स्थानान्तरण अणु सिद्धान्त के साथ भी हुआ जब डेनमार्क के नील्स बोह्र, फ्रांस के लुई दे बोर्गेली और जर्मनी के हाइजेनबर्ग को उपाणु का पता चला जो एक तरह से प्रमात्रा भौतिकी या क्वांटम भौतिकी की पेचीदगियों का हिस्सा है। इसलिए कि यहाँ आते-आते बिन्दु और तरंग का भेद मिट गया। जबकि बिन्दु और तरंग दो अलग-अलग स्थितियाँ होनी चाहिए। अणुवादियों का कहना है कि कोई भी अणु चाहे जितनी बार विच्छिन्न हो, अपना मूल स्वभाव नहीं बदलता। जबकि शास्त्रीय भौतिकी के युग में ग्रह नक्षत्रों पर यह सिद्धान्त लागू नहीं होता था। प्रमात्रा भौतिकी कहती है कि अणु में टकराहट के बावजूद परिवर्तन न होने की वजह उसके इलेक्ट्रान में छिपी है जो स्वभाव से तरंगाकार है। शायद इसीलिए तरंग विज्ञान अब पत्थर को भी पत्थर मानने के लिए राजी नहीं। उसके हिसाब से पत्थर ज्यादा से ज्यादा ठिठकी हुई लहर है।

इलेक्ट्रान का स्वभाव तरंगाकार है। यह स्थापना अभी मान्य हुई ही थी कि डिराक नाम के एक वैज्ञानिक ने भविष्यवाणी की कि इलेक्ट्रान का प्रति पदार्थ भी कहीं होना चाहिए और उसके कथन के दो वर्ष बाद ही पाज़िट्रान मिल गया जो विरोधी स्वभाव से भरा है। अणु के तीन खंड इलेक्ट्रान, न्यूट्रान और प्रोटोन के बारे में तो हम सभी को पता है। मगर अणु की टकराहट से जन्मने वाले उपाणुओं और उपाणुओं के आगे भी कभी-कभी झलकनेवाले क्वार्क के विषय में, अभी जानकारी बहुत थोड़ी है।

क्वार्क अघट-सा लगता है। वह कब व्यक्त होकर अव्यक्त हो जाएगा, नहीं पता। महाऊर्जा के क्षेत्र में क्वार्क इतना लघु है कि अगर अणु को पहाड़ के आकार तक बढ़ा दिया जाय तो क्वार्क सुई की नोक के बराबर होगा। उसकी व्याख्या के लिए जो भी गणित गढ़ा जा रहा है वह उसे परिभाषित करने में स्वयं को अक्षम पाता है। क्वार्क हर गिरफ्त से छूटकर बाहर फिसल जाता है। गणित के जो प्रारूप अब तक उपाणु के संसार को रेखांकित करने के लिए बने हैं वे आपस में भी एक दूसरे के विरोधी जान पड़ते हैं। वैज्ञानिक हैरान हैं कि इतना बड़ा नाटक खरबों वर्ष से ब्रह्मांड में होता चला आ रहा है और उन्हें इसका भान तक नहीं हुआ। उपाणुओं में विकर्षण है। संकोच, विस्तार और विनिमय है और उसी के पर्दे में कहीं एक और दुनिया है जो आधी व्यक्त और आधी अव्यक्त है।

न्यूटन ने सोलहवीं शती के अन्त में जब गति और गुरुत्वाकर्षण के सिद्धान्त खोजे थे तो सिद्धान्ततः यह बता पाना सम्भव था कि एक नियत क्षण (अगर उसकी आद्यन्त जानकारी है) अपने को किस तरह उद्घाटित करेगा यानी तीर कितनी दूर जाएगा यह निर्भर करता है उसके पीछे पड़े आघात पर। न्यूटन मूल रूप से एक समर्पित, धर्मभीरू खोजी था इसीलिए वह अपने गति के सिद्धान्त के आधार पर इस निष्कर्ष पर पहुँचा था कि ब्रह्मांड की शुरूआत अगर किसी क्षण विशेष में हुई (न होने

को कोई कारण समझ में नहीं आता) तो इस के विलय होने तक से पूर्व की इस की हर दशा या दुर्दशा पूर्वनियत है। इसमें जो संकोच या प्रसार होना है यह इसमें ठीक उसी तरह रेखांकित होना चाहिए जैसे हर जीवकोश में उसका सम्पूर्ण अतीत सोया होता है। न्यूटन की यह खगोलीय स्थापना कि ब्रह्मांड जहाँ से चलकर जहाँ कहीं पहुँच गिर या टूट रहा है उसमें होकर स्वतन्त्र संकल्प का दम भरना उतना ही बेमानी है जितना कि अपने जूते के फीते पकड़कर अपने शरीर को उठाना। क्योंकि स्वतन्त्र शब्द में भी 'स्व' और 'तन्त्र' दोनों-के-दोनों मनुष्य को इस विराट मशीन से बाहर खड़े होकर निर्णय लेने की सुविधा नहीं देते।

प्रमात्रा भौतिकी यानी क्वांटम फिजिक्स तक आते-आते न्यूटन का गति सिद्धान्त झूठा पड़ गया हो ऐसी बात नहीं है। सिद्धान्त वहीं का वहीं है। फर्क यह है कि प्रमात्रा भौतिकी अब प्रकृति के अनेक अवयवों का खंड-खंड अध्ययन करने में व्यस्त है। उदाहरण के लिए यह अनुभव प्रमात्रा भौतिकी का ही है कि पानी भरे पोखर में अगर एक साथ दो छोरों पर दो पत्थर फेंके जाएँ तो दोनों पत्थरों के अलग-अलग वर्तुल बनेंगे जो कुछ वक्त बाद एक दूसरे को काटते हुए आगे बढ़ते ही जाएँगे और इसी बीच तीसरा पत्थर और फेंक दिया जाए तो उसके ताजे वर्तुलों के कारण सब कुछ इतना गड्डमड्ड हो जाएगा कि उस स्थिति पर कोई भी वक्तव्य देना मुश्किल हो जाएगा। मगर नहीं, वैज्ञानिकों ने ठीक उसी समय पानी को जमा कर वर्तुलों के सहारे केन्द्राभिमुखी यात्रा शुरू कर यहाँ तक जान लिया है कि पहले दो पत्थर कौन से थे और वे तीसरे पत्थर से कितना पहले पानी में फेंके गये थे। इतनी सूक्ष्म जानकारी में सक्षम हो चुकने के बावजूद आज का वैज्ञानिक अब उपाणु और क्वार्क के विषय में पूर्व के मनीषियों की तरह स्याद्वादी अथवा 'नेति नेति' का स्मरण दिलानेवाली भाषा बोलता है जिसकी पहली ध्वनि सुनने को मिली थी सन् 1913 में, जब डेनमार्क के नील्स बोह्र ने इलेक्ट्रान को नाभिक या केन्द्रक के पास घूमते हुए पाया था और जब उसने उन्हें गिनने की कोशिश की तो पता चला कि वे पेटी दर पेटी अगल-बगल संख्या में घूमते हैं और हर पेटी में उनके घूमने की नियम व्यवस्था और संख्या है। वह जब काफी सर खपाने के बाद इस व्यवस्था को समझ पाये तो पता चला कि इस विभाजन में एक अहेतुक किस्म की तुक है। अणु के आस-पास घूमनेवाले इलेक्ट्रान जिस तरह झूमते हैं उसे नील्स बोह्र ने नीचे लिखे ढंग से सजाया जिस पर उसे नोबेल पुरस्कार भी मिला।

खोल या पेटी संख्या	1	2	3	4	5
इलेक्ट्रान संख्या	2	8	18	32	50

नील्स बोह्र की इस गणना के लिए पुरस्कार मिल तो गया मगर थोड़े ही समय बाद यह पता चला कि उद्रजन जैसे सीधे-साधे अणु के आसपास ही सौ से अधिक पेटियाँ या खोल हैं कि जिन्हें कक्षा बनाकर हजारों इलेक्ट्रान दौड़ रहे हैं, और दसवें खोल की कक्षा के बाद यह पता लगा पाना भी सम्भव नहीं कि आगे की सभी कक्षाओं की आपसी दूरी इतनी कम है कि कोई भी कैमरा यह बता ही नहीं पाता कि आगे खोल या पेटियाँ हैं या तरल ऊर्जा का समुद्र। इसीलिए यहाँ आकर वैज्ञानिक 'शायद' कहकर चुप हो जाता है। हमने पहले कहा उपाणु और क्वार्क का संसार आधा भर व्यक्त है। न्यूटन की स्थापना कहती है, किसी भी अवयव की सही जानकारी के लिए उसकी स्थिति और गति को जानना जरूरी है मगर उपाणु कुछ ऐसा है कि उसकी स्थिति पकड़ने में उसकी गति आड़े आती है और उसकी गति पकड़ने में उसकी स्थिति आड़े आती है। वैज्ञानिक कहते हैं उसकी स्थिति है तो मगर कहाँ है यह कह पाना मुश्किल है। हम उसकी गति माप तो लें मगर जब उसकी स्थिति का ही पता नहीं तो मापें किसे? और क्योंकि हमें उस स्थिति और गति की ठीक-ठीक जानकारी नहीं इसलिए हम यही भर कह सकते हैं कि वह है भी और नहीं भी है। यहाँ आते-आते अधुना वैज्ञानिक और पूर्व के उपनिषद्कार की भाषा एक हो जाती है।

उपाणु धूल का कण नहीं है क्योंकि धूल का कण एक वस्तु, एक विषय है मगर उपाणु की कोई तस्वीर नहीं। इसलिए उसे ज्यादा से ज्यादा एक सम्भावना कहा जा सकता है और जिस ब्रह्मांड को न्यूटन ने एक विराट मशीन कहा था उसकी शुरूआत (उपाणु) ही जब अध्यास से होती है तो ऐसे जगत को पूर्व के मनीषियों ने अगर माया कहा, तो कौन-सा गुनाह कर दिया। प्रिंसटन यूनीवर्सिटी के जान ह्वीलर ने अभी हाल में कहा है : हो सकता है यह जगत अभी हुआ न हो, मगर उन सभी के सहयोग से जो यहाँ हैं—होनेवाला हो मगर ऐसी स्थिति में तब किया कुछ नहीं जा सकता सिवा इसके कि तटस्थ भाव से इस का होना देखते रहा जाए।

विज्ञान के क्षेत्र में आइंस्टाइन, हेनरी पियर्स, एम. प्लैंक, लेनार्ड हाईजनबर्ग आदि कुछ नाम ऐसे हैं जिनके निष्कर्षों ने एक ऐसी स्थिति को जन्म दिया है; जहाँ अनिर्णय भी एक नियम बन गया है। उदाहरण के लिए एक हजार आदमियों के एक कस्बे में आबादी तीन, पाँच या दस प्रतिशत बढ़ेगी ही बढ़ेगी, यह भविष्यवाणी ही की जा सकती है मगर यह कहना कठिन है कि कितनों की दृष्टि कमजोर होगी या कितने कुरूप होंगे। हालाँकि इस बारे में प्रमात्रा भौतिकी आश्वस्त है कि बच्चा जब पैदा होगा तो समूचा ही होगा; ऐसा नहीं कि एक माँ सिर्फ धड़ को जन्म दे और दूसरी सिर्फ मस्तक को।

प्रमात्रा भौतिकी अर्से तक आश्वस्त थी कि प्रयोगों द्वारा एक दिन सत्य को पा लिया जाएगा मगर मनोविज्ञान में जब मार्फोरेज़ोनेन्स और साइकोक्निेसिस के उदाहरण

मिले तो कई वैज्ञानिकों ने कहा कि हो सकता है हम ब्रह्मांड नाम वाले किसी बक्से में बन्द हों और जब तक बक्से के बाहर खड़े होने का मौका न मिले क्या पता चले कि हम कौन हैं।

इसीलिए साधुमना आइंस्टाइन जैसे वैज्ञानिकों ने मरने से पूर्व यह घोषणा कि अगर मुझे जीवन फिर से जीने का मौका दिया जाए तो मैं एक साधारण कामगार या मजदूर होना भर पसन्द करूँगा। इसलिए कि आदमी यह कभी जान ही नहीं पाएगा कि ब्रह्मांड किस की इच्छा से चल रहा है या फिर अगर इस के पीछे कोई नियन्ता नहीं तो इसे कैसे सहेजा जाए।

पूर्व ने प्रमात्रा भौतिज्ञों से ढाई हजार वर्ष पहले ही ऐसे और इससे भी ज्यादा नंगे सवाल पूछ लिये थे। उदाहरण के लिए, श्वेताश्वतर उपनिषद् पूछता है कि मन चंचल क्यों रहता है अथवा वृहदारण्यक उपनिषद् पूछता है कि मनुष्य जब सो जाता है तो बुद्धि कहाँ खो जाती है ? अथवा केनोपनिषद् पूछता है कि आदमी किसकी इच्छा से बोलता है आदि।

पूर्व द्वारा उठाए गये ऐसे तमाम प्रश्नों को डब्ल्यू. ई. हाकिंग (टाइप्स ऑफ फिलासफी के लेखक) ने रहस्यवाद की कोटि में रखा। हालाँकि उन्होंने साथ-साथ यह भी कहा कि 'रहस्यवाद को न तो किसी गुह्यविद्या अथवा अन्धविश्वास से जोड़ना चाहिए और न ही मनोवैज्ञानिक शोध से। न ही यह कहना चाहिए कि वह मनोविज्ञान पर चतुर्थ आयाम का प्रयोग है, न ही यह कि वह अस्पष्टता का कोई सम्प्रदाय है। बल्कि वह एक ऐसे व्यक्ति की अवस्था है जो जानता तो है परन्तु जिसे या तो उसके विषय में बताना नहीं चाहिए या फिर यह कि वह बता नहीं पाता।'

प्रिंस्टन यूनीवर्सिटी के जान व्हीलर जब कहते हैं कि ब्रह्मांड का 'होना' सिर्फ तटस्थ भाव से देखते रहने के अलावा और कोई चारा नहीं तो एकाएक ध्यान अष्टावक्र और जनक के बीच हुए संवाद की ओर चला जाता है। जनक, इस देश में हजारों वर्ष पूर्व जनमी, एक ऐसी मनोभूमि के प्रतीक हैं जो अपनी ही राख से पैदा हो जानेवाली चिड़िया की तरह मनोनाश के बाद की स्थिति का प्रतिनिधित्व करते हैं (क्योंकि जनक ज्ञाता, ज्ञेय और ज्ञान तीनों का अतिक्रमण कर एक चौथी कायवी अथवा विदेह स्थिति की ओर इशारा करते हैं)। जनक जब कहते हैं : 'कुछ' है जो दीख पड़ रहा है। कोई है जो देख रहा है। दीख पड़ने और देख पाने की प्रक्रिया का एक परिणाम है यानी 'ज्ञान' और ये तीनों के तीनों सिर्फ अध्यास या भ्रान्ति है तो स्पष्टत: जनक व्हीलर के कथन से एक कदम आगे हैं। व्हीलर कहते हैं—'तटस्थ भाव से देखते रहा जाए'। जनक कहते हैं ज्ञान, ज्ञाता और ज्ञेय तीनों में जो प्रसारित है मैं वही निरंजन हूँ। ज़ाहिर है जनक द्रष्टा की स्थिति को पीछे छोड़ देते हैं क्योंकि दृष्टि होना भी सीमित होना है, अपने को इकाई मानना है, अल्प से राज़ी हो जाना है, इसलिए, जनक सब में जो

भासमान हैं यानी दृश्य द्रष्टा और 'दर्शन, जिसके होने' के कारण हैं। जनक उस निरंजन के हो लेते हैं या फिर दूसरे शब्दों में सम्पूर्ण की तरफ खड़े होकर बोलने लगते हैं।

आदमी अभाव के घाव से पीड़ित है। यह सिर्फ जनक को झलका हो ऐसी बात नहीं है। जलालुद्दीन रूमी ने भी अपनी रहस्य डूबी वाणी में कभी कहा था—'जो कुछ भी सब समेत (पूर्ण) नहीं उसको अनुपस्थिति सदा सताएगी'। जनक और जलालुद्दीन दोनों के कथन किसी भी यथार्थवादी अथवा विश्लेषणवादी को अहेतुक जान पड़ेंगे क्योंकि विश्लेषणवादी अथवा विशिष्ट ज्ञानवादी या कि विज्ञानवादी, बुद्धि से इतर ऐसी किसी योजना के पक्षधर नहीं जो मान्यता के चौखटे में न समाती हो। इसीलिए ऐसी कोई भी उड़ान जो प्लोटिनस के शब्दों में एकाकी से एकाकी की ओर ले जाती हो यथार्थवादी के लिए ईर्ष्या का विषय है जिसे वह बकवास तक कहते हुए भी नहीं झिझकता जबकि बकवास, अनर्गल, अहेतुक, निरर्थक अथवा नानसेंस की सीधी परिभाषा यह है :

'जिसे समझ पाने का कोई साँचा समझ के पास न हो वह नानसेंस है।'

इस परिभाषा के मध्य आता है रहस्य जिसमें कुछ है जो बेबूझ जान पड़ता है, मगर उसका बेबूझ होना सिर्फ भाषायी विडम्बना का हिस्सा है जिसे सम्प्रेषणीय बनाने के लिए लोग ज्ञान एकत्रित करना शुरू करते हैं। जबकि ज्ञान रहस्य से ठीक उल्टी दिशा में उठाया गया कदम है। ज्ञान से अज्ञान नहीं कटता यह बात पूर्व के कई ऋषियों ने जगह-जगह दोहरायी है। स्वयं जनक अपने समय के सबसे बड़े ज्ञानी समझे जाते थे। इसके बावजूद अष्टावक्र से मुठभेड़ होते ही जनक को एकाएक कौंधा :

नाहं देहो न मे देहो जीवो नाहमहं हि चित्।
अयमेव हि मे बन्ध आसीधा जीविते स्पृहा॥

जो सब तरह सच्चा और अथाह है वह विशिष्ट अथवा यथार्थ ज्ञान नहीं, अज्ञान है। यह बात पूर्व के मनीषियों की समझ में बहुत पहले आ गयी थी। इसीलिए वे रहस्य की मनोभूमि पर खड़े होकर अपनी प्रार्थना को धूपछाँही भाषा में गाते रहे, बिना इस बात की चिन्ता किये कि आनेवाली शताब्दियों में उन्हें जाननेवाला कोई होगा भी या नहीं। इसीलिए उपनिषद्कारों में से एक का नाम भी हमें ज्ञात नहीं मगर इसके बावजूद पूर्व के चिन्तन में एक गहरी समानता है। उदाहरण के लिए, अध्यात्म उपनिषद् कहता है : यहाँ से वहाँ तक कोई है जो निरन्तर रह रहा है। आकाश उसका शरीर है मगर आकाश उसे नहीं जानता। पृथ्वी में भी वही बन्द है, मगर पृथ्वी को उसकी खबर नहीं, पानी में भी वही है मगर पानी को उसका पता नहीं।

ईसा से छः शती पूर्व चीन में लाओत्सु ने भी कुछ इस तरह की शब्दावली में बड़ी सूक्ष्म खबर दी थी। लाओत्सु उदासीन थे कि उनका कहा अर्थ रखता है, लाओत्सु

शायद यह चाहते भी नहीं थे कि उनके बाद उसका बोला एक भी शब्द पीछे छूट जाए। फिर भी उन्हें प्यार करनेवालों ने उनके अन्तिम दिनों में बोले गये संक्षिप्त वाक्यों को एक जगह पिरो दिया। लाओत्सु के नाम पर उपलब्ध एक कृति 'ताओ तेह किंग' जिस पर आज तक सैकड़ों टीकाएँ निकल चुकी हैं, किसी भी विकसित अनवरुद्ध चेतनावाले व्यक्ति के लिए एक रहस्य एक चुनौती है। 'ताओ तेह किंग' में संकलित छोटी-छोटी इक्यासी कविताएँ अज्ञात को रूपायित करने की दिशा में एक ऐसा संकेत हैं जो शताब्दियों बाद, कोई-कोई ही कर पाता।

लाओत्सु 'ताओ' को जिस तरह उद्भासित करते हैं वह हमारे यहाँ के 'ऋत' से मेल खाता है। 'ऋत' कभी ऐसा नहीं था जब न रहा हो, 'ऋत' कभी ऐसा न होगा जब न रहे। 'ऋत' न घटता है न बढ़ता है। 'ऋत' उपाधिहीन है क्योंकि सब कुछ उसी से परिभाषित होता है। लाओत्सु भी ताओ तेह किंग के प्रारम्भ में भी कहते हैं—हम 'ताओ' की ओर देखते हैं किन्तु उसका क्योंकि कोई रंग नहीं इसलिए वह हमें दिखाई नहीं देता। हम ताओ को सुनते तो हैं हालाँकि वह निर्वाक है, हम 'ताओ' को पकड़ने का प्रयास भी करते हैं मगर उसे पकड़ नहीं सकते क्योंकि वह देहहीन है। वह बार-बार अनस्तित्व की ओर लौट जाता है। उपनिषदों के युग तक 'ऋत' भी आकारहीन था फिर कुछ भावुक लोगों ने उसकी भी एक प्रतिमा तराश दी। फिर कुछ और लोग आये, और उन्होंने हथौड़े से ऋत की वह प्रतिमा तोड़ काट दी। फिर आते-आते विश्व के इतिहास में ऐसा भी वक्त आया जब कुछ और लोगों ने आगे बढ़कर ऐलान किया कि 'वह कोरा' दिमागी खफ्त है। फिलहाल हथौड़ा और छैनी ही सत्य है।

लाओत्सु का कहना है जिसे नाम दिया जा सकता है वह नाम कभी शाश्वत नाम नहीं हो सकता। इसी तरह वह बुद्धि (कल्पना, विचार अथवा अवयव) जिस पर विचार किया जा सकता है कभी चिरन्तन नहीं हो सकता। ताओ हमेशा अकथन का अभ्यास करता है यानी मौन द्वारा सम्पादित होता है। न भूलें कि मौन 'शब्द' 'मम' से जुड़ा है जो रहस्य की पहली सीढ़ी है। लाओत्सु ताओ क्या है? इसे स्पष्ट करने की कोशिश रूपक की भाषा में भी करते हैं। ताओ उनके लिए पृथ्वी और आकाश की शुरूआत है। अपनी ग्यारहवीं कविता में वे कहते हैं।

'तीस आरे धुरी पर मिलते हैं और धुरी के उस छेद पर पहिये की उपयोगिता टिकी है जिसका अस्तित्व नहीं है। मिट्टी को एक बर्तन के रूप में ढाला जाता है। मगर बर्तन की उपयोगिता उस खोखलेपन पर निर्भर करती है जिसका अस्तित्व नहीं है। दरवाज़े एवं खिड़कियों को निकालकर यानी खिड़की दरवाज़े बनाकर हम भवन बनाते या उसका निर्माण करते हैं मगर घर की उपयोगिता उस आन्तरिक दिक् के कारण है जिसका अस्तित्व नहीं होता तो जिस तरह हम किसी वस्तु को उसके अस्तित्व के

कारण अथवा 'उसे' अस्तित्व प्रदान कर प्रयोग में लाते हैं, उसी तरह हमें वह जो नहीं है उसकी उपयोगिता भी पहचाननी चाहिए।'

विज्ञान की तमाम प्रगति को अगर संक्षेप में रखा जाय तो वह कुछ इस तरह रेखांकित होगी :

1. 460 ई. पूर्व में ग्रीक दार्शनिक डेमोक्रिटस ने पदार्थ को अणु कहा।
2. 1800 ई. से 1805 के बीच अणुसिद्धान्त पारित हुआ।
3. 1817 ई. में सिद्धान्त स्वीकृत हुआ। अणु को अखंड कहा गया।
4. 1897 ई. में इलेक्ट्रान की खोज हुई। इसी वर्ष अणु जिसे अविभाज्य माना गया था, गलत सिद्ध हुआ।
5. 1911 में न्यूक्लियस मिला जिसे अखंड माना गया।
6. 1919 में प्रोटोन मिला। यह सिद्धान्त कि न्यूक्लियस अखंड है, गलत सिद्ध हुआ।
7. 1926 में इलेक्ट्रान की पर्त-दर-पर्त वक्राकार गति को निर्व्याख्या मान लिया गया।
8. 1932 में न्यूट्रान मिला, साथ ही कार्ल एंडरसन ने प्रति इलेक्ट्रान खोज लिया।
9. 1935 में रदरफोर्ड ने स्थापना की कि फोटान यानी प्रकाश के कण स्वेच्छाचारी हैं।
10. 1965 में क्वार्क की खोज हुई।
11. 1968 में क्वार्क के त्रिकोण मिले जिन्हें बारयोन नाम दिया गया।
12. 1970 में क्वार्क युग्म मिले जिन्हें मेसीन नाम दिया गया।

इसी वर्ष क्वार्क के पंचम (युग्म और त्रिगुट) साथ मिले जिन्हें हाइड्रोन नाम दिया गया।

सन् 1970 के बाद से वैज्ञानिकों को सौ से अधिक मौलिक कण और मिले हैं। आज का विज्ञान एक ऐसा जंगल है जहाँ वैज्ञानिक एक तपस्वी की तरह निर्वाक, गुमसुम चमत्कृत और रहस्यमय बैठा है। पहले वह सोचता है, आज उसे ब्रह्मांड की ताली मिलने ही वाली है, आज वह संसृति की अणिमा से ही इतना आतंकित हो गया है कि रहस्य की भाषा बोलने के लिए विवश है। उसकी स्थिति अकस्मात् छान्दोग्य उपनिषद् के श्वेतकेतु की याद दिलाती है जिसके गुरु अरुणि ने, उससे वटवृक्ष के फल के दाने को तोड़कर कहा था : ओ श्वेतकेतु! यह अणिमा ही सब कुछ है। तू भी इसी का प्रतिरूप है।

रहस्य पूर्व की अभूतपूर्व उपलब्धि है। भारत और चीन में इसकी जड़ें शुरू से बड़ी गहरी रही हैं। यूनान के विषय में शुरू में ही कहा जा चुका है। डायजिनीज़ और डिमिटर ने इसे तरह-तरह से व्यक्त किया। सीरिया में अंडोनिस और मिस्र में ओसिरिस इसके सार्थवाह रहे। प्लोटिनस का प्रभाव धीरे-धीरे जब अरब देशों में

पहुँचा तो इस्लाम धर्म ने अनेक रहस्यवादी सन्तों को जन्म दिया। इस्लाम का निचोड़ है सूफी मत। बगदाद का अलगजाली जिसने अपनी यात्रा सन्देह से शुरू की थी और अन्ततः विराट की लघिमा और अणिमा की महानता से इतना अभिभूत हुआ कि रहस्य की दुनिया में चला गया। आज विज्ञान और रहस्य के बीच कोई दूरी नहीं रही। इन दोनों की सन्धि–रेखा पर खड़ा है स्विटज़रलैंड के जे.एस. बेल का नया गणित, जिस पर दस वर्ष तक लगातार परिष्कार करने के बाद अभी पिछले दिनों वैज्ञानिकों ने यह घोषणा की है (और घोषणा का आधार है बेल का नया गणित)।

कहीं किसी गहरे अथाह स्तर पर ब्रह्मांड का एक एक खंड पूर्ण है और यह पूर्ण सम्पूर्ण में इस तरह समाहित है कि सब तरफ पूर्ण ही की सत्ता है। ढाई हजार वर्ष पूर्व ईशावास्योपनिषद् के ऋषि ने भी गाया था। जिसे नये गणित तक पहुँचने में दुनिया भर के वैज्ञानिकों को दो हजार साल लगे हैं, उस परम गणित को पूर्व के ऋषि ने सहज ही गुनगुनाया होगा :

ॐ पूर्णमदः पूर्णमिदं पूर्णात्पूर्णमुदच्यते।
पूर्णस्य पूर्णमादाय पूर्णमेवावशिष्यते॥

❑

महाभिनिष्क्रमण

कालदेवल की भविष्यवाणी को झूठा सिद्ध करने के लिए राजा शुद्धोदन ने दुःख के सारे रास्ते बन्द कर दिये राजकुमार सिद्धार्थ के वास्ते। सोलह वर्ष की आयु में ही, कौलियनरेश दंडपाणि की बेटी यशोधरा से उनका विवाह कर दिया। नरेश शुद्धोदन ने तीन ऋतुओं के अनुकूल, राजकुमार की सुविधा के लिए तीन प्रासाद बनवाये। सिर्फ इसलिए कि यशोधरा सहित वे सुविधापूर्वक रह सकें। नृत्य, गान आदि में प्रवीण अनेक सुन्दरियाँ सिद्धार्थ के रंगमहल में हर शाम एकत्रित होतीं। राजकुमार को पहला धक्का उस दिन लगा जब नृत्य के कार्यक्रम के बीच ही वे सो गये। उन्हें सोया देखकर शृंगार की हुई तमाम सुन्दरियाँ भी आसव के प्रभाव से, कुछ देर बाद वहीं धराशायी हो गयीं। अर्धरात्रि को, एकाएक जब सिद्धार्थ की आँख खुली तो उन्होंने देखा कि किसी के मुँह से लार बह रही है तो किसी के अधखुले वस्त्रों से पसीना बह रहा है, कोई खर्राटे ले रही है और कोई अपान वायु छोड़ रही है। सबका रंगरोगन उतरा हुआ है। ये जो फ़िल्म के पर्दे पर हम सजे सजाये चेहरे देखते हैं, इनकी निजी जिन्दगी में यदि झाँककर देखें तो वहाँ भी वही व्याधियाँ मिलेंगी! बुद्ध को वृद्ध और मुर्दा देखने का अवसर तो, उनकी जिन्दगी में, विवाह के दस-बारह वर्षों बाद आया। वह भी इसलिए कि तब तक शुद्धोदन को यह विश्वास हो चुका था कि विवाह के इतने वर्षों बाद अब यह भला क्या भागेगा।

वह शाम भी अजीब थी जब बुद्ध ने नगर की सड़कों से गुजरते हुए अन्ततः एक मुर्दे को देखा। उन्होंने छन्दक से पूछा : "यह क्या है?" छन्दक ने कहा, "किसी की मृत्यु हो गयी है।"

सिद्धार्थ ने फिर पूछा, "क्या सभी मरते हैं?"

छन्दक ने उत्तर दिया, "जो जनमा है उसे मरना ही पड़ता है।"

बुद्ध ने फिर प्रश्न किया, "क्या मैं भी मर जाऊँगा?"

छन्दक निरुत्तर रहा। बुद्ध को एकाएक कौंधा कुछ। उन्होंने कहा—"लौटाओ

रथ। अभी इस क्षण। अगर मुझे भी मर जाना है तो इस तमाम आपाधापी, इस सुख सम्पदा का क्या अर्थ? लौटो छन्दक! मुझे इस राह पर दोबारा नहीं आना।''

उसी रात बुद्ध ने राजमहल छोड़ दिया। छूट गयी पीछे यशोधरा, छूट गया राजमहल। क्या फर्क पड़ता है...सत्य जब कौंधता है तब सारा आडम्बर बेमानी हो जाता है। उस समय बुद्ध की आयु 29 वर्ष थी। उन्होंने अनोमा नदी पार की। ललित विस्तार के अनुसार—कुछ समय ब्रह्मर्षि रेतस के आश्रम में रहकर वे वैशाली पहुँचे। आगे उनकी भेंट आलार कालाम से हुई, जहाँ उन्होंने हठयोग की शिक्षा ली। इसके बाद बुद्ध राजगृह आये। काफ़ी दिन भटकने के बाद गौतम सिद्धार्थ गया के निकट उरुवेला के जंगल में एक वृक्ष के नीचे बैठ गये। कहानी लम्बी हैं। पास ही सेनानी नाम का एक गाँव है जहाँ रहती थी सुजाता। उसने यह मनौती मान रखी थी कि विवाह के बाद यदि उसे पुत्र प्राप्त हुआ तो वह वनदेवता को खीर चढ़ाने आएगी। सचमुच हुआ भी ऐसा ही।

वैशाख पूर्णिमा को जनमे थे बुद्ध। और वह रात भी वैशाखी पूर्णिमा की रात थी। सुजाता ने वटवृक्ष के नीचे बुद्ध को ध्यानावस्थित पाया तो अनुग्रह किया कि उसकी मान्यतानुसार लाई गयी खीर स्वीकार करें। बुद्ध ने पास, जलाशय के किनारे जाकर स्नान किया और कफ़न पहनकर सुजाता की खीर स्वीकार की। रात्रि के तीसरे प्रहर जब चित्त के सभी आस्रव शान्त हो चुके थे और बुद्ध ध्यान की अन्तिम सीढ़ी पर थे तभी उन्हें बोध हुआ। उनके मुख से जो निकला उसका आशय था :

''मैं बिना रुके अनेक जन्मों तक संसार में भागता रहा। गृह को बनानेवाली तृष्णा को खोजते हुए पुनः पुनः दुःखमय जन्मों में पड़ता रहा। ओ गृहकारक तृष्णे! मैंने तुझे देख लिया है। अब तू दोबारा घर कभी न बना पाएगी। तेरी सभी कड़ियाँ भग्न हो गयीं। शिखर गिर गया। चित्त साकार रहित हो गया। अब मैं सम्यक् सम्बुद्ध हूँ।''

❑

सर्वेश्वर कृष्ण

सांख्य दर्शन कहता है कि यह प्रकृति सत्, रज और तम, इन तीन गुणों की साम्यावस्था है। प्रकृति में जब तक विक्षोभ न हो तब तक किसी तरह की रचना सम्भव ही नहीं। रजोगुण के क्रियाशील होते ही सर्जना की शुरूआत होने लगती है मगर बीच में तमोगुण उद्‌भासित होने लगता है जिसकी वजह से, प्रकृति के कार्य में बाधा उत्पन्न हो जाती है जिसे हटाने का कार्य 'अदृष्ट' द्वारा होता है। यह अदृष्ट और कोई नहीं स्वयं मूल प्रकृति है जिसे सांख्य सात्त्विक की संज्ञा प्रदान करता है। प्रश्न यह उठता है कि प्रकृति का यह सात्त्विक अंश है क्या। सांख्य इसे 'महत् तत्त्व' नाम देता है जो प्रारम्भ से ही विद्यमान था। इसी महत् तत्त्व की विकृति को सांख्य प्रकृति कहकर बुलाता है। जिसमें बुद्धितत्त्व भी स्वतः विद्यमान रहता है। बुद्धितत्त्व अध्यवसायात्मक है। जब हम यह निश्चय कर लेते हैं कि हम अमुक कार्य अवश्य करेंगे अथवा हमें अमुक कार्य करना ही है तो ऐसा संकल्प हम बुद्धि के बल पर ही करते हैं और क्योंकि बुद्धि भी स्थिर नहीं इसलिए कार्य के विपरीत परिणाम भी सामने आते हैं। ऐसी सफलता और असफलता अहंकार को जन्म देती है। इसे भी सांख्य प्रकृति-विकृति, कहता है। प्रकृति के तीनों गुण सत्त्व, रजस् और तमस् बुद्धि में भी विद्यमान रहते हैं। क्षण परिणामी होने के कारण ही बुद्धितत्त्व से अहंकार प्रस्फुटित होता है जो 'मैं' और 'मेरा' के रूप में अभिव्यक्त होता है। प्रकृति के तीनों गुण सत्त्व, रजस् और तमस् आपस में एक दूसरे के साथ अदला-बदली भी करते रहते हैं। इनमें एक दूसरे की सहायता करने की जो क्षमता है वही मनुष्य को कर्म करने के लिए उत्प्रेरित करती है।

विक्षुब्ध मनवाले अर्जुन ने श्रीकृष्ण से यही प्रश्न किया था कि कर्म न करके प्रकृति की इस कार्य प्रणाली को कोई समझ ले तो ज्ञान के भरोसे भी तो जीवन बिताया जा सकता है? दूसरे शब्दों में, अर्जुन का सवाल था कि जीवन का मर्म याकि जीवन का सत्य कर्म करके पाया जाता है अथवा बुद्धि या फिर ज्ञान से। कृष्ण अर्जुन को समझाते हैं कि जिसे हम कर्म से प्राप्त करते हैं, उसे निष्कर्म से खोया भी जा सकता है और निष्कर्म में डूबा आदमी भी मानसिक धरातल पर ऊटपटांग किस्म की योजनाएँ

बनाए बिना नहीं रहता। यहाँ कृष्ण सांख्य बोल रहे हैं कि ज्ञान कर्म से श्रेष्ठ तो है मगर उन वासनाओं का क्या करोगे जो निष्कर्म की फलश्रुति हैं। आदमी वासना का गुलाम है। चाह पहले पैदा होती है, कर्म की तरफ़ कदम बाद में उठते हैं। इसीलिए कृष्ण अर्जुन से कहते हैं कि कर्म से भागकर अगर तुम सोचते हो कि तुम बुद्धि के भरोसे या ज्ञान के भरोसे पर, स्वयं को बचा लोगे तो तुम गलती पर हो, तुम भगोड़े कहलाओगे। क्योंकि जिस व्यक्ति को युद्धक्षेत्र में लड़ने का काम भयंकर याकि निरर्थक जान पड़ रहा है वह व्यक्ति ज्ञानी नहीं। ज्ञानी तो वह आदमी है जिसे कर्म खिलवाड़ लगे। ज्ञात हो जाये तो कर्म अभिनय हो जाता है। अर्जुन क्योंकि उस विक्षुब्ध स्थिति में कर्म की श्रेष्ठता को ग्रहण करने में असमर्थ था, कच्चा था, इसलिए कृष्ण को ऊपरी पायदान से नीचे उतरना पड़ा और कहना पड़ा कि गुण ही गुणों को बरतते हैं। सामने जो यथार्थ या पदार्थ है वह लगातार बदल रहा है यह एक तरह का स्वप्न है, कर्म भी स्वप्नों से अधिक नहीं। लेकिन अर्जुन है कि ज्ञान की बातें कर रहा है। सच तो यह है कि पृथ्वी पर दो ही निष्ठाएँ हैं। यहाँ या तो कर्म करो और बहिर्मुखी जीवन जियो या फिर अन्तुर्मुखी हो जाओ। अर्जुन कर्म करना नहीं चाहता और मन की दुनिया में जाना चाहता है इसलिए कृष्ण कहते हैं—अर्जुन, छोड़ो ये सारी बातें छोड़ो, तुम मेरी शरण में आ जाओ। मेरी शरण का अर्थ हुआ—महत् तत्त्व की, विराट की शरण में आ जाओ।

कृष्ण समझा रहे हैं : अर्जुन! यह सारी दुनिया प्रकृति की गिरफ्त में है। प्रकृति की गिरफ्त से जो बाहर है अथवा स्वयं प्रकृति भी जिसकी गोद में है उसकी शरण में आ जाओ। क्योंकि वही एक अपरिभाषेय महत् तत्त्व है जिसका प्रकृति कुछ भी बिगाड़ नहीं पाती। यहाँ कृष्ण अर्जुन को बड़ी दूर की खबर दे रहे हैं, 'परा' की सूचना दे रहे हैं। अर्जुन कृष्ण के इस सुझाव पर भी आज के आदमी की तरह शंका करता है, वह सोचता है कि मेरे रथ को चलनेवाला यह मेरा भाई पता नहीं क्या कह रहा है इसीलिए वह ज़िद करता है कि विराट् के दर्शन न होने तक मैं अपरा और परा प्रकृति की भेद-रेखा को क्यों मानूँ। हम सब भी यही भूल करते हैं। भूल जाते हैं हम, कि विराट छुद्र में नहीं होता, रहा छुद्र, उसमें तो विराट् होता ही है। समुद्र में लहर उठे न उठे, इससे समुद्र का समुद्रपन खारिज नहीं हो जाता।

श्रीकृष्ण को हम योगेश्वर कहकर चुप हो जाते हैं जबकि सत्य यह है कि कृष्ण शून्यपुरुष भी हैं और उत्सवपुरुष भी। कृष्ण के साथ हम चाहे जितने विशेषण लगाएँ उनका व्यक्तित्व परिभाषा की पकड़ में नहीं आता। कृष्ण जैसा पूर्णपुरुष न था, न है, न होगा।

❑

तीसरी आँख

पिछले वर्षों में तीसरी आँख की शक्ति पर गहन खोज हुई है। 'नियोफीलिया' नामक कृति में इस खोज के कुछ परिणाम भी साररूप में प्रकाशित हुए हैं जिन्हें पढ़कर वर्षों पहले हुई कविराज गोपीनाथ के घर की दोपहर का स्मरण आँखों के समक्ष साकार हो उठा।

अपने मन में जिज्ञासा थी कि निद्रा और मोहनिद्रा की विभाजन रेखा कहाँ है। गोपीनाथ जी ने कहा, मोहनिद्रा तो कभी न टूटनेवाली स्थिति है जिससे कोई बिरला ही जाग पाता है। जगत की प्रातिभासिक सत्ता का खुलासा करते हुए उन्होंने एक दर्पण पर पड़ते हुए दृश्यों का उदाहरण दिया। बाह्य जगत और अन्तर्जगत का ज़िक्र करते हुए उन्होंने समझाया कि अन्तर्जगत में घूमने और वहाँ ठहरने की भी एक प्रक्रिया है। पहले अज्ञान के जगत से उठकर, ज्ञान की दुनिया में प्रवेश करना होता है। यहाँ कुछ ऐसा अनुभव होता है कि यह जगत भेदज्ञान द्वारा अनुप्राणित है। फिर लगता है कि बाहर कुछ नहीं सिर्फ भ्रम ही भ्रम है। यहाँ तो तमाम सारे लोग सुबह से शाम तक कुछ इस तरह भाग रहे हैं जैसे उनकी पूँछ में आग लगी हो। ये सब सोचते हैं कि ज्यादा भागदौड़ से काफी कुछ बटोरा जा सकता है, बटोर भी लेते हैं पर अन्त में लगता है कि आनन्दित होने का वक्त ही नहीं बचा। यहाँ उनके बाप-दादा जो करते आये, वही वे कर रहे हैं। उस क्रियाशक्ति को छलना माया आदि तरह-तरह के नामों से जाना जाना है। ज्ञान की दुनिया में मात्र ज्ञान हो शुरू से अन्त तक प्रतिभासित होता है। मगर व्यक्ति को यहीं रुक नहीं जाना चाहिए। ज्ञान का भी अतिक्रमण करना जरूरी है। ज्ञान से ज्ञेय को दूर करने की प्रक्रिया ध्यान में आए बिना पूरी नहीं होती। यहाँ एक तरह की पवित्रता का अनुभव होता है, चाहें तो उसे विशुद्ध ज्ञान कह सकते है क्योंकि मनुष्य के जीवन का वास्तविक उद्देश्य रूपान्तरण है इसलिए जरूरी यह हो जाता है कि किसी को खबर न लगे। व्यक्ति अधिक से अधिक एकान्त में रहे और अपने भीतर के उद्वेलन को साक्षी भाव से देखे। इस तरह कुछ समय परम एकान्त में रहने की अवधि में लगने लगता है कि शिखर पर अनाश्रित शिव विद्यमान हैं और

नीचे कालाग्नि रुद्र क्रीड़ा कर रहे हैं। इस स्थिति को 'भवी' संज्ञा से अभिहित किया जाता हैं। इन 'भवी' जनों से इतर एक और श्रेणी है। इन्हें ही शक्ति तत्त्व की जरूरत होती है।

अन्तर्यात्रा के पड़ावों पर अगली स्थिति को गोपीनाथ जी प्रबुद्धावस्था का नाम देते हैं। यह अवस्था अभी और ज्यादा धुलाई की माँग करती है जिसके लिए और लम्बे, गहन एकान्त की जरूरत होती है। यहाँ पहुँचे हुए व्यक्ति को सुप्रबुद्ध कहा जाता है। किन्तु प्रबुद्ध और सुप्रबुद्ध के बीच भी एक भेद-रेखा है जहाँ व्यक्ति थोड़ी ही देर के लिए सही, स्मृतिकोश की हरकत के कारण एकाएक फिर मोहाविष्ट हो जाता है। आँख मूँद कर त्रिकुटि में ध्यान लगाने से यह कुहरा भी छँट गाता है, भीतर का दर्पण अधिक जगमगाने लगता है। यहाँ पहुँचे हुए साधक को महामहोपाध्याय गोपीनाथ जी कैवल्य उद्भव की संज्ञा से अभिहित करते हैं। जिन लोगों ने यह अवस्था प्राप्त कर ली है उन्हें अभेद-ज्ञानी माना जाने लगता है। उनके लिए इदं रूपी प्रकृति का विषयी-भूत ज्ञेय पदार्थ पद में निमग्न हो जाता है। महामहोपध्याय गोपीनाथ कहते हैं—इस निमग्नभाव को प्रकृति का निमेष कहते हैं। यह सब शिव की विमर्श शक्ति द्वारा सम्पन्न होता है। यह व्यवस्था भी स्थायी नहीं है। जिन क्षणों में यह स्थिति आती है उन क्षणों में स्वयं प्रकाश में निमग्न सभी कुछ तिरोहित हो गया सा जान पड़ता है। इसमें 'मग्न' को निमेष और उन्मन को उन्मेष कहा जाता है।

उन्मना के द्वारा जो या जैसी पूर्णता का अनुभव होता है उसे योग की भाषा में सिद्धावस्था कहा जाता है। यहाँ पहुँचा हुआ प्राणी अपनी इच्छामात्र से चीजों को चरितार्थ करने की सामर्थ्य पा लेता है। वह वैसा करे या न करे यह सब उसकी मौज पर निर्भर है, मगर इतना अवश्य है कि उसे आँख मूँदने पर अनेक आगे आनेवाली या पहिले घटित हो गयीं घटनाएँ दीख पड़ने लगती हैं। कबीरदास ने शायद ऐसी ही किसी मन:स्थिति में गाया होगा—

बाबा, जोगी एक अकेला जाके तीरथ व्रत न मेला।
बाबा जोगी एक अकेला!

❑

पैग़म्बर से पहले

यदि आप जे.डब्लू. ड्रेपर द्वारा लिखित 'द हिस्ट्री ऑफ इंटेलेक्चुअल डेवलपमेंट इन योरोप' का अध्ययन करें तो आपको पैग़म्बर हज़रत मुहम्मद से पूर्व अरब निवासियों के जीवन-दर्शन की रोचक जानकारी मिलेगी। अपनी आस्था और विश्वासों के विषय में, वे बुरी तरह द्वन्द्वग्रस्त थे। कुछ कबीलों को छोड़कर, जिन्होंने ईसाई अथवा यहूदत को अपना लिया था, शेष अरबवासी अपनी शताब्दियों से चली आती मान्यताओं पर ही स्थिर थे। उनका कुछ-कुछ लगाव ईरान के 'ज़रथुस्त्र' से भी था। अरबनिवासी छोटे-बड़े अनेक कबीलों में बँटे थे। हर कबीले में आज के 'अंडरवर्ल्ड' की ही तरह कोई एक डॉन भी होता था। कबीले की पहचान उसके द्वारा पूजित देवता से होती थी। कबीलेवाले अपने देवता की मूर्ति बनाकर उसे पूजते थे। कोई यह मूर्ति लकड़ी की बनाता, कोई ताँबे की तो कोई पीतल की। कई बार देवता की मूर्ति रुँधे हुए आटे से भी बनाई जाती थी। किसी देवता की शक्ल या तो स्त्री की या फिर किसी आदमी की-सी होती थी। कई बार उस देवता की आकृति पशु अथवा फिर पेड़ों से मेल खाती थी। कबीले ज्यादातर एक-दूसरे से लड़ते रहते थे। जब दो कबीलों के बीच 'युद्धं देहि' की नौबत आती तो माना जाता था कि लड़ाई देवताओं के बीच भी हो रही है। युद्ध में जब एक कबीला जीत जाता तो युद्धबन्दियों को गुलाम बना लिया जाता था। स्त्रियों को अपहरण के बाद भोगकर वेश्यावृत्ति के लिए भी विवश किया जाता था। जहाँ तक देवताओं का प्रश्न है उन्हें पकड़कर उनकी मूर्तियों की बुरी तरह पिटाई होती थी। पूरे अरबदेश में देवी-देवताओं की संख्या अनगिनत थी। इन देवताओं के समक्ष पशुबलि भी खासी लोकप्रिय थी। नरबलि कम होती थी तो भी प्रचलन में थी। कई अरब तो स्वयं अपने बेटे का मस्तक धड़ से अलग कर, अपने देवता के चरणों में अर्पित कर देते थे। अपने यहाँ जैसी तीन देवियाँ भी अरबनिवासियों के बीच बड़ी आदरणीया थीं या मानी जाती थीं। इनके नाम थे 'लात', 'उज़्ज़ा' और 'भनात'। इन तीनों देवियों के पूजा-घर भी अलग-अलग थे। काबा में भी 360 दिनों के हिसाब से 360 देवता काबे की बाहरी दीवारों पर अंकित थे। इसके अतिरिक्त अरब लोग चन्द्र, सूर्य और

कई अन्य ग्रहों की भी पूजा किया करते थे। इस तमाम उपासना पद्धति के बावजूद अरबों का विश्वास था 'सबका मालिक एक ही है।'

कबीले आपस में नफ़रत की आग में जलते रहते थे। प्रेम, सहकारिता अथवा सौहार्द्र इन कबीलों में लेशमात्र भी नहीं था। अपने यहाँ के राजपूतों में प्रचिलत पुरानी धारणा की ही तरह अरब लोग स्वयं को लड़की का पिता कहलाना घोर अपमानजनक मानते थे। दामाद उनके लिए 'गले की हड्डी' समझा जाता था। परिणाम यह कि वे कन्या को जन्म के तत्काल बाद मार देते थे। अप्राकृतिक मैथुन समस्त अरब देश में ही सबसे पहले शुरू हुआ। पुत्र को महत्त्व इसलिए भी दिया जाता था, क्योंकि हर समय झगड़े का अन्देशा बना रहता था और पुत्र दूसरे कबीले को मार गिराने में सहायक होता था। अरब लोग पत्नी के माँ बनने के क्षणों में बाहर रेत खोदकर एक गड्ढा पहले से तैयार रखते थे। जैसे ही पता चला कि लड़की जनमी है उसे तत्काल गड्ढे में फेंककर रेत डाल दी जाती।

इन्हीं अरब लोगों में एक उसमान नामक युवक भी था जिसकी कहानी कुछ अलग हटकर है।

उसमान के घर जब कन्या का जन्म हुआ तो उसे उसने दफ़नाने से इंकार कर दिया। कबीले के अन्य अरबों ने उसे पाँच वर्ष तक इतना तंग किया कि हारकर उसमान ने अपनी पत्नी से कहा, बेटी को नये कपड़े पहनाकर इत्रादि लगा दो, मुझे उसे दफनाने जाना ही होगा।

उसमान अपनी बेटी को लेकर बाहर मैदान में गया। रेत में गड्ढा खोदते हुए, रेत के कुछ कण उसकी दाढ़ी में उलझ गये। जैसे ही उसमान अपनी बेटी को धक्का देनेवाला था कि बेटी ने कहा, अब्बा लाइए आपकी दाढ़ी की रेत झाड़ दूँ! कहते हैं उसमान पहला अरबी था, जो रोया मगर तब भी बेटी को धकेलकर उसने वह गड्ढा तत्काल भर दिया।

❑

यह सृष्टि एक धारावाहिक है

कोई एक नियम पूरे ब्रह्मांड में व्याप्त है। इसे आप कोई भी नाम दे सकते हैं। ॠत, धर्म, लोगोस अथवा फिर सत्यार्थ। यह नियम पूरे विराट या दिक् क्षेत्र को एक ही लय में बाँधे हुए है। इसी नियम के सहारे पृथ्वी और दूसरे ग्रह अपनी कक्षा में घूम रहे हैं। ॠतुएँ आ-जा रही हैं। बीज अंकुर बनकर बड़ा हो रहा है, फिर वृक्ष बनकर करोड़ों बीजों को जन्म दे रहा है। इसी नियम के तहत हर तरह का चयापचय खिलकर मुरझा रहा है। विज्ञान की भाषा में इसे 'मैक्रोकाज्म' कहा जाता है। फिर वही सब जो बाहर घट रहा है, भीतर अर्थात् देह के भीतर भी घट रहा है—उसी तरह एक लय में बँधा। माँ के गर्भ में बीज पड़ रहा है। शिशु का जन्म हो रहा है। शरीर के भीतर खून दौड़ रहा है। फेफड़े हवा पीकर छोड़ रहे हैं। पेट में रोटी जाकर स्वाहा हो रही है। आँतें उच्छिष्ट को लगातार बाहर फेंक रही हैं। शिशु किशोर फिर युवा हो रहा है। धीरे-धीरे देह के पुर्जे घिस रहे हैं। थकान बिन्दु आने पर एक दिन इन्द्रियाँ जवाब दे रही हैं। कभी आँखों में अँधेरा छाया, कभी दाँतों ने टूटना शुरू किया। कभी हाथों में कम्पन, कभी बहरापन। आते-आते एक दिन ऐसा भी आता है कि शरीर नामवाला यह कारखाना ठप हो जाता है। बाहर प्रकति में मोटे तौर पर पाँच तत्त्व पृथ्वी, जल, अग्नि, आकाश और हवा कर्मरत हैं, जो शरीर को भी चलाते हैं। वैज्ञनिक कहते हैं, ये तत्त्व सिर्फ पाँच नहीं एक सौ अट्ठानवे हैं। हो सकता है, कल इनकी संख्या दो सौ भी हो जाय। इन्हीं सबके जोड़ से शरीर में जो हरकत पैदा होती है, उसे जीवन कहा जाता है।

अन्य जीवधारियों के पास भी दिमाग है, मगर आदमी के पास ज्यादा बड़ा है, इसमें लगभग पन्द्रह करोड़ कोशिकाएँ हैं जिनमें आयोजन क्षमता है। अवबोधन है, कल्पनाशीलता है। स्मृतिकोश एवं भावप्रवणता आदि अनेक गुण हैं। ऐसा सोचना कि पशु-पक्षियों में कई कमियाँ हैं, शायद सही नहीं होगा, इसलिए कि कई विशेषताएँ अन्य जीवधारियों में एकदम विशिष्ट हैं। उदाहरण के लिए, मक्खी अपने चारों पंजों से स्वाद लेने की क्षमता रखती है। साँप अपनी पूरी देह से साँस लेता है। मादा कछुआ

दूर से देखकर ही अपने अंडों को सेती है। गिद्ध ऊपर आकाश से छह मील नीचे पड़े भोजन को देख लेता है। कुत्ता अपनी घ्राणशक्ति से मीलों दूर भागे अपराधी का पीछा कर सकता है, आदि-आदि।

अगर आदमी का दिमाग अपने आपको पूरे ब्रह्मांड से जुड़ा हुआ मानता है तो यह हुई समझदारी। इसे कहेंगे ज्ञान और जब यही आदमी इस समस्त प्रपंचजाल के समक्ष स्वयं को पूरी तरह नगण्य मानकर, यह स्वीकार करने लग जाता है कि चेतना की एक ही डोर ने सबको बाँध रखा है और यह सृष्टि एक धारावाहिक की तरह है, जिसकी पटकथा सम्भवत: पहले ही लिखी जा चुकी है, जिसमें एक-एक की अपनी-अपनी अलग भूमिका है, जिसे सभी को निभाना ही निभाना है तो यह हुआ अध्यात्म। यह नियम क्यों है, इस प्रश्न से दर्शन का जन्म हुआ। यह नियम कैसे कार्य करता है, इस प्रश्न से विज्ञान की शुरुआत हुई। इस नियम के पीछे शायद कोई नियन्ता होगा। इस स्वीकृति के साथ बोध अथवा धर्म का जन्म हुआ।

पश्चिम कहता है—प्रकृति की शक्तियाँ मनुष्य से अलग हैं, इसलिए पश्चिम ने उसे चुनौती के रूप में देखा और उस पर विजय पानी चाही, जबकि पूर्व ने, विशेष रूप से भारत ने, प्रकृति को दोस्ती की निगाह से देखा, इसलिए वह यान्त्रिकता या विज्ञान की ओर न बढ़कर भीतर आत्म-प्रगति की आरे बढ़ा और अन्तर्मन्थन कर उसने पाया कि परिवर्तन का नियम अकाट्य है, वह स्थिर है। अन्तत: दोनों ने लगभग वही पाया। यह कि पृथ्वी में गुरुत्वाकर्षण है, उस पर लकड़ी का टुकड़ा और पत्थर एक ही गति से गिरते हैं। आग जलाती है। एक गति विशेष पर फेंके जाने के बाद पुद्गल प्रकाश बन जाता है आदि।

मगर पिछले दिनों 'साइंटिफिक अमेरिकन' में एक लेख आया है, जिसके अनुसार अणु के तमाम विभाजनों के बाद उन्हें एक मॉलीक्यूल ऐसा भी मिला है, जिसकी जानकारी वैज्ञानिकों को पहली बार हुई। फिलहाल वे इसे 'डिवाइन' या दिव्य की संज्ञा दे रहे हैं।

❑

मास्को में उपनिषद्

पिछले दिनों की बात है, मास्को से एक आमन्त्रण मिला। वहाँ की थियोसॉफिकल सोसायटी ने एक कार्यशाला का आयोजन किया था। थियोसॅफ़ी का अर्थ होता है ब्रह्मविद्या। इस आन्दोलन का प्रारम्भ, सही अर्थों में रूस से ही हुआ था। हुआ यह कि एलेना हॉन नामक एक सम्भ्रान्त परिवार की किशोरी की दृष्टि में कुछ ऐसा जादू था कि वह जब मेज पर रक्खे चम्मच अथवा चाय के प्याले पर कुछ देर तक टकटकी लगाए देखती रहती, तो चम्मच और प्याला अपने स्थान से सिसकने लगता अथवा फिर वह अपना चेहरा घुमाकर खिड़की पर पड़े पर्दे की ओर निहारती तो पर्दा खिसककर अपने आप खुल जाता। कालान्तर में एलेना हॉन का विवाह हुआ। मगर शीघ्र ही उसके पति ने उसे छोड़ दिया। इसके बाद एलेना हॉन भारत में रहने के लिए आयी और यहाँ के कई पंडितों के सान्निध्य में रही। यह घटना सन् 1879 की है। भारत से लौटकर एलेना हॉन ने अपना नाम बदलकर एच. पी. ब्लावत्स्की रखा और इसी नाम से एक पुस्तक छपवाई जिसका शीर्षक था—'द सीक्रेट डॉक्टरिन ऑफ़ द ईस्ट'। इसके बाद ब्लावत्स्की की भेंट कर्नल ओलकाट से हुई। दोनों ने मिलकर लन्दन में एक संस्था स्थापित की जिसका नाम पड़ा 'द आर्डर ऑफ़ द गोल्डन डॉन'। इस संस्था के अनेक सदस्यों में अँग्रेजी का कवि विलियम बटलर येट्स भी था। यह वही कवि है जिसकी भेंट कालान्तर में कवीन्द्र रवीन्द्र से हुई और जिसने उनकी गीतांजलि की रचनाओं से प्रभावित होकर उनका नाम नोवेल प्राइज़ के लिए अनुमोदित किया।

मादाम ब्लावत्स्की की किताब पर उपनिषदों का प्रभाव स्पष्ट है। ब्लावत्स्की का मानना है कि सृष्टि रचना के पीछे सात मूल तत्त्वों का हाथ है। इनमें से चार तो शुद्ध रूप से भौतिक हैं। पाँचवाँ है ईथर जबकि शेष दो व्याख्या से परे हैं। ये तत्त्व अत्यधिक गूढ़ हैं। यह सारा का सारा जगत किसी 'अक्षर' का उपाख्यान है, जो उसी की महिमा को दर्शाता है। जो कुछ हो चुका है, जो हो रहा है और जो होगा वह सब किसी एक ध्वनि में व्याप्त है। ब्लावत्स्की का संकेत सम्भवत: ओंकार ध्वनि या नाद से है जो त्रिकाल की भी सीमाएँ पार कर दो तरह समझा या आत्मसात किया जा सकता

है। इसकी पहली सीढ़ी सोपाधिक है और दूसरी निरुपाधिक। ईथर वह तत्त्व है जो सोपाधिक एवं निरुपाधिक के मध्य एक आवरण का काम करता है। ब्रह्मांड भी एक नहीं अनेक हैं जो बुलबुलों की तरह एक दूसरे में घुलते मिलते रहते हैं। इन सबको ब्लावत्स्की 'स्पार्क्स ऑफ इनफिनिटी' कहती है। सब कुछ सब समय न व्यक्त रह पाता है न अव्यक्त। वह आकार भी ग्रहण करता है। फिर परदे के पीछे भी चला जाता है। पृथ्वी भी निरन्तर वही नहीं रहती है। वह भी काल के प्रभाव से युगों बाद जल में डूब जाती है। फिर मन्वन्तर पूरा होने पर वह बाहर आती हुई त्रिष्णु का आलिंगन करती है। व्यष्टि रूप में जीव भी चार अवस्थाओं में रहता है—जाग्रत, स्वप्न, सुषुप्त और तुरीय। अवस्था भेद के कारण वैश्वानर तेजस, प्राज्ञ और अव्यवहार्य कहलाता है। जागृत अवस्था में जीवात्मा स्थूल शरीर-ग्रस्त अथवा स्थूल शरीर का अभिमानी होता है और इसमें अनेक भोग भोगने की इच्छाएँ वर्तमान रहती हैं। समष्टि रूप में जो सब तरफ व्याप्त है वह भी अक्षर का ही प्रतिबिम्ब है। मनुष्य का सुषुप्ति में जाना एक बहुत बड़े पैमाने पर पृथ्वी का जल में लीन हो जाना है और उसका जागना विष्णु की गोद में झूलने लग जाता है।

मास्को में मार्क्सवाद के पतन के बाद, वहाँ के रहनेवालों का ध्यान थियोसॅफ़ी की ओर फिर लौट रहा है।

आप अब यदि वहाँ जाएँ तो पाएँगे कि जहाँ एक ओर चलचित्रों में भयंकर नग्नता के दर्शन होते हैं वहीं दूसरी ओर तरह-तरह की ध्यान पद्धतियों और थियासॅफ़ी का बोलबाला है। वहाँ के लोगों को, क्योंकि यह ज्ञात है कि 'द सीक्रेट डॉक्ट्रिन' का कथ्य मूलरूप से उपनिषदों द्वारा प्रेरित था इसीलिए वे समय-समय पर भारतीय विद्याविदों को आमन्त्रित करते रहते हैं।

❑

बुद्ध की देशना का ढंग

मृत्यु का सम्बन्ध जन्म अलग से नहीं होता, वह जन्म की सहोदरा है। देह कोशिकाओं के पोर-पोर में मृत्यु उसी तरह घुली मिली रहती है जैसे समुद्र के जल में खारापन। बुद्ध के चिन्तन और चुनौती का ध्रुवबिन्दु यही था। बुद्ध के सूत्रवाक्य विनयपिटक, सूत्र-पिटक एवं अभिधम्मपिटक में सगृहीत हैं। बुद्ध प्रश्न भी करते और साथ ही समाधान भी देते चलते थे।

जो पाठक दर्शन के इतिहास से परिचित हैं उन्हें वस्तुवाद और प्रत्ययवाद को जानते होंगे। इससे अलग हटकर यदि हम मानववादी विकल्प पर ध्यान दें तो पाएँगे कि विश्व की परिधि से बाहर जाना हमारे वश की बात नहीं। और न ही हम कभी अपने अहम् भाव से मुक्त हो पाते हैं। अपने युग में बुद्ध ने इस पर काफ़ी मनन किया था, साथ ही इसे अपने आचरण में उतारने की भी कोशिश की थी। विवरण मिलता है कि एक बार एक व्यक्ति ने आकर बुद्ध के चेहरे पर थूक दिया। वह व्यक्ति थूककर आगे बढ़ गया। बुद्ध चुप रहे। आनन्द उनके साथ था। उसने बुद्ध से पूछा—ऐसा क्यों कि एक व्यक्ति आया और आप पर थूक कर चला गया और आप चुप रहे? बुद्ध ने आनन्द को समझाया कि उस व्यक्ति के मन में मेरे प्रति इतना गुस्सा था कि उसने मात्र मुझ पर थूका। वह चाहता तो मेरी धुनाई भी कर सकता था। मगर उसने वैसा नहीं किया सिर्फ़ अपना क्रोध, थूककर व्यक्त किया आनन्द। यह भी एक तरह की अभिव्यक्ति थी।

भाषा और अभिव्यक्ति का ढंग हमें पालि-साहित्य में एक सही दृष्टि देता है, कम-से-कम बुद्ध को समझने में। बुद्ध की देशनाएँ त्रिपिटक के माध्यम से ही हम तक पहुँची हैं, जिनमें पहला पिटक है, सुत्तपिटक। सुत्तपिटक पाँच निकायों में बँटा हुआ है। इन्हें कुछ इस तरह रक्खा जा सकता है—दीघ निकाय, मज्झिम निकाय, संयुक्त निकाय, अंगुत्तर निकाय एवं खुद्दक निकाय।

खुद्दक निकाय में पन्द्रह ग्रन्थों का विवरण मिलता है। धम्मपद, खुद्दक पाठ, उदान, सुत्त निपात, इतिवृत्तक, विमान वत्थु, पेत वत्थु, थेरगाथा, थेरीगाथा, जातक,

निद्देस, पटिसंमिदामग्ग, अपदान, बुद्धवंश एवं चरियापिटक। इसी तरह विनय पिटक पाँच तथा अभिधम्म पिटक सात भागों में विभक्त हैं। इन पिटकों में बुद्ध ने जिन्दगी के अनेकानेक प्रश्नों को सरलतम शैली में समझाने का ढंग खोजा है। प्रश्न कुछ इस तरह के हैं—दुनिया को किसने बनाया? मरने के बाद आदमी का होता क्या है? क्या आत्मा जैसा कुछ है भी याकि मात्र चेतना है जो स्थायी और अस्थायी दोनों है? चेतना से जुड़े सवालों को असंग, वसुबंधु आदि ने भी उठाया है जिसे कई बार आलयविज्ञान भी कह दिया जाता है। हो सकता है यह विज्ञान शून्यवाद के प्रतिरोध में जनमा हो। शून्यवाद कहता है कि वाह्य वस्तु की कोई सत्ता नहीं, न ही चित्त की। आत्मा का सिद्धान्त भी आरोपित है। असल में सभी कुछ शून्य से उपजकर शून्य में विलीन हो जाता है।

ध्यातव्य है कि आदमी जबसे है उसकी हमेशा से कोशिश यही रही है कि ज्यादा से ज्यादा मज़ा कैसे उड़ाया जाये! वर्तमान युग में तो यह एक तरह का विज्ञापन तक बन गया है। 'ये दिल माँगे मोर' विज्ञापन में सबसे बड़ा दोष यह है कि मज़ा उड़ाने की इस प्रवृत्ति की फलश्रुति यह होती है कि अन्ततः अधिक-से-अधिक दुःख हाथ आता है। आप मज़े की इस प्रवृत्ति को नशे की भाषा में बदलकर देखिए। शराब पीनेवाला शुरू में एक प्याला पीता है फिर कुछ समय बाद शरीर एक प्याले का अभ्यस्त हो जाता है। इसके बाद दूसरे प्याले की चाह होती है। कुछ समय बाद शरीर उसका भी अभ्यस्त हो जाता है। फिर माँग तीसरे की होती है। तात्पर्य यह कि माँग बढ़ती जाती है और माँग के साथ-साथ निरुत्तेजना का तल भी बढ़ता जाता है। उत्तेजना से सुख पैदा होता है। मगर सुख के साथ जुड़ा पेंच यह है कि वह एक आदत बन जाता है। और आदत बन जाने पर और अधिक सुख देनेवाले साधनों की तलाश शुरू हो जाती है। आज के बाज़ारवादी युग में माल की खपत बनाये रखने के लिए, उत्पादन कर्त्ताओं को हर दिन कुछ न कुछ ऐसा ज़रूर करना पड़ता है कि लोग उस उत्पाद विशेष के प्रति उदसीन न हो जाएँ।

अगर हम 'बुद्धू बक्से' पर होनेवाले तरह-तरह के कार्यक्रमों पर विचार करें तो पाएँगे कि उनको आकर्षक बनाये रखने के लिए तरह-तरह के उपक्रम आयोजित होने लगे हैं। स्थिति यहाँ तक आ गयी है कि शरीर को एकदम नग्न दर्शाना ज़रूरी हो गया है। ऐसा सिर्फ़ बाजारू कार्यक्रमों के सन्दर्भ में ही सच नहीं है, अध्यात्म से जुड़े प्रवचनों के सन्दर्भ में भी होने लगा है। इतने उपदेश, इतने सन्त और साध्वियाँ अपने-अपने आश्रमों से कैसेट बनवाकर दिखाने लगे हैं कि व्यक्ति इनकी वाणी और शब्दस्फीति से भी ऊब गया है। कुछ तथाकथित सन्त तो बाकायदा सिनथेसाइज़र बजवाकर बड़ी चतुराई से बिल्कुल फ़िल्मी अभिनेताओं की तरह, आँखें मूँदकर, कुछ

औंधी सीधी-बैरागी बानी इस तरह गाते हैं जैसे ऊपरवाले से सिर्फ़ उन्हीं का डायरेक्ट लिंक है, बाकी सब यहाँ घास खोदकर जीवन नष्ट कर रहे हैं।

बुद्ध के सन्दर्भ में ऐसा नहीं रहा होगा इसीलिए पालि साहित्य के उस खंड में जहाँ शून्यवाद के प्रतिरोध में विज्ञानवाद जनमा उसके पक्षधरों ने कहना शुरू किया कि सारा चिन्तन, सारा मनन, सभी अभिव्यक्तियाँ, सारा ऊहापोह चित्तानुयायी है। सत्ता अगर है तो चित्त की है। चित्त भी कोई ठहरी हुई स्थिति नहीं बल्कि एक तरह का प्रवाह है। इसलिए बिना अष्टांग योग को साधे दुःख से छुटकारा पाना सम्भव नहीं। बुद्ध के अष्टांग मार्ग, सम्यक् संकल्प, सम्यक् वाणी, सम्यक् दृष्टि आदि पर हम पहले भी लिख चुके हैं। बुद्ध कैसे समझाते थे इसका एक उदाहरण भर, यहाँ काफ़ी होगा।

भिक्खुओ! संसार शाश्वत है ऐसा मत रहने पर भी 'संसार अशाश्वत है' ऐसा मत रहने पर भी 'संसार सान्त है', ऐसा मत रहने पर भी 'संसार अनन्त है' ऐसा मत रहने पर भी 'जीव वही है जो शरीर है' ऐसा मत रहने पर भी 'जीव दूसरा है, शरीर दूसरा है' ऐसा मत रहने पर भी 'मृत्यु के बाद तथागत रहते हैं' ऐसा मत रहने पर भी, जन्म, बुढ़ापा, मृत्यु, शोक, रोना-पीटना, पीड़ित होना, चिन्तित होना, परेशान होना हर हालत में होगा ही। और मैं इसी जन्म में जीते जी इन्हीं सबके नाश का उपदेश तुम्हें देता हूँ।

भिक्क्षुओ! जिन्हें इसकी समझ नहीं, जिन्होंने इन मार्गों का अभ्यास नहीं किया उनका मन सत्कार्य दृष्टि पैदा होने पर, इस सारी झंझट से कैसे मुक्त हुआ जाये— इस सत्य पर सुदृढ़ हो जाती है। यही मेरी विचिकित्सा है, यही मेरी देशना है। मिक्क्षुओ! यह संसार एक तरह का आतुरालय है और कौन प्राणी जान-बूझकर जिन्दगी भर अस्पताल में रहना चाहेगा!

❑

कवि सन्त दादू

ईसवी सन् 1554, फाल्गुन मास की शुक्लाष्टमी तिथि, दिन वृहस्पतिवार को एक नितान्त दीन-हीन चर्मकार परिवार में, एक बालक जनमा, जो अपनी काव्यप्रतिभा के कारण सन्त कवि दादू के नाम से जाना गया। जिस परिवार में दो वक्त की रोटी भी नसीब न हो। वहाँ भला शिक्षा के विषय में कौन चिन्ता करे! इस अशिक्षित चर्मकार बालक में एक ही गुण था—टूटी-फूटी शब्दावली में परवरदिगार की याद में कुछ-न-कुछ गुनगुनाते रहना। कवि दादू दयाल के विषय में हमें अधिक जानकारी नहीं, सिवा इसके कि दादू की माँ का नाम असीबाई और पिता का नाम लोदी था। बाल्यकाल और फिर तरुणाई आने पर भी दादू में कोई असाधारण गुण नहीं झलका। उनका जीवन दुःखभरा जीवन था। किसी असहनीय परिस्थिति में वे घर छोड़कर बाहर निकल पड़े। काफी दिन भटके—काशी फिर बिहार, यहाँ तक कि वे बंगाल में भी रहे। अपनी इस यात्रा में उनका परिचय सहजयान, शून्य एवं निरंजनवादी नाथपन्थियों से हुआ। नाथपन्थ योगियों में एक महायोगी हुए हैं कुभारीपार। लेकिन कुछ विद्वान मानते हैं कि यह एक ग्रन्थ है जिसे नाथपन्थी साधु गुप्त रूप से बाँचते हैं। किन्हीं घुमन्तू क्षणों में दादू को इस ग्रन्थ में वर्णित कुछ ऐसे सूत्र मिल गये जिसके परिणामस्वरूप दादू सिद्धावस्था में रहने लगे। नाथपन्थियों के गुप्त ग्रन्थों में सिर्फ 'कुभारीपार' नामक ग्रन्थ ही हो ऐसा भी नहीं। इनके अन्य ग्रन्थ अजपागायत्री योगविद्या एवं अजपाश्वास आदि ग्रन्थ भी उतने ही महत्त्वपूर्ण हैं। दादू बंगाल से यह दुर्लभ विद्या सीखकर राजस्थान आ गये और साँभर नामक स्थान पर अपनी कुटिया बनाकर रहने लगे। सारा दिन जीविकोपार्जन भी करते और साथ-साथ गाते :

दादू हिन्दू तुरकन होइबा
साहब सेती काम।
षडदर्शन के संगन जइबा
निरपथ कहिबा राम॥

राम के प्रति दादू के मन में अनन्य अनुराग था। दादू लिखते हैं :

दादू रोजी राम है
राजिक रिजक हमार।
दादू उस परसाद सौं
पोस्या सब परिवार॥

अर्थात् हे दादू, राम ही मेरा प्रतिदिन का अन्न है। वही मेरी वृत्ति है। वही मेरी जीविका है। उनका प्रसाद पाकर ही तो मेरे परिवार का भरण-पोषण होता हैं। दादूपन्थियों में उनके सम्बन्ध में यह उत्पत्ति कथा प्रचलित है कि दादू एक शिशु के रूप में साबरमती नदी में बहते हुए एक लोदीराम नामक व्यक्ति को मिले। आचार्य रामचन्द्र शुक्ल के मतानुसार, इतना तो है कि उनका पालन-पोषण एक चर्मकार परिवार में हुआ। दादू का गुरु कौन था इस विषय में 'प्रमथनाथ भट्टाचार्य का मानना है कि उन्हें दिव्य सन्देश 'कमाल' ने दिया जबकि इनकी बानी में जगह-जगह कबीर का नाम आता है। राजस्थान में मराने की पहाड़ी पर, दादूपन्थियों का एक बड़ा प्रसिद्ध संस्थान है। यहाँ दादू कवि द्वारा लिखित पोथियाँ आज भी सुरिक्षत हैं। दादू के शिष्य स्वयं को निरंकारी निरंजन आदि भी कहते हैं। दादू की बानी भी कबीरदास की ही तरह सधुक्कड़ी है। तथापि दादू की कविता में कबीर जैसा पूरबीपन नहीं। उनकी भाषा में गुजराती, राजस्थानी, यहाँ तक कि अरबी फारसी के भी शब्द प्रयुक्त हुए हैं:

जीव दूध में रमि रसा व्यापक सब ही ठौर।
दादू बकता बहुत है मथि काढ़ैं तें और॥
यह मसीत यह दहेरा सतगुर दिया दिखाई
भीतर सेवा बन्दगी बाहिर काहे जाई॥

दादू दयाल के विषय में कहा जाता है कि रज्जब अली उनके अत्यधिक निकट थे। एक बार जब रज्जब दूल्हा बने विवाह करने जा रहे थे तभी वहाँ से होकर दादू कहीं जा रहे थे। दादू ने रज्जब को देखकर यह दोहा पढ़ा :

रज्जब तैं गज्जब किया सिर पर बाँधा मौर।
आया था हरि भजन कूँ किया नरक में ठौर॥

बस रज्जब ने सेहरा तोड़ फेंका और दादू के शिष्य हो गये। रज्जब ने कालान्तर में अपनी वानी का नाम रक्खा 'सर्वंगी'।

❑

आर्यों की धरती

मानसरोवर यात्रा को प्रारम्भ करवाने की कोशिश सबसे पहले किसने की, यह हममें से बहुतों को ज्ञात नहीं। मगर इसका विचार सबसे पहले, हम दो मित्रों ने ही तत्कालीन मुख्यमन्त्री उत्तर प्रदेश के मन में डाला था। मानसरोवर से ब्रह्मपुत्र, सतलज, सिन्धु एवं ग्रोगा ये चार नदियाँ निकलती हैं। पिछले वर्ष पहली बार सिन्धु-दर्शन का सौभाग्य प्राप्त हुआ। यह वही नदी है जिसे हिरोदोतस ने इनडस नाम से पुकारा। यही वह नदी है जिसके तट पर सिन्धु घाटी की सभ्यता पनपी।

यदि आप अरब सागर से, जहाँ सिन्धु नदी सागर में मिलकर खो जाती है, से उल्टी तरफ़ चलना शुरू करें तो पंजाब के रोपड़ ज़िले तक सिन्धु घाटी की सभ्यता फैली थी। इसी क्षेत्र में पुरातत्त्ववेत्ताओं की मेहनत से सैंतीस जनपदों सहित दो बड़े नगर हड़प्पा और मोहनजोदाड़ो मिले हैं। यह सभ्यता जो ई. पू. 2000 तक क़ायम रही, इसकी भाषा को अभी तक पढ़ा नहीं जा सका। इसलिए कि यह भाषा चित्र भाषा है जिनकी गिनती करने पर लगभग 369 चिह्नों की सूची अब तक मिली है। जबकि सुमेरियन भाषा में मात्र 200 चिह्न मिलते हैं। भाषा सिद्धान्त कहता है कि जब कोई सभ्यता विकसित होती है तो चित्रलिपि में चिह्न कम होते जाते हैं इस तर्क के आधार पर 369 चिह्नों वाली सिन्धु घाटी के लोगों की भाषा निश्चित रूप से विकसित रही होगी। यह लिपि यहाँ पाये गये पात्रों और मुद्राओं पर उत्कीर्ण है। मुअनजोदड़ो के भग्नावशेषों में उपलब्ध वस्तुओं में एक दवात भी है। यह दवात मिट्टी की बनी है। इससे यह भी अन्दाज़ मिला है कि सिन्धु घाटी के लोग भाषा-लिपि का उत्कीर्णन ही नहीं करते थे वरन् कलम दवात का भी प्रयोग करते थे। हड़प्पा लाहौर से सौ मील दक्षिण-पश्चिम में और मुअनजोदड़ो कराची से 200 मील उत्तर में सिन्धु नदी के तट पर है। इन दोनों नगरों की रचना एक निश्चित योजना के अनुसार की गयी।

'द वंडर दैट वाज़ इंडिया' के लेखक बैशम ने एक चित्र ऐसा भी छापा है जो वहाँ जलाशय और उसी के साथ देवालय होने का आभास भी देता है। मुअनजोदड़ो में मिले कुछ टूटे हुए चूल्हे इस बात का संकेत भी करते हैं कि घरों में बाकायदा एक

रसोईघर होता था। यहाँ के भग्नावशेषों में उपलब्ध अनेक मुद्राओं में एक पीपल का वृक्ष भी बना है तो क्या यह माना जाए कि उस समय के लोग अश्वत्थ वृक्ष की उपयोगिता से अवगत होने के कारण उसकी पूजा भी करते थे। आर्य लोग जिसे सप्तसिन्धु कहते हैं इसमें सारा पाकिस्तान, पूर्वी अफगानिस्तान और कश्मीर तथा पंजाब आएगा।

अब्दुल कुद्दूस की एक किताब आयी है जिसमें लिखा है कि ऋग्वेद में जिस 'सप्तसिन्धव' का जिक्र है वह भूमि यही भूमि थी। प्रसाद ने लिखा है :

अरुण यह मधुमय देश हमारा
जहाँ पहुँच अनजान क्षितिज को मिलता एक सहारा।

सिन्धी भाषा भी वीरछंदा प्राकृत की ही हमजोली बोली है। अलबरूनी ने अपनी किताबुलूह में इसकी लिपि को अर्धमागधी कहा है। मख़दूम नूह, कादी कदान कवियों की जो रचनाएँ अब तक उपलब्ध हैं वे सभी रहस्यपरक कवियों की रचनाएँ जान पड़ती हैं। ऋग्वेद में जहाँ आया है : पहले यहाँ कुछ नहीं सभी कुछ अशनाया से व्याप्त था। अशनाया ही मृत्यु है, इसी से मिलती-जुलती रचनाएँ शाह अब्दुल लतीफ़ और भीत शाह की हैं जो बड़ी तल्लीनता के साथ आज भी गाई जाती हैं। निहितार्थ यह कि सप्तसैन्धव का प्रभाव आज भी देखा जाता है।

❑

शिवभाव

भारतीय संस्कृति की आत्मा है उसका शिवभाव। यदि हम शिवत्व के विभिन्न पहलुओं पर विचार करें तो पाएँगे कि शिव की कल्पना का एक दार्शनिक आधार है जिसके बीज वैदिक युग में ही पड़ने प्रारम्भ हो गये थे। ऋग्वेद के रुद्र को श्वेताश्वतरोपनिषद् तक आते-आते ईश, महेश्वर, शिव एवं ईशान आदि उनके नामों से जाना जाने लगा। यहाँ उन्हें विराट् ऊर्जा का महोदधि माना जाने लगा। यहाँ प्रकृति को माया और शिवनामी शक्ति को 'मायी' कहा गया। उपनिषदों के बाद सूत्रकाल में भी शिव, स्कन्द एवं विनायक सहित, प्रार्थना का विषय रहे। पाणिनि की अष्टाध्यायी में रुद्र अपनी सभी उपाधियों के साथ विद्यमान हैं। माहेश्वर सूत्र शिव द्वारा व्यक्त किए गये माने जाते हैं। अष्टाध्यायी के बाद कौटिल्य के अर्थशास्त्र में शिव अन्य देवी-देवताओं के साथ, हमारी संस्कृति के इतिहास में और गहरे उतरते हैं। तत्कालीन दुर्गों के भीतर बने मन्दिरों में शिव भी उत्कीर्णित हैं। रामायण और महाभारत में शिव की उपासना उनके रौद्र रूप से सौम्य रूप की ओर अग्रसर होती है। रामायण में महादेव, महेश्वर और त्र्यंबक आदि कई पर्यायवाची उपाधियों के साथ शिव सब प्राणियों की ऊर्जा बन जाते हैं। यहाँ यह ध्यातव्य है कि शिव का केशी नाम श्रमण संस्कृति से आया। श्रमण संस्कृति के ऋषभदेव, वहाँ केशी उपाधि से भी युक्त हैं। शिव का केशी रूप रामायण के गंगावतरण वाले प्रसंग में उजागर हुआ है। ईसा से दो शती पूर्व पतंजलि ने अपने ग्रन्थ में शिव के अनेक नामों का उल्लेख किया है। रामायण में शिवोपासना तो प्रशस्त थी ही, वहाँ शिव को योगाभ्यास करते हुए भी दिखाया गया है। उपनिषदों की रुद्रपत्नी, केनोपनिषद् तक आते-आते 'उमा' की संज्ञा पा लेती है और शिव की ही तरह जीवों पर अपनी कृपा बरसाती है। महाभारत में शिव का कल्याणकारी रूप द्रोणपर्व में वर्णित है। वनपर्व में वे वरदायी देवता के रूप में उल्लिखित हैं। अर्जुन ने तप करके उनसे पाशुपत अस्त्र पाया था। माधव ने अपने सर्वदर्शनसंग्रह में पाशुपत मत को 'नकुलीश पाशुपत' कहा है, साथ ही उसके पाँच सिद्धान्तों की विशद व्याख्या भी की है।

यहाँ शिव को केन्द्र में रखकर पनपनेवाले अन्य सम्प्रदायों का ज़िक्र भी ज़रूरी है। इनमें सबसे पहले नाम लिया जाता है शैव सिद्धान्त का, जिसमें चार पादों और तीन पदार्थों का जिक्र है। चार पाद हैं—विद्या, क्रिया, योग और चर्या; तथा तीन पदार्थ हैं—पति, पशु और पाश। शैव सम्प्रदाय के सिद्धान्त पाशुपत सम्प्रदाय के सिद्धान्तों की तुलना में कहीं अधिक तर्कसंगत हैं। ब्रह्मसूत्र के अपने भाष्य में रामानुज ने कापलिक सम्प्रदाय का ज़िक्र किया है, इसके केन्द्र में भी शिव हैं। कश्मीर का शैवमत अन्य सम्प्रदायों की तुलना में कहीं अधिक मानवीय है। यह मत दो वर्गों में विभक्त है। पहला है स्पन्द शास्त्र और दूसरा है प्रतिभिज्ञाशास्त्र। पहले मत के कर्ता वसुगुप्त माने जाते हैं जबकि प्रत्यभिज्ञा दर्शन के संस्थापक सोमानन्द माने जाते हैं। प्रत्यभिज्ञा दर्शन पर की गयी टीकाओं का श्रेय अभिनवगुप्त को दिया जाता है।

लिंगायत अथवा वीरशैव सम्प्रदाय का विवरण वायुपुराण में मिलता है। लिंग मत सम्प्रदाय के अनुसार लिंग साक्षात शिव है। कालान्तर में शिव का जिक्र भरत के नाट्यशास्त्र और वात्स्यायन के कामसूत्र में भी मिलता है। शिव, कालिदास की कृतियों में तो विद्यमान हैं ही, दंडी के दशकुमारचरित और बाणभट्ट की कादम्बरी में भी विद्यामन हैं। यशोवर्मा, आदित्यसेन, अनन्तवर्मा के शिलालेख में तो शिव हैं ही, हरिवर्मा के ताम्रपत्र में भी शिव की सर्वोपरिता स्थापित की गयी है। जहाँ तक मन्दिरों का प्रश्न है, समूचा भारत शिवालयों से भरा पड़ा है। चाहे वह उज्जैन के महाकाल हों या काशी के विश्वनाथ, अथवा फिर कांजीवरम के अर्धनारीश्वर, सभी जगह शिव अपनी अलग-अलग छवियों में हमें आकर्षित करते हैं। क्योंकि नर्तित रूप कलाकारों को अधिक भाया इसलिए उनका एक नाम नटराज भी है जो उनके अर्धनारीश्वर रूप से सर्वथा भिन्न और प्रीतिकर है।

❑

संयन्त्र और मन्त्र

एक पुस्तक है 'डिजिटल मन्त्राज़'। इसके लेखक हैं स्टीवन हाल्ट्ज मैन। किताब का उपोद्घात ऊँ की ध्वनि से होता है। यह तथ्य विशेषरूप से जानने योग्य है कि कम्प्यूटर की सारी विद्या अथवा तकनीक अपने ही देश में ईसा से चार सौ वर्ष पूर्व जनमे पाणिनि द्वारा लिखी गयी अष्टाध्यायी के सूत्रों से उधार ली गयी है। हमारे यहाँ भाषाशास्त्र में वाणी के चार तल माने गये हैं : वैखरी—जिसका प्रयोग हम रोजमर्रा की जिन्दगी में करते हैं। दूसरी है मध्यमा—जिसमें हम सोच समझकर बोलते हैं। तीसरी है पश्यन्ती— जो भाषा का भावातीत अर्थ देती है। इसका उदाहरण है ध्वनिकाव्य। चौथी को हम परावाणी कहते हैं। वाक्सिद्धि की अवस्था में बोली गयी यह वाणी समाधि भाषा के नाम से भी अभिहित की जाती है। डिजिटल मन्त्राज़ के लेखक के अनुसार, शब्द के दो पक्ष है—आशयात्मक और संवेदनात्मक। कम्प्यूटर अधिक से अधिक आशयात्मक अर्थ तक ही जाता रहा है। मगर इस कृति के लेखक का कहना है कम्प्यूटर जल्दी ही आशयात्मकता का भी अतिक्रमण करनेवाला है। अब वह काव्य कला पर भी धावा बोलनेवाला है। राजशेखर एवं अन्य काव्यशास्त्रियों ने लिखा है कि कवि में प्रमेय ज्ञान तो होता ही है उसमें अनुभूति, छन्द एवं पिंगल ज्ञानादि की भी समझ होती है। आज के कवि में ये सारी विशेषताएँ यदि अनुपस्थित हैं तो इस कमी को पूरा करनेवाला कम्प्यूटर भी शीघ्र उपलब्ध होने जा रहा है। दूसरे शब्दों में, कम्प्यूटर अब पश्यन्ती वाणी भी बोलेगा या लिखेगा। स्टीवन ने प्रयोगों द्वारा यह तो सिद्ध कर ही दिया है कि वह दादावादी, कोलाज अथवा प्रभाववादी चित्र बना सकता है। स्टीवन ने इसी के साथ ध्वनि तरंगों के स्रोत भी खोज लिये हैं, जिनकी सहायता से शोएनबर्ग और वेबर्न आदि ने संगीत रचना की थी। स्टीवन जब नॉम चामस्की के व्याकरण सम्मत वाक्य विन्यास का विश्लेषण करने बैठा तो उसे इसके पीछे विद्यमान पाणिनि के सूत्रों की झलक मिली। पहले कभी 'केऑस मेकिंग ऑफ ए न्यू सायंस' के लेखक ने स्थापना की थी कि तमाम भाषाई गड्डमड्ड के पीछे भी एक तरह की तारतम्यता है। इसी तथ्य का सहारा लेकर स्टीवन ने घोषणा की है कि कम्प्यूटर में अनन्त सम्भावनाएँ बन्द

हैं और जल्दी ही वह उन कोशिकाओं की गुत्थी भी सुलझा लेगा, जिनकी सहायता से आगे घटनेवाली घटनाओं की पूर्व सूचना भी कम्प्यूटर देने लगेगा। जिस तरह मानवमन अपनी सीमाओं का अतिक्रमण कर पाता है उसी तरह कम्प्यूटर भी अनागत की छवि ध्वनियों को पकड़ लेगा।

दुनिया भर में आज जो अनेक भविष्यवाणियाँ हो रही हैं उन सबके पीछे आख़िर कौन है? कम्प्यूटर। इसी कम्प्यूटर के बल पर हवाई उड़ानों में आगे विद्यमान हवा की गाँठों की पूर्व सूचना मिलती है। पृथ्वी की कोख में कहाँ और कब मरोड़ पड़नेवाली है इसकी पूर्व सूचना भी कम्प्यूटर ही देता है।

इसी कम्प्यूटर ने अब मृत्यु जैसे विषय पर भी अपना निर्णय देना शुरू कर दिया है। सब अस्पतालों में ऐसे मरीज़ भी होते हैं जो मरणान्तक कष्ट पाते हैं। अमरीका की जार्ज वाशिंगटन यूनीवर्सिटी के डॉ. विलियम कनौस ने अपने एक वक्तव्य में कहा है कि सारी बीमारियाँ निश्चय ही ठीक नहीं की जा सकतीं। इसी आधार पर उन्होंने एक योजना के तहत 4028 रोगियों को परखा। इस समस्त कार्यविधि को जाँचने का काम एक कम्प्यूटर को सौंपा गया। कम्प्यूटर ने बीमारी के लक्षण और उनसे लड़ने के जो उपाय सुझाये उसी के अनुरूप रोगियों की चिकित्सा की गयी। अपनी क्षमतानुसार कम्प्यूटर ने कालान्तर में बताया कि कौन-सा मरीज़ बचेगा और किसकी मृत्यु हो जाएगी। यह जानकारी काफ़ी दिलचस्प निकली। कम्प्यूटर ने जिन रोगियों के विषय में घोषणा की थी कि वे बचेंगे नहीं, उनमें से नब्बे प्रतिशत की सचमुच मृत्यु हो गयी।

❑

कवि सन्त तुकाराम

शरीर में रहते हुए शरीर के प्रति उदासीनता, अथवा शरीर के साथ अतादात्म्य काफ़ी कठिन कार्य है। मगर पहले कभी जब मनुष्य गुहावासी रहा होगा ऐसी घड़ियाँ ज़रूर आयी होंगी जब पूरे ही दृग्विषय को देखता हुआ, आदमी एकाएक ध्यान की दुनिया में चला गया होगा और उसे कुछ क्षणों के लिए लगा होगा कि मैं नहीं हूँ, मात्र विराट है जो मुझे सब तरफ़ से घेरे है। शायद तभी उसके मन में समर्पण का भाव जनमा होगा जो अपनी प्रगाढ़ अवस्था में 'भक्ति' कहा जाता है।

अपने देश में इसका पहला उदाहरण दक्षिण के आलवार हैं जिनकी प्रेरणा से भक्ति की यह लहर महाराष्ट्र में जाकर पल्लवित एवं पुष्पित हुई। महाराष्ट्र ने हमें ऐसे अनेक कवि दिये हैं जिनकी वाणी विराट का गुणगायन करते नहीं अघाती। ज्ञानेश्वर, एकनाथ एवं तुकाराम कुछ ऐसे ही नाम हैं जिन्हें जानना-पढ़ना एक अतीन्द्रिय अनुभव से गुजरना है। सामाजिक दृष्टि से तुकाराम की जिन्दगी कुछ ऐसो ही रही है जैसे सब तरफ़ कीचड़ से घिरा कोई कमल। तुकाराम भी देहू नामक एक छोटे से जनपद में, जो पूना से लगभग पन्द्रह मील दूर स्थित है, सन् 1608 ई. में एक अस्पृश्य के घर जनमे थे। तुकाराम कहा करते थे—मैं भाग्यशाली हूँ कि एक शूद्र के घर जनमा। हम भिखमंगे लोगों से तो चोर भी डरता है इसलिए कि हम अछूत हैं। तुकाराम के पिता की एक छोटी-सी दूकान थी जिसका भार तुकाराम पर इसलिए आ पड़ा, क्योंकि उनके पिताश्री कम आयु में ही चल बसे। तुकाराम की पत्नी कर्कशा थी, जिसके व्यंग्यवाणों से तुकाराम को आजीवन आहत होना पड़ा। गर्मी के दिन थे। उस साल वर्षा न होने के कारण खेतों में अनाज हुआ ही नहीं। नतीजा यह कि भयंकर अकाल पड़ा। और इस तरह तुकाराम का अत्यधिक जर्जर जैसा और जो भी धन्धा था वह डूब गया। यह अकाल तुकाराम के लिए वरदान सिद्ध हुआ। समाज से पीड़ित, पत्नी से पीड़ित तुकाराम, कवि तुकाराम पूर्णत: प्रभु को समर्पित हो गये और विट्ठल की अभ्यर्थना में दिनरात अभंग रचना करने लगे। इसी के साथ-साथ वे निरन्तर ज्ञानदेव, नामदेव और एकनाथ के पद भी पढ़ते। किन्हीं अनाम बाबाजी ने उन्हें स्वप्न में दीक्षा दी। तुकाराम

घर छोड़कर भंभानाथ एवं भदांश पर्वत पर तपस्या करने चले गये। यहाँ उन्हें गहन ध्यान के क्षणों में विट्ठल के दर्शन हुए। विट्ठल ने उन्हें आदेश दिया कि वे कम से कम एक करोड़ अभंग लिखें। निरन्तर साधना के कारण तुकाराम की वाणी में एक तरह की तरल तेजस्विता आने लगी। विट्ठल के प्रति तुकाराम के भीतर कितना असीम समर्पण भाव था इसका अन्दाजा उनकी लिखी थोड़ी-सी ही पंक्तियों से लगाया जा सकता है :

विट्ठल गीतीं विट्ठल चित्तीं
विट्ठल विश्रांति भोग जय।
विट्ठल आसनी विट्ठल शयनीं
विट्ठल भोजनीं ग्रासोग्रासीं
विट्ठल जागृति स्वप्न सुषुप्ती
आन दुजें नेणती विट्ठलें विण
भूषण अलंकार सुस्वाचे प्रकार
विट्ठल निर्धार जयां नरां
तुका ह्यणे ते ही विट्ठल चि जाले
संकल्प भुराले दुजपणें।

हम अपने यहाँ के इन तमाम सन्तभक्त एवं समाज द्वारा दलित कवियों के विषय में जब पढ़ते हैं तो यह तथ्य उभर कर बार-बार सामने आते हैं कि उन पर या तो सवर्णों की मार पड़ती रही या फिर उन्हें शासक वर्ग ने बुरी तरह सताया।

निर्मलमना कवि तुकाराम की ख्याति जब बहुत बढ़ने लगी तो रामेश्वर भट्ट नामक एक पंडित ने उन पर खौलता हुआ पानी फेंक दिया। कवि तुकाराम कर भी क्या सकते थे, दर्द से पीड़ित चुपचाप अपनी झोपड़ी में चले गये।

कालान्तर में यही रामेश्वर भट्ट किसी असाध्य त्वचा रोग से पीड़ित हुआ। अर्से तक उपचार के बावजूद जब रामेश्वर भट्ट का कष्ट दूर नहीं हुआ तो लोगों ने समझाया कि तुकाराम के पास जाओ। उसकी हथेली में जादू है। यदि तुकाराम अपना स्नेह-भरा हाथ तुम्हारे बदन पर रख देगा, तुम्हारी त्वचा को सहला देगा तो तुम अवश्य ठीक हो जाओगे। पहले तो अहंग्रस्त पंडित राज़ी नहीं हुआ, मगर जब रोग असाध्य होता चला गया तो एक दिन वह कवि तुकाराम के यहाँ पहुँचा। कवि तुकाराम ने भट्ट का स्वागत किया और विट्ठल का स्मरण करते हुए पंडित के बदन पर अभंग गाते हुए अपनी हथेली फिरायी। विवरण मिलता है कि कवि तुकाराम की प्रार्थना काम आयी और पंडित का त्वचा रोग ठीक हो गया।

❑

मकर संक्रान्ति

आप यदि इंडियन गजेटियर उठाकर देखें तो उसमें लिखा मिलेगा—''आठवीं शती में अरबी विद्वानों ने भारत से नक्षत्र विद्या सीखी और खगोल सम्बन्धी कई स्थापनाओं को 'सिन्द हिन्द' नाम से प्रकाशित किया। यही नहीं, अरबी भाषा में लिखी 'आइन-उल-अम्बा फितर कालूली अत्वा' नामक पुस्तक में विवरण मिलता है कि भारतीय विद्वानों ने बगदाद की राज्यसभा में जाकर वहाँ के हकीमों को चिकित्साशास्त्र के ही साथ ज्योतिर्विज्ञान भी सिखाया। उनमें स्कन्धत्रय का विशेष महत्त्व है। स्कन्धत्रय के अन्तर्गत सिद्धान्त, होरा और संहिता आदि आते हैं। सिद्धान्त यह है कि सूर्य स्थिर और पृथ्वी रोज़ एक अक्षांश की गति से सूर्य की प्रदक्षिणा करती हैं। अपना भचक्र (ज़ोडिएक) 360^0 में सीमित है जिसे तीस-तीस डिग्री के टुकड़ों में विभक्त कर इन बारह खंड या कोष्टकों को मेष वृषभ मिथुनादि नाम दे दिये गये हैं। दिलचस्प बात यह है कि विश्व भर में खगोल गणना प्रणाली की यही परिपाटी शुरू से चली आ रही है। स्कन्ध का दूसरा खंड है 'होरा'। स्पहानी भाषा में होरा समय को कहते हैं। के होराज़ सॉन ? प्रश्न का अर्थ होगा 'क्या समय हुआ है ?' संस्कृत में 'अहोरात्र' शब्द के 'अ' और 'त्र' के विलुप्त हो जाने के कारण शब्द बना होरा। चाहे व्यक्ति हो या प्रश्न सभी का जन्म होता है और उसी के आधार पर नक्षत्रों की स्थिति देखी जाती है। इसमें त्रुटि से लेकर कल्पकाल तक नक्षत्रों की क्या स्थिति होगी ऐसा विचार किया जा सकता है। स्कन्ध का तीसरा खंड है संहिता, जिसमें भूशोधन, दिक्शोधन, जलाशय निर्माण आदि के विषय में आवश्यक जानकारी दी गयी है। अस्तु, इस भूमिका के साथ, अब पाठकों को यह बताना जरूरी है कि मकर की संक्रान्ति नाम से जाना जानेवाला पर्व महत्त्वपूर्ण क्यों माना गया। हर वर्ष यह पर्व माघ कृष्णा प्रतिपदा को मनाया जाता है। इस तिथि के विषय में लिखा मिलता है :

मित्रस्याऽहं चक्षुषा सर्वाणि भूतानि समीक्षन्ताम्
मित्रस्याऽहं चक्षुषा सर्वाणि भूतानि समीक्षे।
मित्रस्य चक्षुषा समीक्षामहे।

अर्थात् सब प्राणी मेरी ओर अबैर भाव से देखें। मैं सब प्राणियों की ओर स्नेह की दृष्टि से देखता हूँ। हम सब स्नेह की दृष्टि से देखें। शास्त्रीय ग्रन्थों में आपसी मेल व्यवहार को अत्यधिक महत्त्व दिया गया है। इसे क्रियात्मक रूप देने की अवधारणा से इस तिथि विशेष को सामूहिक स्नान का आयोजन किया गया। यही कारण है कि तीन नदियों के संगम प्रयाग में माघ के मास में आकर लोग गंगा-तट पर झोपड़ियाँ बनाकर रहते हैं। इसे 'कल्पवास' भी कहा जाता है। व्रत मुहूर्त में भी यात्री भीष्म पितामह एवं यमुना नदी के भाई यमराज का स्मरण करते हुए संगम में स्नान करते हैं।

मकर संक्रमण अथवा संक्रान्ति का अर्थ है सूर्य का धनुराशि से निकल कर मकर राशि में प्रवेश। नक्षत्र विद्यानुसार शनि को सूर्य का पुत्र माना गया है इसीलिए उसे छायामार्तण्ड एवं यमाग्रज भी कहते हैं। मकर राशि पर शनि का अधिकार माना गया है। शनि सूर्यविद्रोही पुत्र है। अत: इस राशि में प्रवेश करते ही सूर्य की गति उत्तरायण होने लगती है। जो सूर्य आषाढ़ के महीने में कम समय के लिए धूप दे पाता था वही सूर्य अब ज्यादा जल्दी उदित होने लगता है। परिणाम यह कि दिन बड़े होने लगते हैं। दिनमान अधिक और रात्रिमान कम होने लगता है। सूर्य के संक्रमण का प्रभाव देह की पाचन शक्ति पर भी पढ़ता है इसलिए आज के दिन अधिकतर हल्का भोजन खिचड़ी, यूप आदि खाने का विधान है। परम्परा के अनुसार, यह भी चलन है कि आम लोग एक दूसरे को तिल गुड़ आदि देते हैं। पिछला बैर-भाव भूलकर एक दूसरे के गले मिलते हैं।

इस तिथि से सूर्य के भीतर की ऊर्जा में भी परिवर्तन आता है जोकि निरन्तर मधुमास आने तक बना रहता है। इस सबके अतिरिक्त जहाँ अन्य पर्व चन्द्रमा की कलाओं से निर्धारित होते हैं, वहीं यह पर्व मुख्यत: सूर्य के मकर राशि में प्रवेश से जुड़ा है।

❑

कब हुआ महाभारत

पृथ्वी सहित हमारे सौरमंडल में गृह स्थिर क्यों नहीं? घूमते क्यों रहते हैं? ऐसे और इसी से जुड़े सैकड़ों प्रश्नों को समझने परखनेवाली नभ भौतिकी में विशेषज्ञों ने पिछले दिनों देखा कि नभ के असीम क्षेत्र के अन्तिम छोर पर छोटे-छोटे असंख्य ज्योतिकण झरने की तरह झर रहे हैं। शायद ऐसी ही किसी खोज से घबराकर वर्षों पूर्व फ्रेड हॉयल ने कहा था, ''हम कभी यह जान नहीं पाएँगे कि इस ब्रह्मांड की शुरूआत कैसे हुई। काल-गणना की जो भी विधि आज हमें उपलब्ध है उसमें सूर्यग्रहण का ख़ासा महत्त्व है, जिसका आधार सूर्य और पृथ्वी के बीच चन्द्रमा का आ जाना है। अर्से से इस देश में विष्णु के उपासक श्रीकृष्ण को सर्वोपरि मानते और उनकी पूजा करते आये हैं। ऐसा इसलिए कि 'महाभारत' के भीष्मपर्व में उन्होंने अर्जुन को गीता का उपदेश दिया। मगर महाभारत लड़ा कब गया—इस पर विद्वानों में हमेशा मतभेद रहा।''

कुछ पश्चिमी विद्वान इसे हमेशा शंका की दृष्टि से देखते रहे। नवीन उपकरणों की सहायता से काल गणना करने के पश्चात् जो निष्कर्ष सामने आये हैं, उनसे पता चलता है कि महाभारत का युद्ध 1478 ई.पू. में लड़ा गया और श्रीकृष्ण की द्वारका 1443 ई.पू. में समुद्र में डूबी। यह तिथि निर्धारिण खगोलशास्त्रियों ने कालगणना पीछे की ओर लौटकर की। बंगलौर के डॉ. आर.एन. आयंगार, जो पिछले अनेक वर्षों से इंडियन इंस्टीट्यूट ऑफ् साइंस में कार्यरत हैं, ने यह खोज महाभारत में वर्णित सूर्य और चन्द्रग्रहणों के परिप्रेक्ष्य में की। (विस्तृत जानकारी के लिए पढ़ें 'इंडियन जर्नल ऑफ़ हिस्ट्री ऑफ साइंस' 38.2/2003/77-115)

महाभारत के सभापर्व में पहले सूर्यग्रहण का विवरण विदुर द्वारा दिया गया है, जब पांडवों ने बारह वर्षों के वनवास की शर्त पूरी करने के लिए अपनी यात्रा शुरू की। शर्त के अनुसार पांडवों को बारह वर्ष वन में रहना था और एक वर्ष तक अज्ञातवास करना था। पांडव यह अवधि समाप्त कर पुनः हस्तिनापुर लौटे, आकर उन्होंने दुर्योधन से, राज्य का अपना हिस्सा पाने की माँग दोहरायी। दुर्योधन ने यह माँग ठुकरा दी। तब श्रीकृष्ण ने पांडवों की ओर से सिर्फ़ पाँच गाँव माँगे। ये गाँव थे—तिलपत, बागपत,

सोनीपत, पानीपत और सीही। इन गाँवों का नाम तब इस प्रकार रहा होगा—तैलप्रस्थ, व्याघ्रप्रस्थ, स्वर्णप्रस्थ, पाणिप्रस्थ और सिंहप्रस्थ। भाषा का स्वभाव ही कुछ ऐसा है कि लोगों की ज़बान पर चढ़ने की प्रक्रिया में वह सरल होती जाती है। ठीक इसी तरह जैसे गुरुग्राम प्रचलन की प्रक्रिया में आज गुड़गाँव कहा जाने लगा है! श्रीकृष्ण के बहुत बार आग्रह करने पर अन्त में जब दुर्योधन ने, सुई की नोक भर धरती देने से इनकार कर दिया तब युद्ध के अतिरिक्त और कोई चारा न रहा।

दूसरे सूर्यग्रहण का ज़िक्र भीष्म पर्व में आया है जो चन्द्रग्रहण के तत्काल बाद पड़ा था। ये दोनों ग्रहण एक ही पखवारे में पड़े थे। और वे भी युद्ध शुरू होने के ठीक पूर्व। ये दोनों ग्रहण पिछले सूर्यग्रहण के चौदह-पन्द्रह वर्ष बाद पड़े थे। जो लोग यह सोचते हैं कि कृष्ण युद्धवादी थे वे यह भूल जाते हैं कि श्रीकृष्ण ने अन्तिम दिन तक प्रयत्न यही किया कि युद्ध न हो। हालाँकि इसी के साथ यह भी सच है कि हस्तिनापुर राजधानी के आसपास ही हैं ये गाँव, और यह भी हो सकता है कि सुरक्षा की दृष्टि से, दुर्योधन को यह माँग कूटनीतिक लगी हो। जो हो, भीष्मपर्व के पाँच श्लोकों में आये विवरण से पता चलता है कि यह युद्ध कार्तिक की पूर्णिमा के शुरू हुआ। डॉ. आयंगार के अनुसार, कार्तिक कृष्णा अष्टमी के आसपास शनि रोहिणी और मंगल ज्येष्ठा और अनुराधा नक्षत्रों के मध्य में था। आज क्योंकि अन्य ग्रहों और नक्षत्रों की जानकारी भी खगोलशास्त्रियों के पास है इसलिए डॉ. आयंगार का कहना है—हो सकता है मंगल से मिलता जुलता यह ग्रह यूरेनस रहा हो जिसे आजकल हर्षल नाम से जाना जाता है, और जिसका आधिपत्य चित्रा पर स्थान-बल के कारण अधिक रहता है। महाभारत का युद्ध शुरू होने तक वृहस्पति ग्रह पूर्वा भाद्रपद से चलकर उत्तरा भाद्र में पहुँच रहा था।

तीसरे सूर्यग्रहण का जिक्र महाभारत के मूसलपर्व में है। तदनुसार यह ग्रहण महाभारत युद्ध के छत्तीसवें वर्ष पश्चात् पड़ा। यह समय द्वारका के डूब जाने का होना चाहिए। पहले के दो सूर्यग्रहण कुरूक्षेत्र में भी देखे ही गये होंगे क्योंकि उनका स्पष्ट वर्णन महाभारत में है। जहाँ तक तीसरे सूर्यग्रहण का सम्बन्ध है, द्वारका के डूबने की संगति डॉ. आयंगार क्यों स्थापित करना चाह रहे हैं यह प्रश्न सोचे जाने की माँग करता है।

मैरीन आर्कियोलोजिकल एक्सप्लोरेशंस अर्थात् समुद्रीय पुरावशेषी गवेषणा विशेषज्ञ, पिछले पाँच दशकों से द्वारका के समुद्रतट के आसपास लगातार इस धुन में रहे हैं कि द्वारका अगर डूबी तो जल में कहीं न कहीं तो समायी होगी? ठीक उसी तरह जैसे द्वारकाधीश मन्दिर (वर्तमान) के निकट जेड. डी. अंसारी और एम.एस. माटे को, खोज के दौरान एकाएक कुछ मन्दिर मिले जो पहली और नौवीं सदी के थे। इन मन्दिरों के मिलने से, विशेषज्ञों का साहस बढ़ा और गुजरात में एक आर्कियोलोजिकल

केन्द्र की स्थापना हुई। द्वारका के भग्नावशेषों को खोज निकालने का कार्य यशस्वी पुरावेत्ता डॉ. राव के नेतृत्व में प्रारम्भ हुआ। ये वही डॉ. राव हैं जिन्हें वर्ल्ड शिप ट्रस्ट पुरस्कार मिल चुका है। डॉ. राव की टोली में कई गोताखोर और ऐसे छायाचित्रकार हैं जो समुद्र के तल तक जाकर डूबे हुए जहाजों, काई ग्रस्त तोपों और टूटे हुए गुम्बदों के चित्र बड़े कौशल के साथ ले पाने में महारत हासिल कर चुके हैं। श्रीकृष्ण द्वारकाधीश कहे जाते हैं मगर उन्होंने यह कार्य बलराम को सौंप रक्खा था। इस दृष्टि से कृष्ण जैसा अद्भुत व्यक्तित्व इतिहास में ढूँढ़े नहीं मिलता। उन्होंने एक बार वृन्दावन छोड़ा तो दोबारा फिर वहाँ कभी नहीं गये। एक बार मथुरा नगरी छोड़ी तो वहाँ भी, कभी नहीं लौटे। युद्ध में कूदे भी तो सिर्फ़ सारथी की हैसियत से। तात्पर्य यह कि इतना समर्थ और ऐसा निरहंकारी, इतना निष्कपट व्यक्तित्व कहीं कोई दूसरा नहीं मिलता। कृष्ण ने अपने अहंकार को तो तोड़ा ही, दूसरों को भी यही सीख दी। महाभारत का युद्ध जब समाप्त हो गया तो कृष्ण माँ गांधारी को यह सूचना देने गये कि युद्ध में उनके सभी पुत्र मारे गये हैं। गांधारी ने कृष्ण के बहुत मना करने पर भी अपनी आँखों की पट्टी खोल दी और कहा कि मुझे युद्धस्थल पर ले चलो, मैं अपने पुत्रों को देखना चाहूँगी। श्रीकृष्ण ने कहा माँ सारे सम्बन्ध सिर्फ तभी तक होते हैं जब तक प्राणी जीवित है। अब तो सिर्फ़ शव हैं। फिर भी गांधारी नहीं मानी। हारकर कृष्ण गांधारी को वहाँ ले गये। युद्धक्षेत्र में पहुँचकर गांधारी ने श्रीकृष्ण को शाप दिया कि जिस तरह मैं अपने पुत्रों, बन्धु, बाँधवों का मरा मुख देख रही हूँ उसी तरह तुम्हारा भी वंश नष्ट हो रहा होगा, तुम उस दृश्य को देखेगो तो मगर कुछ कर नहीं पाओगे। श्रीकृष्ण ने हँसते-हँसते वह शाप झेल लिया। और कहा, माँ अब चलें। गांधारी ने कहा, नहीं मैं अब यहीं रोते-रोते अपने प्राण दे दूँगी। कृष्ण ने फिर दोहराया—मनुष्य मात्र अपने को प्रेम करता है। आप नाहक इन शवों के लिए तड़प रही हैं। गांधारी फिर भी बात नहीं मानी। हारकर श्रीकृष्ण चले आये। गांधारी वहीं बैठकर पूरा एक दिन और रात रोती रही। दूसरे दिन दोपहर को उसे बड़ी भूख लगी।

उसने देखा पास ही एक बेर का पेड़ है जिसकी सबसे ऊँची शाख पर एक बेर अभी लगा है। गांधारी भूख से व्याकुल थी। उसने एक एक करके अपने बेटों की लाशें घसीटकर एक मंच बनाया और उन्हीं लाशों पर चढ़कर जब वह बेर तोड़ने ही वाली थी कि कृष्ण वहाँ आ गये। उन्होंने दोहराया—माँ, मैंने पहले भी कहा था कि प्राणी सिर्फ स्वयं से प्रेम करता है शेष सब दिखावा है। सुनकर, गांधारी शर्म से पानी-पानी हो गयी।

इन्हीं कृष्ण की द्वारका को खोजने का अभियान सन् 1983 में शुरू हुआ। अन्त में दस वर्ष बाद श्रीकृष्ण की डूबी हुई द्वारका के अवशेष मिलने लगे। दरअसल इन टूटे-फूटे मकानों, और कलश कंगूरों-जड़े बड़े-बड़े द्वारों का यह जलमग्न नगर

समुद्रतल के एक खासे बड़े परिसर में बिखरा पड़ा है। डॉ. राव की पुस्तक 'द ग्रेट सिटी ऑफ द्वारका' पढ़कर ऐसा लगता है कि द्वारका किसी भयंकर झंझावात की पकड़ में आ गयी और समुद्र में समा गयी। विशेषज्ञों द्वारा कार्बन डेटिंग (कोयला तिथि अंकन) करने के बाद पता चला कि द्वारका पन्द्रहवीं शती ई. पू. में डूबी होगी। जो महाभारत में वर्णित तीसरे सूर्यग्रहण की तिथि से मेल खाता है। इन अवशेषों द्वारा प्राप्त जानकारी से ऐसा भी लगता है कि द्वारका नगर एक समृद्ध नगर था जो समुद्र-तट पर बसा या बसाया गया था। श्रीकृष्ण ने मथुरा छोड़ने के बाद (कृष्ण का एक नाम रणछोड़दास भी शायद इसीलिए पड़ा) यही निर्णय लिया होगा कि नया नगर मथुरा से इतनी दूर बसाया जाए कि वहाँ की याद भी न सताये। लेकिन कृष्ण क्या ऐसा कर पाये? कम से कम महाकवि सूरदास ने तो उन्हें ऐसा नहीं करने दिया। उन्होंने श्रीकृष्ण की ओर से एक पद ऐसा भी लिखा जिसमें कृष्ण उद्धव से कहते हैं :

ऊधौ मोहै ब्रज बिसरत नाहीं
हंससुता की कोमल कगरी
औ कुंजन की छाँहीं। ब्रज बिसरत नाहीं।

❑

वसुन्धरा की छवियाँ

वैदिक साहित्य में कई स्थलों पर 'वसुन्धरा' शब्द का प्रयोग हुआ है। इस शब्द को हम पृथ्वी के पर्याय के रूप में ही जानते हैं जो अपनी कक्षा पर निरन्तर घूमती हुई सूर्य का चक्कर लगाती है। हम सब यहाँ यदि हैं तो सूर्य की ऊर्जा के कारण। सूर्य यदि एकाएक ठंडा हो जाये तो शायद यहाँ का सारा कार्यव्यवहार भी तत्काल ठप्प हो जाएगा। वसुन्धरा का एक अर्थ तो हम सभी जानते हैं कि उसने हम सबको धारण किया हुआ है। अथवा फिर जो हम सबको बसानेवाली है। मगर यदि थोड़ा और गहराई में उतरा जाये तो ध्वनित होता है, कि हम जिसके गर्भ में वशीभूत रहते हैं याकि जिसके आँगन में, जिसके गर्भ में, जो हमें बसानेवाली है उसका नाम वसुन्धरा है। हम शायद इस तथ्य से अवगत होंगे कि माँ को भी वसुन्धरा कहने का चलन अपने यहाँ रहा है। हो सकता है इस अभिहिति का यह सूत्र रहा है : 'बसुं ब्रह्माणं धारयति इति वसुन्धरा :' माँ तू वसुन्धरा है, तेरे ही गर्भस्थल में हम सदैव निहित रहते हैं। तू अपने में बसानेवाली है। शायद इसीलिए वह 'धरित्री' कही जाती है।

अपने यहाँ माँ इतना पवित्र, इतना भावभरा, इतना आदरणीय शब्द है कि इसका प्रयोग 'गंगा, गो और मातृभूमि के सन्दर्भ' में तो करते ही हैं, अनेक अन्य सन्दर्भों में भी करते हैं। देश के कुछ प्रदेशों में तो स्त्री माँ के रूप में पुकारी जाती है। नाम भी लेते हैं हम तो करुणा माँ याकि जानकी अम्मा आदि कहकर आवाज़ देते हैं। घर की परिचारिका को भी माँ कहकर ही बुलाते हैं। कवि वाल्मीकि ने जब 'जननी जन्मभूमिश्च स्वर्गादपि गरीयसी' लिखा तो उनके मन भारत की कल्पना माँ के रूप में ही रही होगी। 'पितृभूमि' तो वे यों भी नहीं लिख सकते थे इसलिए कि संस्कृत में पितृभूमि का अर्थ 'श्मशान' होता है जिसका पता उन देशवासियों को नहीं जो अपने देश को 'फ़ादर लैंड' कहते हैं।

विवरण मिलता है कि माँ के गर्भ में शिशु के आते हो उसकी रक्षा के सभी उपाय होने लगते हैं। पृथ्वो गुरुत्व देने लगती है। सूर्य की ऊष्मा पहुँचने लगती है जिसके परिणामस्वरूप भ्रूण परिपक्व होने लगता है। यही नहीं, अपने शरीर में ये जो

तरह-तरह की नाड़ियाँ हैं, इनमें भी चन्द्रमा की किरणों के माध्यम से अमृतत्व का प्रसरण होने लगता है। यही नहीं, मानस पर भी चन्द्रमा का पूरा प्रभाव पड़ने लगता है, शयद इसीलिए अन्तरिक्ष विद्या के जानकार कहते हैं—चन्द्रमा मनसो जातः।

वसुन्धरा का दूसरा रूप यह पृथ्वी है। माँ के गर्भस्थल से जब यह शिशु पृथ्वी पर अवतरित होता है तब उसका भार वहन अपनी पृथ्वी करने लग जाती है। जो काम माँ की देह गर्भ में रहनेवाले शिशु की रक्षा के लिए माँ की देह के रसायन करते रहते हैं उन्हीं की जिम्मेदारी अब पृथ्वी पर आ पड़ती है। आजीवन हमें अपने देह के भरण-पोषण के सभी प्रमुख पदार्थ पृथ्वी ही प्रदान करती है। इन खाद्य पदार्थों में जिन ऊर्जा स्रोतों और परमाणुओं का प्रवाह है उसकी ओर ध्यान अभी हाल ही में दिया गया है। पिछली सदी के भौतिकवादी चिन्तकों ने इन सूक्ष्म अवयवों पर ध्यान दिया—उन तत्त्वों पर, जिन्हें पाये बिना हमारा गर्भ में जीवित रह पाना ही सम्भव न होता! लगता कुछ ऐसा है कि पिछली सदियों में जो चिन्तन हुआ, वह हमारी उस स्थिति के विषय में उदासीन रहा जब हम माँ के गर्भ में एक सस्पन्द पिंड बनकर अस्तित्व में आ चुके थे।

वसुन्धरा के तीसरे रूप का बोध तब होता है जब यह पता लगने लगता है कि हमें किसी नये रूप में ढालने की प्रक्रिया भी इस जीवन-यात्रा के समान्तर भीतर ही भीतर हो रही है जिसके परिणामस्वरूप हम जनकल्याण के लिए उत्प्रेरित होते हैं। जैसे-जैसे विदा की वेला निकट आने लगती है, मिट्टी फिर मिट्टी को पुकारने लगती है। आदमी अब भौतिकवादी दृष्टि से न जीकर मनोमय होने लगता है। सायं को लॉजिकल टाइम में जीने लगता है, 'मृत्युंजय ब्रह्मा' यह मन्त्र उसके कानों में गूँजने लगता है। अब उसका हर प्रयत्न भव को पार करने, उसका अतिक्रमण करने के लिए होने लगता है। अब वह 'आत्मस्थ' होने लगता है, यह भी वसुन्धरा का आत्यन्तिक स्वरूप है।

❑

दोनों कूप पड़ंत

वह सब जो नया है क्या वहीं वरेण्य है अथवा जो कल था आज विगतार्थ है यह प्रश्न हमेशा से विवाद का विषय रहा है। आदमी स्वभाव से इतना उदार नहीं कि, नये पुराने हर तथ्य को मान्यता दे दे। काव्य के क्षेत्र में जब कालिदास का उदय हुआ तो उनके नाटकों के प्रति तत्कालीन विद्वानों ने उन्हें हेय दृष्टि से देखा। विवश होकर कालिदास को यह कहने के लिए बाध्य होना पड़ा कि पुराना होने के कारण मात्र से कोई काव्य उत्कृष्ट नहीं होता और न ही नया होने के कारण निकृष्ट। इस तर्क में बल है। पुरातन चिन्तन काफी, कुछ अंशों तक अपने समय की परिस्थितियों के अनुरूप होने के कारण महत्त्वपूर्ण था। उदाहरण के लिए, मनुष्य ने जबतक विद्युत शक्ति को नहीं खोज पाया था उसकी जीवन शैली ठीक वैसी ही नहीं थी जैसी कि आज है। ऐसी स्थिति में उन तमाम यान-चालकों को जो सारी-सारी रात उड़ते रहने के लिए विवश है यह उपदेश देना कि रात प्रकृति ने सोने के लिए बनायी है, आज की जीवन शैली को देखते हुए शायद एक पूर्णत: स्वीकार्य नियम नहीं होगा।

भारतीय चिन्तकों ने काल को विभातिज करते हुए, एक नियम यह भी पारित किया कि धर्म एक बैल के समान है जो सतयुग में अपने चारों पैरों पर खड़ा रहता या होता है। त्रेता युग में इसकी एक टाँग टूट जाती है। और तीन पैरों पर खड़ा रहने के लिए बाध्य होता है। द्वापर में उसकी सिर्फ़ दो टाँगें रह जाती हैं जबकि कलियुग में वह सिर्फ़ एक टाँग पर खड़ा रहने के लिए विवश होता है। घटना क्रम की दृष्टि से देखें तो पुराणों में जिन्हें हम मैटाहिस्ट्री कहते हैं, राजा हरिश्चन्द्र को श्मशान घाट पर आधी रात को स्वयं अपनी पत्नी शैव्या से कर के रूप में आधी साड़ी माँगने के लिए विवश होना पड़ा, इसलिए कि वह अपने मृत पुत्र रोहिताश्व के शव का दाह करने आयी थी। सतयुग में अकालमृत्यु होना अटपटा-सा है। इसी तरह त्रेता युग में, विश्वमानव राम का निष्कासन भी हमारी अवधारणा को ठेस पहुँचाता है। हालाँकि इसी के साथ हमें यह भी पढ़ने को मिलता है—

मुनि वसिष्ठ से पंडित ज्ञानी
शोधि के लगन धरी
सीता हरन मरन दशरथ को
बन में विपति परी
करम गति टारे नाँहि टरी।

द्वापर युग आधा उजला और आधा काला माना जाता है किन्तु यहाँ भी महाभारत का पूरा घटनाचक्र तरह-तरह की विसंगतियों से भरा पड़ा है। युधिष्ठिर जैसे राजा का जुआरी होना। सब कुछ हारकर भी द्रौपदी को दाँव पर लगा देना, बड़े-बड़े महारथियों द्वारा अभिमन्यु को चक्रव्यूह में घेरकर मारना आदि ऐसी घटनाएँ हैं जिनके कारण क्या सही था क्या गलत कह पाना कठिन है, तो भी ऐसे अनेक उदाहरण एवं पात्र हमें प्रेरित करते हैं कि सत्य भी कुछ होता है। मर्यादा जैसी भी कोई चीज़ है। नैतिकता अनैतिकता के बीच कहीं न कहीं भेद-रेखा होती है, जो कलि काल में लगभग विलीन हो गयी है। इस चिन्तनधारा अथवा अवधारणा ने हमारे भीतर एक विचित्र तरह की हीन भावना पैदा कर दी है। हमें लगने लगा है कि सारे साधु ढोंगी हैं। धर्म भी एक तरह का उत्पाद है, उसकी भी एक इंडस्ट्री है जिसमें कच्चा माल खरीदने के लिए पूँजी भी नहीं लगानी पड़ती। सिर्फ़ भगवा कपड़े पहनिए। कोई एक मूर्ति स्थापित करिए। और फिर लच्छेदार भाषा में औंधा सीधा जो आता हो बोलना शुरू कर दीजिए और आपका व्यापार चल पड़ेगा। हो भी यही रहा है। मगर इस पूरे परिदृश्य पर गहराई से विचार करने के बाद, प्राचीनों द्वारा किया गया विभाजन असंगत भी नहीं लगता।

यह कुछ सोचने जैसा है कि आज के इस चकाचौंध भरे युग में इतने तमाम बाबाओं की फ़ौज कहाँ से और क्यों हम सबको प्रवचन पिलाए जा रही है। क्या हम बीते युगों की तुलना में सचमुच बुरी तरह अनैतिक हो गये हैं? हो सकता है ऐसा हो भी तभी तो हमें बाबा और माइयों की जरूरत पहले की तुलना में कहीं अधिक पड़ने लगी है। क्योंकि समाज भ्रष्ट है इसलिए उसे कथावाचकों की जरूरत है। ग़लत ढंग से पैसा पैदा करनेवाला ग्लानिग्रस्त तो होता ही है, भीतर ही भीतर उसे पापभाव कुरेदता रहता है। बता वह किसी को सकता नहीं इसलिए इन ढोंगी बाबाओं की गप्पें सुनने चला जाता है, साथ ही, अपनी काली लक्ष्मी का कुछ हिस्सा बाबा को भी चढ़ा आता है। शायद ऐसी ही स्थित को देखकर कबीर ने लिखा—अन्धे अन्धा ठेलिया दोनों कूप पड़ंत।

❑

नाम खुमारी नानका

मृत्यु वह असाध्य बीमारी है जो जन्म लेने के साथ ही हमारे पीछे पड़ जाती है। असल में हम स्वस्थ पैदा ही नहीं होते। गर्भ में जब हम पल रहे होते हैं तो हमें शायद पता नहीं होता कि मृत्यु भी वहाँ बिल्कुल उसी तरह घट रही होती है। मृत्यु कोई दुर्घटना नहीं, एक सतत क्रियारत सम्प्रत्यय है जिसकी अनिवार्यता को किसी तरह की कोई चुनौती नहीं दी जा सकती। मृत्यु उतनी ही स्वाभाविक है जितना कि जीवन। तो भी मृत्यु के विषय में कोई बात नहीं करना चाहता। उसका विचार ही अशोभन है। यदि झूठी आशावादिता का सहारा न किया जाय तो कबीर की अनेक पक्तियाँ इस तथ्य को उजागर करती जान पड़ेंगी जिन्हें उन्होंने 'चितावणी कौ अंग' में तरह-तरह से व्यक्त किया है। उदाहरण के लिए :

कबीर नौबति आपनी दिन दस लेहु बजाइ।
यह पुर पट्टन यह गली बहुरि न देखहु आइ॥

अथवा

कबीर सबद जु बाजते, घरि घरि होते राग।
ते मंदिर खाली पड़े, बेसण लागे काग॥

कबीर ने यह सब लिखा तो फिर भी कबीर बहुत दिन जिये और कबीर ही क्यों, लगभग सभी सन्त भक्तकवि दीर्घायु हुए। मनस्विदों को कहना है कि लोग मृत्यु से डरते हैं इसलिए जल्दी मरते हैं। शायद इसीलिए एक मनीषी ने लिखा है कि शीघ्र मृत्यु से बचना है तो कर्म में डूब जाओ, इतना कि मरने की याद ही न आये। हम बार-बार कहते हैं शब्द-ब्रह्म जबकि हमें कहना चाहिए कर्म-ब्रह्म। यदि हम अपने देश के ऋषियों का स्मरण करें तो पाएँगे कि शरीर से धरती पर होने के बावजूद वे अधिकतर किसी अतीन्द्रिय लोक में अधिक रहते थे अर्थात् वे भी शरीर के प्रति उदासीन रहने के कारण असमय वृद्ध नहीं होते थे। इसका निहितार्थ यह हुआ कि मृत्यु के विषय

में जितना कम सोचा जाये, वह उतनी ही दूर खिसकाई जा सकती है। यही नहीं, एक नयी विधि जो परा–मनोविज्ञान ने अभी हाल ही में दोहराना शुरू की है, इन दिनों खासी चर्चा का विषय बनी हुई है और वह यह कि पचास का आँकड़ा पार होते ही यदि आप यह आत्मसुझाव स्वयं को देने लग जाएँ कि मैं अब चालीस वर्ष का हूँ तो शीघ्र ही आपका अवचेतन इस तथ्य को स्वीकार कर लेगा। जो लोग साठ के पास पहुँच चुके हो उन्हें परा–मनोविज्ञान यह सुझाव देता है कि बारबार कहिए मन ही मन कि आप अब पचास के हुए तो सचमुच आपकी मन:स्थिति वैसी ही बनने लग जाएगी।

मृत्यु को दूर भगाने का दूसरा उपाय है स्वाध्याय। गीताकार ने लिखा है—इस संसार में ज्ञान से बढ़कर और कोई श्रेष्ठ पदार्थ नहीं। मानसिक व्यायाम कभी भूलकर भी बन्द नहीं करना चाहिए। स्वाध्याय का अर्थ टी.वी. के सामने बैठना नहीं, न ही स्वाध्याय का अर्थ छिछले उपन्यास पढ़ना। स्वाध्याय का अर्थ है उन कठिन विषयों को पढ़ना, जिनकी आपको कोई जानकारी नहीं, किन्हीं उन क्षेत्रों का ज्ञान प्राप्त करना जो आपके लिए सामान्यतया अनिवार्य नहीं मगर जो आपके मस्तिष्क को सोचने के लिए विवश करें, आपमें नयी जिज्ञासा को जन्म दें, आपके भीतर एक नयी प्यास जगाएँ, आपके व्यक्तित्व को ऊँचाइयों की ओर ले जाएँ। जिस तरह सुबह से लेकर शाम तक काम में डूबा कामगार यह भूल ही जाता है कि वह थक गया है, ठीक उसी तरह स्वाध्याय अथवा रचनाकर्म में डूबा कलाकार भी अपने शरीर की व्याधियों के प्रति अनवगत होने लगता है। रचनाकर्म में डूबे हुए लोगों के ऐसे अनेक उदाहरण हैं जिन्हें अपनी देह की व्याधियों का स्मरण ही न रहा और वे जीते चले गये। इधर, पिछले दशक में हुई कुछ खोजों से यह भी पता चला है कि गहन तन्मयता के क्षणों में शरीर के भीतर एक ऐसे रसायन का निर्माण होने लगता है जो जीवन ऊर्जा को संवर्धित करने लग जाता है। यह रसायन विधायक वृत्तिवाले कवियों में कुछ अधिक परिमाण में पनपता है। हमारा इशारा उन रचनाकारों की ओर अधिक है जिन्हें हम भक्त सन्तकवि कहते हैं। ऐसा शायद इसलिए कि प्रार्थनारत मन:स्थिति में देह का आल्फ़ा तत्त्व अनायास ही बढ़ जाता है। यह वही रसायन है जिसे कवि नानक ने अपनी कविता में इस तरह व्यक्त किया है :

नाम खुमारी नानका
चढ़ी रहे दिन रात।

❑

कणाद का वैशेषिक चिन्तन

एक ऋषि हुए कणाद। उनका कणाद नाम इसलिए हुआ। क्योंकि वे धरती पर गिरे हुए अन्न कण बीन-बीन कर उन्हें ही आहार रूप मे ग्रहण करते थे। इन्हीं कणाद ऋषि को वैशेषिक दर्शन का जनक माना जाताा है। वैशेषिक दर्शन और न्याय दर्शन में बहुतेरी समानताएँ होने के कारण, लगभग सभी विद्वान जब वैशेषिक दर्शन का नाम लेते हैं तो इसे न्याय-वैशेषिक कहकर बुलाते हैं। कणाद ऋषि के वैशेषिक सूत्र में 370 सूत्र है। इन सूत्रों की गहराई को समझते हुए, प्रशस्तपाद नामक एक अन्य चिन्तक ने इन पर एक भाष्य लिखाा। इस भाष्य को पदार्थधर्म संग्रह नाम से जाना जाता है।

कणाद ने अपने सूत्रों में छह पदार्थों को रेखांकित किया है। ये पदार्थ हैं द्रव्य, गुण, कर्म, सामान्य, विशेष, और समवाय। ये छह भावात्मक पदार्थ हैं। जबकि प्रशस्तपाद ने इन्हें शान्त कह दिया। इस बारे में प्रशस्तपाद का तर्क यह है कि अगर भाव है तो भाव के साथ-साथ अभाव भी होगा। इसलिए कि विरोधों के जोड़ से यह दुनिया बनी है। दु:ख अपने आप में निरर्थक है अगर सुख के होने की आशा न हो अथवा बुराई तभी बुराई कही जाएगी जब आस-पास कहीं अच्छाई भी हो। शायद इसीलिए प्रशस्तपाद ने कणाद के सूत्रों का मन्तव्य करते हुए 'अभाव' को भी जोड़कर इनकी संख्या सात कर दी।

कणाद ऋषि ने पदार्थों को जिस क्रम से रक्खा है उनमें पहला पदार्थ द्रव्य है। द्रव्य का नामांकन पहले हुआ है! ऐसा इसलिए कि घर बनाने से पहले, नींव का ज्ञान होना जरूरी है बिल्कुल उसी तरह जैसे किसी आदमी की विचारधारा पर विचार तभी हो सकता है जब पहले यह जान लिया जाये कि विचारों की पकड़ या जकड़न से पहले, व्यक्ति कब कहाँ, कैसे किन-किन परिस्थितियों से होकर गुजरा। व्यक्ति को जान लेने के बाद ही उसके धर्मों का ज्ञान प्राप्त करना सही होगा। दूसरे शब्दों में, धर्म के ज्ञान से भी पहले धर्मों का ज्ञान होना जरूरी है। निहितार्थ यह कि पदार्थ की जानकारी से पहले द्रव्य को जानना जरूरी है। द्रव्य को समझने के लिए उसके गुण और कर्म को परखने की ज़रूरत होती है इसे ही गुणत्व कहा जाता है। गुणत्व सभी

पदार्थों में पाया जाता है कणाद रूप और रस को गुणों का आद्य आधार मानते हैं। वैसे तो कोई न कोई गुण सभी पदार्थों में होता है मगर आवश्यक नहीं कि बुद्धि, जिसे हम गुण ही कहेंगे, सभी में समान नहीं होती इसीलिए कणाद ने सिर्फ़ रूप और रस को महत्ता दी है। कणाद को पढ़ते हुए बरबस ध्यान वैज्ञानिकों द्वारा प्रतिपादित गुणसूत्र के सिद्धान्त की ओर चला जाता है। इन दिनों यह चर्चा जोरों पर है कि आदमी के गुणसूत्रों की अगर पड़ताल शुरू में ही कर ली जाये तो यह कह पाना अधिक भरोसे भरा होगा कि वह आगे क्या बनने जा रहा है, इसलिए कि हर व्यक्ति दरअसल अपने 'जींस' का गुलाम है। वह वही करता है जिन 'जींस' से वह बना है, शायद इसी आधार पर पहले कभी महाकवि सूरदास ने गाया था :

प्रकृति जो जाके अंग परी
सो कैसेउ छूहत नहिं ऊधौ कोटिक जतन करी

द्रव्य और गुण के बाद आता है कर्म। कर्म सही अर्थों पर गुण का सहारा लेकर चलते हैं। कणाद का कहना है कर्म स्वतः रूप से चरितार्थ हो ही नहीं सकता। गुणसूत्र के कारण ही एकरंगी होते हुए भी कौवा एक तरह की बोली बोलता है और कोयल दूसरी तरह की। कणाद का यह भी मानना है कि द्रव्य, गुण और कर्म को एक ही तरह की मंजूषा में रखना चाहिए, उनका वर्ग एवं द्रव्य अपने विशिष्ट कारणों से प्रथम कोटि में आते हैं। और क्योंकि अवशिष्ट कर्म ही होता है इसलिए वह गुणों के बाद आता है। क्योंकि गुणों की अथवा गुण की वृत्ति सभी द्रव्यों से संचालित है इसलिए इस श्रृंखला में कर्म मात्र थोड़े से ही द्रव्यों तक पहुँच पाते हैं।

द्रव्य गुण और कर्म के बाद चौथा पदार्थ सामान्य याकि जाति है। सामान्य को ही जाति कहते हैं। सामान्य के लिए द्रव्य, गुण और कर्म एक तरह के आधार हैं। जो दूसरों के बल पर जिन्दा है, जिसका आधार कोई और है वह पहले नहीं हो सकता। अगर किसी को स्पन्दित रहना है तो उसके लिए आश्रयदाता चाहिए। बिना आश्रयदाता के, किसी का अधीन हो पाना सम्भव ही नहीं है। इसलिए सामान्य को परिभाषित न करते हुए कणाद का कहना है द्रव्य, गुण, जाति पहले, सामान्य या जाति बाद में। सामान्य को स्पष्ट कर चुकने के बाद कणाद विशेष का नाम लेते हैं। ऐसा इसलिए कि विशेष का प्रत्यक्ष एक स्थिति से गुज़र जाने के बाद ही होता है। कुछ भी जो प्रत्यक्ष होता है उसके पीछे अप्रत्यक्ष का होना भी स्वतःसिद्ध है। जिसे हम यथार्थ कहते हैं, वह भी पूरी तरह की एक पूरी प्रक्रिया पीछे अदृश्य रूप में फल चुकी होती है तब कहीं जा कर यथार्थ दृश्यमान हो पाता है। वर्तमान समय से उदाहरण उठाकर रक्खें तो जो धारावाहिक या चलचित्र हम सामने परदे पर देखते हैं उसके निर्माण की प्रक्रिया पर हमारा ध्यान कभी नहीं जाता। उसके पीछे दृश्यांकन, रंग-रोगन, काट-छाँट और

तराश की एक लम्बी प्रक्रिया छिपी होती है। उस पूरी प्रक्रिया से अनभिज्ञ हम एक सजा-सजाया आकर्षक घटक अपनी आँखों के सामने देखते हैं और उसे यथार्थ कह देते हैं जबकि है वह सब छलावा ही है, इसलिए कि यथार्थ को प्रस्तुत करने में भी वहाँ कल्पना का पुट विद्यमान रहता है। विशेष और समवाय को सबसे बाद में रखने की वजह यह भी हो सकती है कि इनका प्रत्यक्षीकरण कभी भी पूरी तरह साफ़ नहीं हो पाता। एक झीना परदा हमेशा पड़ा रहता है। यही नहीं, विशेष और समवाय के बीच एक आधार-आधेय सम्बन्ध भी बना रहता है। दूसरे शब्दों में, समवाय को आधेय मानना होगा और विशेष को आधार। हर स्थिति में आधार पहले होता है ओर आधेय बाद में।

कणाद ऋषि के वैशेषिक दर्शन का भाष्य लिखते हुए प्रशस्तपाद ने 'अभाव' को क्यों सम्मानित कर दिया यह प्रश्न विचारणीय है। 'अभाव' 'निषेधात्मक' प्रत्यय हैं। ऐसा लगता है कि प्रशस्तपाद के दिमाग़ में सत्ता से उल्टा कोई अनत्ता जैसा शब्द रहा होगा। ठीक उसी तरह जिस तरह अर्थ का उल्टा नन्नर्थ होता है। अर्थ का उल्टा अनर्थ नहीं होता जैसा कि हम सामान्यतया समझते हैं। अर्थ का उल्टा अगर कोई शब्द हो सकता है तो वह नन्नर्थ ही होगा।

वैशेषिक दर्शन के अन्य व्याख्याकार जब कहते हैं कि पदार्थ छह ही हैं, तब वे 'ही' पर ध्यान नहीं देते, उसे निकाल कर बाहर कर देते हैं जबकि सत्य यह है कि जिसका बहिष्करण हो रहा है वह भी कुछ है, न सही भावात्मक अथवा विधायक। भले ही वह निषेधात्मक है तब भी वह नन्नर्थ ही होगा।

❑

लोकायत दर्शन

यावज्जीवेत् सुखं जीवेन्नास्ति मृत्योरगोचर:।
भस्मीभूतस्य देहस्य पुनरागमनं कुत:॥

अर्थात्, जब तक जीवन रहे सुख से रहना चाहिए, ऐसा कोई नहीं जिसके पास मृत्यु न जा सके या जो मरे नहीं। शरीर एक बार जलकर भस्म हो जाता है तब उसका पुन: आगमन कैसे हो सकता है?

आज के भोगवादी युग में जबकि सब तरफ़ 'ये दिल माँगे मोर' की धूम है चार्वाक, जो नास्तिकों के अगुवा थे, का स्मरण हो आना स्वाभाविक है। वृहस्पति इस दर्शन के उन्नायक माने जाते हैं। सामान्यतया देखा जाय तो सभी लोग धन-संग्रह करते हैं और कामदेव के गुलाम हैं। 'काम: नैवं पश्यति' के आधार पर कहा जा सकता है कि काम अन्धा होता है। तमाम तरह के रविवारी उपदेशों को सुनकर भी लोग अनुसरण चार्वाक का ही करते हैं। चार्वाक का दूसरा नाम है लोकायत अर्थात् लोक में फैला हुआ। भास्कर और अन्य दार्शनिक इसे लोकायतिक नाम से पुकारते हैं। चार्वाक का शब्दार्थ चारु वचन भी हो सकता है। चारु अर्थात् सुन्दर और वाक् अर्थात् कथन।

आदमी की वृत्ति स्वभावत: सुख माँगने की ओर है। आदमी ही क्यों, पशु पक्षी सभी सुख चाहते हैं। यहाँ तक कि जो उपदेशक चैनल विशेष में संसार को मिथ्या कहते हुए लोगों को त्याग भाव से जीने की सीख लच्छेदार भाषा में देते रहते हैं वे स्वयं कितने विलासी ढंग से जीते हैं इसकी पड़ताल किसी न किसी को अवश्य करनी चाहिए।

अस्तु, तत्त्व मीमांसा करने पर स्पष्ट होता है कि इस दर्शन के अनुसार कुल मिलाकर चार तत्त्व ही हैं—पृथ्वी, जल, अग्नि और वायु। प्रत्यक्ष को ही प्रमाण माननेवाला यह दर्शन आकाश तत्त्व को स्वीकार नहीं करता क्योंकि वह सिर्फ़ अनुमान है। चेतना के बारे में लोकायतों का कहना है कि—महुवा और अन्य शाक फलों आदि को सड़ा देने के कारण उनमें मादक शक्ति पैदा हो जाती है। उसी तरह विभिन्न तत्त्वों के परस्पर संयोग से शरीर में चैतन्य तत्त्व पैदा हो जाता है। जब स्थूल तत्त्वों में गिरावट

आने लगती है तब शरीर स्वयं चैतन्य को धारण करने में अक्षम हो जाता है और आदमी मर जाता है। मृत्यु के बाद चेतना गायब हो जाती है। जिस तरह अपने स्वार्थ की सिद्धि के लिए शैतान लोग भी बाइबिल का सहारा लेते हैं उसी तरह तमाम तरह के सन्त भी अपने लाभ के लिए अपना ढिंढोरा पीटने के लिए तरह-तरह की बाजीगरी करते रहते हैं। लोकायतों का मानना है कि स्त्री अथवा पुरुषादि के आलिंगन से जो सुख मिलता है वही पुरुषार्थ है। हालाँकि ऐसा कोई सुख दुनिया में नहीं जिस पर दुःख की छाया न हो। चार्वाक दुनिया को सलाह देते हैं कि दुःख के भय से अनुकूल या अच्छा लगनेवाला सुख छोड़ नहीं देना चाहिए। चिड़ियाँ या कि नीलगाय आकर फसल को चुग चर जाएँगे इस भय से फसल न बोने वाला आदमी नादान है। यह मूर्खों का मानना है कि मनुष्य को सुख का त्याग कर देना चाहिए। सोचिए ऐसा कौन भला आदमी होगा जो सबसे अच्छे दानोंवाली बालियों को सिर्फ़ इसलिए छोड़ देना चाहता है कि उनमें भूसा और कुंडा भी है।

जो लोग यज्ञादि का आयोजन कर बड़ी-बड़ी बातें करते हैं वे दरअसल अपने को महिमामंडित करने का ढोंग करनेवाले लोग होते हैं। इतनी भारी मात्रा में बहुमूल्य सामग्री को जलाकर राख कर देना कहाँ की बुद्धिमानी है!

लोकायतों का कहना है कि मीमांसक लोग ज्ञानकांड को अप्रामाणिक मानते हैं जबकि वेदान्त कर्मकांड को। इन दोनों के आपस में लड़ने से भला तीसरे का होता है। धूर्तों ने यज्ञादि के बहाने लोगों से पैसा ऐंठने की बड़ी नायाब तरकीब निकाली है। भला यज्ञ करने से किसी को स्वर्ग मिला है? और फिर चूल्हे में आग तो घर में रोज़ ही जलती रहती है!

वृहस्पति द्वारा प्रणीत यह दर्शन कहता है : संसार का नियन्ता, उत्पत्ति और पालनकर्ता ईश्वर नहीं है और न ही किसी का पुनर्जन्म होता है। जो मर जाता है वह कभी लौटकर यह बताने नहीं आया कि मैं रौरव नरक याकि कुम्भीपाक में पड़ा हूँ। देह ही आत्मा है। अगर ऐसा न होता तो लोग यह क्यों नहीं कहते आत्मा दुबली या मोटी है। अहं स्थूल: कहनेवाले सोचते हैं—शरीर अलग है और आत्मा अलग, जबकि चेतन होना ही प्राणी का गुण है। ऐसी स्थिति में अहं ब्रह्मास्मि जैसे वाक्य व्यर्थ हैं, कहना चाहिए—अहं शरीरम्।

सामान्यतया लोग मानते हैं कि गंगा में स्नान करने से मोक्ष प्राप्त होता है। अगर ऐसा है तो मछलियाँ, मेढ़क और मगरमच्छ आदि पहले से स्वर्ग में रहे होते। उन्हें न कार्तिक स्नान की प्रतीक्षा रहती न महाकुम्भ की। चार्वाकों के अनुसार, यह सारा ढकोसला कर्मकांडी ब्राह्मणों ने खड़ा किया है। लोकायतों के इस दर्शन में अन्य दार्शनिक सम्प्रदायों की भी आलोचना की गयी है। उदाहरण के लिए, वृहस्पति कहते हैं—

त्रिपुंड लगाना अथवा भस्म धारण करना आदि बुद्धि और पुरुषार्थ के लक्षण नहीं हैं। मरे हुए प्राणियों को श्राद्ध से यदि तृप्ति मिले तो बुझे हुए दीपक की शिखा को तेल अवश्य ही बढ़ा देगा। विदेश जानेवाले लोगों को पाथेय देना व्यर्थ है। इसलिए कि घर में किए गये श्राद्ध से ही गये हुए प्राणी को तृप्ति मिल जाएगी। स्वर्ग में स्थित पितृगण यदि यहाँ दान देने से तृप्त हो जाते हैं तो महल में ऊपर बैठे हुए लोगों को यहीं नीचे आँगन में ही दान क्यों न दे दिया जाए, आदि।

❑

खलीफ़ा अबूबक्र

जिन लोगों ने 'अहले किताब' को ठीक ढंग से पढ़ा है वे इस तथ्य से अवगत होंगे कि सही संन्यास आखिर है क्या।

कुरान में यह बार-बार आया है कि यह दुनिया पानी का बुलबुला है। कबीर जब कहते हैं—

पानी केरा बुलबुला अस मानस की जात।
देखत ही मिट जाएगा ज्यों तारा परभात॥

तो एकाएक ध्यान पवित्र कुरान की ओर चला जाता है जिसमें यह सलाह दी गयी है कि दुनिया के क्षणिक और भंगुर सुखों के लिए सच्चे आनन्द को न भूलो और यह आनन्द सिर्फ़ अल्लाह का स्मरण करते रहने में है। वहाँ यह हिदायत भी दी गयी है कि यदि तुम दुनिया के प्रलोभनों में फँसे तो तुम्हें नरक की आग से गुजरना होगा। वह व्यक्ति जो सांसारिकता के प्रति उदासीन रहते हुए, नेक काम करता हुआ अल्लाह का गुण-गायन करता रहेगा, ईश्वर उसके दु:ख को समझते हुए जरूर उस पर मेहरबान रहेगा। कुरान में लिखा है : यह मानकर चलो कि यह संसार एक खेल तमाशा है, बाह्य आडम्बर है और तुम्हारे भीतर मिथ्या अहंकार को जन्म देनेवाला है। अधिक से अधिक धन और सन्तान को पैदा करने का मोह उन पौधों की तरह है जो वर्षा में उग आते हैं, और वक्त के साथ मुरझा भी जाते हैं। इस कृति में इस बात पर भी बार-बार बल दिया गया है कि यह संसार अवास्तव है, क्षणिक है, छलना है और आनेवाला संसार ही सत्य है। इस संसार के प्रति अनासक्त रहकर ही प्राणी ईश्वरोन्मुख हो सकता है।

कुरान की पंक्तियों से प्रभावित होकर अनेक लोगों ने सांसारिकता से मुँह मोड़ लिया। इन्हीं में से एक सूफ़ी हसन भी हुआ। जो हरदम रोता ही रहता था। उसे रोते हुए देखकर एक मित्र ने उससे रोने की वजह पूछी। हसन ने कहा, मैं इसलिए रोता रहता हूँ कि उसे भय है कि कहीं उसने अनजाने में कोई ग़लत काम न कर डाला हो!

उसने कुछ ऐसा न कर दिया हो कि अल्लाह उससे नाराज हो गया हो! और आखिरकार न्याय मिलने वाले दिन उसे जन्नत से वंचित कर दिया जाय। यह भय हसन के मन में इतना घर कर गया कि किसी ने उसे हँसते हुए नहीं देखा। वह आजीवन इसी मनस्ताप के कारण रोता रहा था और कौन पाप? कौन पाप? कहते हुए मरा। मृत्यु के बाद एक बूढ़े आदमी को स्वप्न में हसन के दर्शन हुए। स्वप्न में ही उसने बताया कि मृत्यु से पूर्व उसे एक देववाणी सुनाई दी कि उसने जीवन काल में सिर्फ एक ही पाप किया है कि निष्पाप होते हुए भी वह सशंक रहा।

इससे भी अधिक शुभ जीवन था अबूबक्र का। उसका कहना था कि मनुष्य के उपभोग के लिए अल्लाह ने यह दुनिया आदमी को दी है लेकिन यह असल चीज़ नहीं है। इस प्रकार के अनेक संसार भी आदमी को बख्शे जाएँ तो भी वह अल्लाह से प्रार्थना करेगा कि उसे इतनी शक्ति दे कि वह उन्हें छोड़ सके! उन्हें तुच्छ घोषित करे! लोग सोचते हैं उन्होंने घर त्याग दिया, बड़ा भारी काम किया कि एक आश्रम बना लिया। मगर यह एक तरह का विनिमय अथवा एक्सचेंज हुआ इसलिए कि वहाँ भी उसी तरह का गोरखधन्धा चालू रहता है इसीलिए अबूबक्र प्रार्थना करता है कि हे प्रभु! मुझे त्याग की—'प्रामाणिक त्याग' की—क्षमता प्रदान करना।

अबूबक्र इस्लाम के पहले खलीफ़ा के रूप में विश्वविख्यात हैं। त्याग के आदर्श की एक घटना भी उनके सन्दर्भ में जग-जाहिर है। विवरण मिलता है कि खलीफ़ा अबूबक्र मृत्यु से पूर्व कुछ समय के लिए अचेत हो गये। होश में आने के बाद उन्होंने पूछा, "मुझे अब तक जो वजीफ़ा मिला है उसमें से शेष कितना मेरे खजाने में अब भी बचा है?" उत्तर मिला कुल छह हज़ार दिरहम। खलीफ़ा ने कहा, "मेरी फलां ज़मीन बेचकर वह सारी रकम ख़ज़ाने में जमाकर उसकी भरपाई कर दी जाए।" उत्तर मिला, एक गुलाम, एक ऊँटनी और एक चादर।" उसने कहा, "यह सब अगले खलीफ़ा को दे दिया जाए।"

मरने से पहले खलीफ़ा अबूबक्र ने अपनी बेटी आयशा से पूछा, "हज़रत मुहम्मद साहब को कितने कपड़ों का क़फ़न दिया गया था?" आयशा बोली, "तीन कपड़ों का।"

खलीफ़ा ने कहा, "मुझे भी सिर्फ़ तीन कपड़ों का क़फ़न देना। ये दो कपड़े (चादरें) जो मेरे जिस्म पर हैं धो ली जाएँ और सिर्फ़ एक कपड़ा नया हो।"

आयशा रोकर बोली, "अब्बा हुजूर, हम इतने ग़रीब तो नहीं कि क़फ़न के नाम पर पुरानी दो चादरें धोएँ? तीनों चादरें नयी क्यों न हों?"

हज़रत अबूबक्र ने धीमी आवाज में उत्तर दिया, "बेटी!" नये कपड़े मुर्दों के मुक़ाबले जीवितों को मिलने चाहिए, क़फ़न तो मिट्टी हुए जिस्म के लिए होता है।"

❑

मानस के महाकवि तुलसी

कवि न होउँ नहिं वचन प्रवीना
सकल कला सब विद्या हीना।
कवित विवेक एक नहिं मोरे
सत्य कहौं लिखि कागद कोरे।

ये पंक्तियाँ सिद्धकवि तुलसीदास द्वारा रचित हैं। ये वे तुलसीदास हैं जिनकी रचना 'मानस' कोटि-कोटि लोगों को मार्ग दिखाती है। 'मानस' की रचना महाकवि ने संवत् 1631 में की। कहते हैं कविवर का पाणिग्रहण संस्कार हुआ था। दीनबन्धु पाठक की आत्मजा रत्नावली पर तुलसीदास इतने आसक्त थे कि एक बार पत्नी के मायके चले जाने के बाद, उनसे रहा न गया। मेघाच्छन्न, एक रात्रि को, वर्षा में भीगते रत्नावली के पास चले आये। रत्नावली ने अनेक प्रेमाधिक्य पर व्यंग्य करते हुए, उस दिव्य प्रेम की ओर संकेत भी किया, जो व्यक्ति को भव सागर अर्थात् अस्तित्व जगत से पार कर देता है। रत्नावली ने कहा,

''लाज न आवत आपको दौरे आएहु नाथ
धिक धिक ऐसे प्रेम को कहा कहौं मैं माथ।
अस्थि चर्ममय देह मम तामे ऐसी प्रीति
होति जो कहुँ राम में होति न तो भव भीति॥''

इतने तिक्त किन्तु, सत्यवचन सुनकर तुलसीदास तत्काल वहाँ से लौट पड़े। अब उन्होंने एक विरागी, तपस्वी का सा जीवन जीना प्रारम्भ किया। जीवन की विसंगतियों और कटुताओं भरे आसपास को प्रतिभाषित करने के लिए उन्होंने त्रेतायुग के राजकुमार श्रीराम जैसे पात्र को केन्द्र में रखकर अपनी रचना प्रारम्भ की। भारत की मृतप्राय जनता को उन्होंने हर स्थिति का समाहार करने के लिए सूत्र वाक्य दिये। यही नहीं, इसी के साथ हमारी विश्व-मैत्री-भावना का जयघोष भी किया। उनकी निम्नलिखित पंक्तियों में हमारे देश के चिन्तन का सार समाया हुआ है :

सियाराम मय सब जग जानी
करहुँ प्रनाम जोरि जुग पानी।

महाकवि तुलसीदास के जन्म और उनकी मृत्यु की तिथियाँ प्रारम्भ से ही विवाद का विषय बनी रही हैं। बाह्य साक्ष्य के आधार पर उनका जीवनवृत्त उनके समकालीन एवं उत्तरकालीन अनेक विद्वानों ने चित्रित किया है। भक्तमाल, गोसाईंचरित आदि ग्रन्थों को पढ़कर लगता है कि तुलसीदास नन्ददास के बड़े भाई थे और काशी में रहकर उन्होंने 'रामचरितमानस' की रचना की। बाबू श्यामसुन्दर दास के अनुसार, महाकवि का जन्म संवत् 1554 में हुआ। विल्सन के अनुसार, महाकवि ने 'रामचरितमानस' का प्रणयन 31 वर्ष की अवस्था में प्रारम्भ किया। इस तरह उनकी जन्मतिथि संवत् 1600 सम्भावित है। एक अन्य जनश्रुति के अनुसार, उनका जन्म संवत् 1589 भाद्रपद सुदी मंगलवार को हुआ था। गणना करने पर यह तिथि शुद्ध उतरती है।

कवि के जन्मस्थान के विषय में अनेक विवाद प्रचलित हैं। कुछ विद्वानों का मानना है कि वे बांदा के पास राजापुर नामक स्थान में जनमे थे। कुछ के मतानुसार उनका जन्म सोरों क्षेत्र में हुआ था। उन्हीं पर लिखी गयी कृति के अनुसार जन्म के बाद से, निष्कासित कवि ने लगभग पन्द्रह वर्ष तक अनेक तीर्थ-यात्राएँ कीं और अन्त में किसी अद्वितीय संयोग के कारण वे काव्यरचना की ओर प्रेरित हुए। तुलसीदास सूरदास के समसामयिक थे। दोनों वृन्दावन में मिले भी थे। वहाँ के एक मन्दिर में कुछ ऐसे ही आशय को व्यक्त करता एक दोहा भी मिलता है—तुलसी मस्तक तब नवै धनुष बाण ल्यो हाथ।

संवत् 1670 में जहाँगीर तुलसी के दर्शनार्थ काशी आया था। उसने उन्हें धन-सम्पन्न भी करना चाहा किन्तु महाकवि ने वह सब अस्वीकार कर दिया।

मानसकार महाकवि तुलसी की मृत्यु के विषय में एक दोहा प्रचलित है—

''संवत् सोलह सौ असी, असी गंग के तीर।
श्रावण-शुक्ला सप्तमी तुलसी तज्यो सरीर॥''

पता नहीं तिथि कहाँ तक सही है इसलिए यह सब भूलकर हमें मात्र यह याद रखना चाहिए कि आयु कवि की नहीं उसकी रचना की होती है। तुलसीदास के समस्त कृतित्व में, 'मानस' के ही साथ ऐसे सैकड़ों पद हैं जिन्हें पढ़कर सुनकर मन किसी अतीन्द्रिय लोक में चला जाता है।

'अकबर द ग्रेट' के इतिहासकर लेखक विल्सेंट स्मिथ ने ठीक ही लिखा है, 'ही इज़ टालेस्ट इन द गार्डन ऑफ़ पोएट्री' विश्वकविता के उद्यान में वे सबसे ऊँचे हैं।

❑

भूत का भविष्य

पूरे दक्षिण भारत में विष्णु के अतिरिक्त शिव के इतने आराधक हैं कि वहाँ प्रवास करते हुए इस लेखक को लगा कि शिवाराधन की परम्परा, हो सकता है दक्षिण में ही शुरू हुई है। इस तथ्य से तो हम सभी लगभग अवगत ही होंगे कि तमिल भाषा एक बिल्कुल दूसरे ही परिवार की भाषा है और इसकी जड़ें हजारों वर्ष पुरानी हैं। चेन्नई में एक शाम एक ऐसे ही शैव मन्दिर में जाना हुआ। आचार्यप्रवर के लिए क्योंकि परिचय-पत्र साथ था, इसलिए उनसे मिलने में दिक्कत नहीं हुई। पहले कभी उनके पूर्वज नाड़ीशास्त्र के प्रख्यात विद्वान् थे। वे स्वयं को भी भृगु का वंशज बताते हैं। शिवाराधन की परम्परा का खुलासा करते हुए मानिवशकरण आचार्य ने बताया कि दक्षिण में चौरासी शैव साधक ऐसे हुए हैं जो त्रिकालदर्शी थे। इनमें से सुन्दरमूर्ति, मणिवाचक एवं ज्ञानसंबिद तो सातवीं-आठवीं शताब्दी में हुए। इन चार साधकों द्वारा लिखे गये आगम ग्रन्थ शैवसिद्धान्त का मूलाधार हैं। वैसे भी कश्मीर की दुर्दशा हो जाने के बाद शैवमत को माननेवाले उत्तर में लगभग नहीं ही मिलते। सिवा काशी के जहाँ आज भी विश्वनाथ के मन्दिर को लेकर तरह-तरह की बहसें चलती रहती हैं। दक्षिण भारत में ऐसी मान्यता है कि शिव ने अपने पाँच मुखों से लगभग अट्ठाईस तन्त्रों को उच्चरित किया। शिव के पाँच मुखों के नाम यों तो अन्य ग्रन्थों में मिल जाते हैं किन्तु मानिवशकरण आचार्य ने बताया कि ईशानमुख शिव का केन्द्रमुख है, जबकि अन्य ग्रन्थों में सद्योजात मुख सर्वाधिक महत्त्वपूर्ण माना जाता है।

शिव का दूसरा मुख कहीं अघोर कहलाता है तो कहीं ईशान। जबकि चेन्नई में शिव का तीसरा मुख अघोर मुख है और चौथा तत्पुरुष मुख। ईशान मुख को पाँचवाँ मुख कहते हैं।

शिव ने अपने ईशान मुख से ललित सिद्ध, सर्वोत्तर, वातुल और किरण आदि तन्त्रग्रन्थ बोले। अपने सद्योजात मुख से शिव ने योगज, अजित कामिक, चिन्त्य एवं करण आदि तन्त्रग्रन्थों की रचना की। सुप्रभेद, अंशुमान, सूक्ष्म एवं दीप्त आदि तन्त्रग्रन्थ उनके वाममुख से निसृत हुए जबकि उनके अघोर मुख से विजय, निश्वास, अनल

और वीर आदि तन्त्रों का आविर्भाव हुआ। शिव के तत्पुरुष मुख से जिन तन्त्रों की रचना हुई उनके विषय में आचार्य ने बताया कि उन्हें मुकुट रौरव, चन्द्रयान और बिम्ब आदि नामों से जाना जाता है।

शैवागमों के अनुसार पति, पशु और पाश इन्हीं तीन को शैवागमों में त्रिपदार्थ कहा जाता है। आचार्य मानविशकरण समझाने की कोशिश करते हैं, इनमें पशु तो स्वतन्त्र है ही नहीं और पाश है संसार—संसार भी लगभग मूर्छित है। ज़्यादातर लोग अर्धचेतन स्थिति में ही जिन्दगी जीते हैं। पति शब्द शिव के लिए प्रयुक्त हुआ है। शिव ही एक मात्र चेतना है जिससे यह सृष्टि दीप्तिमान है। मुक्त एवं स्वयंभू शिव अपने नेत्रनिपात से अवयव रचना करने में संलग्न होते हैं। शिव का जन्म नहीं हुआ—वे थे, हैं और हमेशा रहेंगे।

आचार्य, इसके बाद अपने उस कक्ष में ले जाते हैं जहाँ ताड़पत्र पर हजारों पोथियाँ बनी रक्खी हैं। वे कहते—इनमें लाखों करोड़ों लोगों का भाग्य और उनके आवागमन का लेखा बन्द है। मेरे प्रश्न करने पर कि पृथ्वी पर चार अरब लोग ऐसे भी हैं जो पुनर्जन्म में विश्वास नहीं करते। आचार्य मन्दस्मित शब्दावली का प्रयोग करते हुए कहते हैं—सब भेद और मान्यताएँ हम लोगों की गढ़ी हैं—शिव के यहाँ कोई भेद नहीं। आचार्य इसके बाद मेरे अँगूठे का एक प्रिंट लेते हैं फिर खोज का अथक सिलसिला शुरू होता है। अन्त में एक स्थल पर इस लेखक का नाम, माँ और पिता का नाम और ऐसे ही अनेक वाक्य मिलते हैं, जिनका सम्बन्ध मेरे अतीत से है और सही है कि यह लेखक कहाँ था और उसका नाम एवं व्यवसाय क्या था और किन परिस्थितियों में मरा। आचार्य ने यह विवरण तो पढ़ दिया मगर साथ ही मन में यह इच्छा भी जाग्रत कर दी कि यदि यह लेखक पहले भी था तो जहाँ मरा था वहाँ उसका कुछ तो नामोनिशान होगा?

विवरण सुनाने की प्रक्रिया में उन्होंने बताया कि दरअसल हम जिसे जेनेटिक्स कहते हैं उसकी जड़ें नाड़ीशास्त्र में हैं, हालाँकि इसी के साथ यह प्रश्न पूछने के लिए फिर भी बचा रहा गया कि जब कभी ये पोथियाँ लिखी गयी थीं तब तो दुनिया की आबादी कुछ करोड़ ही थी। जबकि आज पृथ्वी पर लगभग छः अरब लोग एक दूसरे का नाश करने पर तुले हैं।

❑

दूसरापन और निरंजन

शंकर ने कह तो दिया कि जगत मिथ्या है मगर वे शायद यह भूल गये कि स्वयं उनका अस्तित्व इसी जगत का ही अंग था। रामानुजाचार्य को यह बात जँची नहीं। उन्होंने शंकर के अद्वैत पर टिप्पणी करते हुए लिखा—यह तो कुछ ऐसा है जैसे कोई पशु आकाश को चरने लग जाए। अद्वैत के सम्बन्ध में यह उक्ति बार-बार दोहराई जाती है—ब्रह्मवेत्ता ब्रह्म भवति। तात्पर्य यह कि एक बार यदि ज्ञान हो जाए तो जगत का मिथात्व साफ़ समझ में आने लगता है। मगर ज्ञान होना एक काल्पनिक सम्प्रत्यय है। भाव के स्तर पर ज्ञान को स्वीकार करना, उसी तर्क के आधार पर अज्ञान को भी स्वीकार करना है। यही नहीं, ज्ञान हो या चाहे अज्ञान, आखिर उसे होने के लिए कोई आश्रय तो चाहिए। कोई दूसरा जब होगा तभी न कहेगा कि जगत् मिथ्या है। मैं ज्ञानी हूँ यह घोषणा करनेवाला मानकर चल रहा है कि बाक़ी सब अज्ञानी हैं। दिनरात भाग रहे हैं, रोटी के पीछे। रोटी मिल भी जाए तो भी चैन नहीं, फिर कुछ अतिरिक्त चाहिए। महल चाहिए, कुर्सी चाहिए और यह सब भी मिल जाए तो और ऊँची कुर्सी चाहिए आदि—ऐसा कहकर तथाकथित त्यागी लोग लगातार उपदेश देते रहते हैं। ज्ञान होता किसे है? ऐसा प्रश्न किये जाने पर अद्वैतवादी कहते हैं—आत्मा को जो पहले अज्ञान के अँधेरे में डूबी थी। मतलब यह कि अज्ञान का विषय भी आत्मा है और ज्ञान का आश्रय भी आत्मा है। अर्थात् आत्मा अज्ञान की प्रतिवेधक है। अद्वैत की यह कमी रामानुजाचार्य को जमी नहीं। रामानुज का कहना है अज्ञान प्रत्यक्ष प्रमाण के आधार पर बोधगम्य नहीं इसलिए कि अविद्या को प्रमाणित करने वाला ज्ञान कहीं बाहर खड़ा नहीं होता, जहाँ से ऐलान किया जा सके कि फलाँ फलाँ आदमी अविद्या की गिरफ़्त में है। रामानुजाचार्य का कहना है कि यदि आप भावरूप अज्ञान को किसी अन्य के माध्यम से प्रमाणित नहीं करेंगे तब तक आपका कथन अनन्तदोष ही माना जाएगा। ऐसा इसलिए कि दीपक की लौ प्रकाश कर रही है—ऐसा कहने के लिए आँख चाहिए। एक अन्धे आदमी की जिन्दगी में क्या फर्क पड़ता है कि दिया जला या नहीं जला। रामानुज का मानना है कि अद्वैत जब भी होगा विशिष्ट ही होगा। उदाहरण के लिए,

जो बच्चा जवान हुआ है वही बूढ़ा भी हो रहा है, हालाँकि बच्चा वही है। एकसूत्र में आगे आगे बढ़ता हुआ या बीतता हुआ। मगर तब भी वहाँ एक वैशिष्ट्य है। क्योंकि यहाँ स्थिर कुछ भी नहीं इसलिए हम यह ग़लत कहते हैं कि यह रहा बच्चा और यह रहा बूढ़ा। हमें कहना चाहिए—यह जवान हुआ या होता हुआ बच्चा है, यह बूढ़ा होता हुआ जवान! यही तर्क 'तत् त्वम् असि' महावाक्य पर भी लागू होता है। तुम वह हो इस वाक्य में 'वह' को कैसे परिभाषित किया जाए। अगर हम माने कि 'वह' विराट की ओर इशारा करता है तो क्या उसमें अपने सौरमंडल सहित सभी आकाशगंगाओं, ग्रह और अनगिनत नक्षत्रों को भी शामिल कर लिया जाये? मगर ये सब तो पुद्गल की श्रेणी में आएँगे और पुद्गल को भी 'वह' का हिस्सा नाम लेने से गड़बड़ यह होगी कि विराट या ब्रह्म सोपाधिक हो जाएगा। वह अपना कोरापन खो देगा। यही नहीं, सांख्य के अनुसार ये प्रकृति का हिस्सा हैं और प्रकृति सत्, रज और तम इन तीन गुणोंवाली है जिसमें कभी रजोगुण तो कभी तमोगुण घटता बढ़ता रहता है। ऐसी स्थिति में जीव 'वह' कैसे हो गया? प्रकृति की गिरफ्त में होने के कारण वह 'निरंजन' कभी हो ही नहीं सकता। इस विरोध को बड़ी सफ़ाई से कबीर ने पकड़ा था और गाया था

राम निरंजन न्यारा रे,
अंजन सकल पसारा रे।

❑

कनफूसियस

हममें से अधिकांश लोग, इस तथ्य से तो अवगत होंगे कि चीन में, एक समय ऐसा भी था, जब राजा स्वयं को ईश्वर का पुत्र कहा करता था। चीन में जनतन्त्र की स्थापना हुई तो इसके पाँच वर्ष बाद फरवरी के महीने में एक बहुत बड़ा प्रश्न यह उपस्थित हुआ कि चीन का राजधर्म क्या हेाना चाहिए—ऐसा इसलिए कि इससे पूर्व चीन में कनफूसियस की सीख को ही राजधर्म के रूप में स्वीकार किया जाता था। यह कनफूसियस कौन था और इसकी सीख का सार क्या था?

दुनिया में अब तक जितने महापुरुष हुए हैं सभी ने किसी-न-किसी तरह की धार्मिक शिक्षा दी है इसीलिए उन्हें अपने-अपने विचारों (धर्म) का उन्नायक कहा जाता है। मगर कनफूसियस को हम इस दृष्टि से धर्मपरायण नहीं मान पाएँगे। इसलिए कि कनफूसियस किसी तरह की आचरण बद्धता की गिरफ़्त में शुरू से नहीं था। उसने ऐसी कोई शिक्षा भी नहीं दी जिसे हम तथाकथित धार्मिकता की श्रेणी में रक्खें। कनफूसियस आध्यात्मिक शक्तियों में विश्वास तो रखता था लेकिन उसे आदमी का सर्वोपरि गुण भी नहीं मानता था। उसकी सीख में जन्म-मरण अथवा उनके आस-पास बुना गया रहस्य-जाल भी नहीं था। मरने के बाद आदमी का क्या होता है? इस विषय में भी कनफूसियस चुप हो जाता था। कनफूसयस की केन्द्रीय चिन्ता मात्र यह थी कि आदमी बिना किसी प्रलोभन के सीधी सरल ज़िन्दगी कैसे जिये। कदाचार से बचकर किस तरह अपने आचरण में सादगी को महत्त्व दे? कनफूसियस का मानना था कि उच्चकोटि का आदमी वह है जो जैसा कहे वैसा आचरण करे। वह आजकल के ढोंगी उपदेशकों जैसा नहीं था जो एयरकंडीशंड आश्रम के भीतर एक झोपड़ीनुमा कमरा बनवाकर कहते हैं हम समाधि में हैं।

कनफूसियस का जन्म ईसा से 550 वर्ष पूर्व हुआ था। पिता का नाम था शू लियांग हाई। कनफूसियस की बहुत सारी बहनें थीं जो उसकी सौतेली माँ से थीं। सत्तर वर्ष की आयु में कनफूसियस के पिता ने पुत्र पाने की इच्छा से दूसरा विवाह किया था। इस तरह कनफूसियस का जन्म हुआ। कनफूसियस जब तीन वर्ष का था तब

उसके पिता की मृत्यु हो गयी। उन्नीस वर्ष की अवस्था में कनफूसियस का विवाह हुआ। बाईस वर्ष की अवस्था में कनफूसियस एक अध्यापक बना। एक बार कनफूसियस अपने शिष्यों के साथ जा रहा था कि कब्रगाह से किसी स्त्री के रोने की आवाज आयी। पूछने पर स्त्री ने बताया कि यहाँ उसका पति, पुत्र और भाई दफन हैं।

कनफूसियस ने पूछा कि इस भयंकर स्थान में क्यों और कब तक बैठी रहोगी। स्त्री ने कहा, ''यहाँ मैं क्रूर शासकों की घिनौनी दृष्टि से तो बची रहूँगी।'' कनफूसियस ने शिष्यों को उपदेश दिया—एक क्रूर नेता बाघ और भेड़िये से भी ज्यादा ख़तरनाक होता है। इसी तरह के सैकड़ों उपदेश हैं जिन्हें चीन में बराबर माना जाता रहा है।

आगे चलकर दो सत्ताधारी कनफूसियस के शिष्य हुए, जिनके प्रभाव से कनफूसियस राजकीय पुस्तकालय में बैठने लगा, साथ ही, मानवस्वभाव की पेचीदगियों को समझने का शास्त्र गढ़ने लगा। कनफूसियस को संगीत बड़ा प्रिय था। यही नहीं, वह स्वयं भी गायन विद्या में खासा प्रवीण था। जीवन के अन्तिम वर्षों में कनफूसियस की पत्नी का देहान्त हो गया। कनफूसियस के कुछ प्रसिद्ध वाक्य हैं—

—अति सर्वत्र वर्जयेत् की ही तरह तुम भी मध्यममार्गी बनो!

—जब तुम्हारी तरफ़ कोई ध्यान न दे और तुम खिन्नता महसूस न करो तब समझाना कि तुम पूर्ण हुए।

—सतर्कता जब सीमा का अतिक्रमण कर जाती है तब भीरुता बन जाती है।

—सच्चा प्रज्ञापुरुष मजमा लगाकर उपदेश नहीं देता।

—कापुरुष वह है जो सत्य को जीवन में नहीं उतार पाता।

—श्रेष्ठ व्यक्ति वह है जो प्रभुता पाकर भी मदान्ध नहीं होता।

❑

कवि शंकरदेव

अपने देश का जो भाग पूर्वांचल नाम से जाना जाता है वहाँ का मध्यकालीन सामाजिक जीवन अत्यधिक रूढ़िग्रस्त था। बौद्ध धर्म की वज्रयानी शाखा के प्रभाव से वामाचार इसी क्षेत्र में यौनाचार बनकर समाज की जड़ें खोखली कर रहा था। शैवों और शाक्तों की उपासना पद्धति ने, बलिविधान और श्मशान साधना का महत्त्व समझाकर लोगों को और भी अधिक भयभीत कर डाला था। सात्त्विकता का स्थान तामसिकता ने ले लिया था। ढेरों कुरीतियों और मनगढ़ी साधना पद्धतियों से त्रस्त उस समाज को जिस कवि ने अपनी वाणी से निर्मल तरलता की ओर मोड़ा उस कवि का नाम था शंकरदेव।

श्री शंकरदेव का जन्म असम प्रान्त के नौगाँव जनपद के, त्ररदोवा नामक गाँव में हुआ था। शंकरदेव के पिता कुसुमवर को उनके मानवीय सद्गुणों के कारण 'शिरोमणि भुजा' की उपाधि से विभूषित किया गया था। शंकरदेव की माँ सत्यसंधा अत्यधिक साध्वी वैष्णव महिला थीं। दुर्भाग्य से शंकरदेव के माता-पिता स्वर्गवासी हो गये। शंकर तब शायद आठ वर्ष के भी नहीं थे। इसके बाद शंकर का पालन-पोषण उनकी दादी ने किया। शंकर की शिक्षा में भी उनके माता-पिता के न रहने के कारण व्यवधान आया। बारह वर्ष की आयु में शंकरदेव को कंदली की पाठशाला में भर्ती करवाया गया। थोड़े ही दिनों में उनकी प्रतिभा प्रस्फुटित होने लगी। वे अप्रमादी पंडित बन गये। मात्रिक एवं वर्णिक छन्दों का ज्ञान होते ही शंकर ने एक सरल भावपूर्ण रचना प्रस्तुत कर सभी शिक्षकों को हैरत में डाल दिया। रचना इस प्रकार है—

करतल कमल कमलदल नयन
भव दव दहन गहन वन शयन
नपर नपर पर सतरत गमय
समय समय मय ममहर सतय
खरतर वर शर हत दशवदन
खगचर नगधर फणचर शयन

जगदध भवहर भवमय तरण
पर पद रज लय कमलज नयन।

शंकरदेव ने छात्रावस्था में ही हरिश्चन्द्र उपाख्यान की रचना कर डाली। कालान्तर में शंकर का विवाह सूर्यावती नामक एक सरल भावुक कन्या के साथ हुआ। यह भी शंकर के जीवन की विडम्बना ही कही जाएगी कि विवाह के कुछ समय बाद ही उनकी पत्नी का स्वर्गवास हो गया। इस आघात के कारण शंकर के मन में वैराग्य भाव जाग्रत हुआ। उन्होंने देशाटन का मन बनाया और वर्षों विभिन्न तीर्थों में जाकर, साधुओं और वैरागियों से मिलते रहे।

पुनः घर लौटकर, शंकर ने वरदोवा में एक कीर्तनघर की स्थापना की। उसी समय कुछ दुष्ट कछारियों ने उन पर तरह–तरह के अत्याचार करने शुरू किये। हारकर शंकर आहोम राज्य के मांजुली नामक स्थान पर चले आये। यहीं रहकर शंकरदेव ने वैष्णव धर्म का प्रचार करना शुरू किया। कालान्तर में जब शंकर के बहुत सारे शिष्य बन गये तो वे उन सबको लेकर दोबारा तीर्थयात्रा पर निकल पड़े। रास्ते में कोचराज्य पड़ता था, जहाँ शैव एवं शाक्तों का वर्चस्व था। यहाँ का राजा नरनारायण भी अत्यधिक क्रूर एवं तमोगुणी था। शैव पुरोहितों ने शंकरदेव का जमकर विरोध किया। मगर शंकरदेव की विद्वत्ता से प्रभावित होकर नरनारायण शंकर का शिष्य हो गया। इसके पश्चात् शंकरदेव की ख्याति लगातर बढ़ती चली गयी।

शंकरदेव की रचना भक्ति साहित्य की अनमोल धरोहर मानी जाती है। अपने भक्तिप्रदीप ग्रन्थ में शंकरदेव ने भक्ति के लिए एकशरण अव्यभिचारिणी विशेषण का प्रयोग किया है। शंकरदेव कहा करते थे : 'नामस्मरण से कहीं अधिक महत्त्व नामकीर्तन का है।'

❑

वास्तुपुरुष

अंकों के अतिरिक्त, वास्तुशास्त्र पर जो खोज अपने देश में हुईं उसे अँग्रेजों ने बहुत महत्त्व की दृष्टि से नहीं देखा। मगर जब मिस्र के पिरामिडों के छठे तल पर मरी पड़ी बिल्ली को पर्यटकों न यथावत् पाया, तब उन्हें दिक् और काल से जुड़ी किसी एक संयोजना के विषय में सोचना जरूरी लगने लगा, जो अवयवों को शीघ्र सड़ने से रोकती है। यही नहीं, वस्तु-विद्या की ओर विशेषज्ञों का ध्यान तब और गम्भीरता के साथ गया जब इंग्लैंड के कई घरों में रहनेवाले लोग एक अज्ञात रोग से ग्रस्त रहने लगे। अपने यहाँ एक शब्द का प्रयोग होता है 'वास्तुपुरुष'। वास्तुपुरुष विराट् भी होता है और कृशकाय अथवा लघु भी। गृह या देवलाय के निर्माण में वास्तुपुरुष के अधिष्ठान को विशेष सतर्कता के साथ आरोपित किया जाता है। ऐसा माना जाता है कि अव्यक्त रूप में यह वास्तुपुरुष उत्तानशायी है। जबकि स्मृति रूप में देवालय या घर ही वस्तु-पुरुष है। इसे स्थूल रूप भी कह सकते है। हालाँकि विग्रह और नामरूप में, वस्तु एक ही हैं, फिर भी ध्वज रूप में जो देवालय के बाहर फहराता रहता हैं, उसे हम आमलक संज्ञा से भी अभिहित कर देते हैं। यही ध्वज-पुरुष हम सबके गौरव की रक्षा करता है। ऐसा माना जाता है है कि गर्भगृह में जहाँ वास्तु-पुरुष की स्थापना हुई है, उसी काल्पनिक रेखा के समान्तर ही ऊपर ध्वज-पुरुष की स्थापना की जाए। इसका परिणाम यह होता है कि देवालय अथवा आवास सदा जाग्रत रहता है। इस पूरे रूपक को यदि यह अपनी देह पर आरोपित करें तो पाएँगे कि नाभिकेन्द्र के समान्तर ही ध्वज-पुरुष की स्थिति है। नाभि बिन्दु को हम 'हिरण्य-पुरुष' भी कहते हैं। नाद का विस्फोट भी नाभिकेन्द्र से ही होता है। प्राचीन धारणा के अनुसार हमें निरन्तर अपने नाभिकेन्द्र का स्पर्श भी करते रहना चाहिए। वर्तमान समय में यह जो 'नाभि दर्शन' एक फ़ैशन की तरह सर्व स्वीकृत हो गया, इसे हम नैतिक अथवा अनैतिक न भी कहें तब भी नाभिकेन्द्र जैसे दिव्य अमृतकुंड का इतना अधिक प्रदर्शन न केवल रोगोत्पादक है, वरन्, आयु को भी क्षीण करता है। उसे ढककर रखने के पीछे गहरे अतिमनोवैज्ञानिक कारण थे, जो अन्ततः वास्तुपुरुष की संकल्पना से जुड़ते थे।

वास्तु का यह जो विज्ञान है, यह कहीं गहरे में काल और दिक् की पारस्परिक समरसता का भी द्योतन करता है। एक सही घड़ी में हम आधारशिला अथवा भूमिपूजन पर तो ध्यान देते हैं, मगर घर या देवालय का नक़्शा किसी अधुना अभियन्ता से बनवा कर आजीवन दुखी होते रहते हैं, जबकि सत्य तो यह है कि पूरा परिवेश हमारे स्नायु जाल को थका, यहाँ तक कि विक्षिप्त भी कर सकता है। इस सन्दर्भ में मार्सेई (फ्रांस) में घटी एक घटना का उद्धरण दृष्टव्य है। शेन नामक एक इंजीनियर ने पाया कि दोपहर को उसकी ऊपरी मंजिल की दीवारें झनझनाने लगती हैं। कई दिन की पड़ताल के बाद पता चला कि निचले भूतल पर चलने वाली एक मशीन का दफ्तर दोपहर में ही खुलता है, जिसके कारण दीवारें झनझनाती हैं। और भी, कि स्वयं उसका मस्तक चकराने लगता है। हारकर उसने वह स्थान छोड़ दिया। मगर इसी के साथ उसने प्रयोग करते-करते एक ऐसी सीटी बनायी, जिससे अवध्वनि पैदा की जा सकती है। अवध्वनि का अर्थ हुआ (इंफ्रासांउड)। प्रयोग के लिए उसने पेरिस की एक इमारत के पास जब वह सीटी रात को दो बजे, बहुत डरते-डरते हल्के से बजायी तो सामने की इमारत के शीशे तड़तड़ कर टूट गये। आगे उसने बाकायदा सरकारी आज्ञा लेकर कई और प्रयोग किये। परिणामतः अल्ट्रासाउंड की ही तरह 'इंफ्रासाउंड' का सिद्धान्त बना। ठीक यही स्थिति वस्तु-विद्या की भी है। इसे गम्भीरता से समझना चाहिए।

❑

गुर्जिएफ़

फ्रांस की राजधानी पेरिस में, सन् 1923 में एक आश्रम बना था—नाम था 'हारमोनियस डेवलपमेंट ऑफ मेन'। यह आश्रम रूसी रहस्यवादी सन्त गुर्जिएफ़ ने बनवाया था। इसी आश्रम के सामने एक शाम बैनेट नामक एक युवक की गाड़ी खराब हो गयी। गाड़ी छोड़कर बैनेट घर वापस आ गया। सुबह बैनेट के पेट में भयंकर दर्द हुआ। बैनेट को लगा उसकी गाड़ी उसे बुला रही है। बैनेट आश्रम की तरफ भागा। जब वह वहाँ पहुँचा तो एक बड़ी आँखोंवाला संन्यासी बाहर आया और बोला, "मैं गुर्जिएफ़ हूँ। कल भी मैंने तुम्हारी गाड़ी खराब कर तुम्हें बुलाया था मगर तुम रुके नहीं।" बैनेट उसकी बात सुनकर सन्न रह गया। गुर्जिएफ़ ने कहा, "ध्यान से सुनो तुम! मेरी ध्यान पद्धति विस्फोटक है। मैं आदमी के रेशे-रेशे में व्याप्त उसकी जड़ता को निकाल फेंकता हूँ। इसलिए कि हर आदमी के भीतर एक रोबोट बैठा है। कोई भी काम जो हम करते हैं वह हम नहीं करते, यही यन्त्रपुत्रक (रोबोट) करता है। गुर्जिएफ़ के शब्दों में कुछ ऐसा जादू था कि बैनेट ने मन-ही-मन उसे अपना गुरु मान लिया।

गुर्जिएफ़ कहता है—हर नियम मनुष्य को उसकी सम्भावानओं से दूर ले जाता है। आदमी के भीतर अक्षय ऊर्जा का स्त्रोत है मगर अधिकांश लोगों को उसका पता नहीं। जिस तरह रामकृष्ण परमहंस माँ काली को भोग लगाने से पहले उसे स्वयं चख लेते थे। उसी तरह गुर्जिएफ़ की ध्यान-पद्धति भी बिल्कुल अजीब थी। गुर्जिएफ़ अपने नये आये शिष्य से कहता—छः दिन तक रोज़ लॉन साफ़ करो फिर बात करूँगा। अथवा फिर कहता—बिना दाहिना हाथ हिलाए लॉन पर चलो याकि एक टाँग से आश्रम का जीना चढ़ो उतरो। इतनी ऊटपटांग पद्धति से घबराकर बहुत सारे शिष्य तो भाग ही जाते। उसके परम शिष्य एवं 'टरशियम आर्गनम' के लेखक गणितज्ञ अस्पेंस्की ने लिखा है कि आधुनिक मनुष्य इतना जटिल हो गया है कि उसका कौतूहल भाव मर गया है। गुर्जिएफ़ आदमी के भीतर व्याप्त इसी जड़ता को तोड़ने के लिए 'विस्फोटक ध्यान' करवाता था। आदमी दौड़ना तो सीख गया है मगर सहज ढंग से चलना भूल गया है। उसका 'बचपन', उसकी सरलता मर गयी है। उसे फिर

से सहज बनाने के लिए जटिल से जटिलतर ध्यान पद्धति सिखाना जरूरी है। इसलिए कि आदमी 'जोना कॉम्लेक्स' का शिकार हो गया है। जोना कॉम्लेक्स का अर्थ है अपनी गरिमा, अपनी महानता से बेखबर होना। आख़िर तुलसीदास या वेदव्यास जैसे महाकवि आज क्यों पैदा नहीं होते? वजह यही है कि आदमी में वह भाव-प्रवणता, वह तल्लीनता ही नहीं रही। पिछले चालीस वर्षों में गुर्जिएफ़ की विस्फोटक ध्यान पद्धति पर जो चर्चाएँ हुई हैं उन्हें पढ़कर लगता है कि गुर्जिएफ़ आदमी के भीतर बैठे रोबोट की चर्चा अक्सर किया करता था। जब हम गाड़ी चलाते हैं तो शुरू के एक दो मिनट तक तो हम गाड़ी चलाते हैं फिर इसके बाद हम नहीं हमारे भीतर बैठा रोबोट काम करने लगता है।

जिन दिनों कैनेडी जीवित था, एक स्कूल की कक्षा में एक शिक्षक ने प्रश्न किया, तुममें से कौन है जो कैनेडी बनाना चाहेगा? शिक्षक दंग रहा गया जब उसने देखा कि एक भी बच्चे ने हाथ नहीं उठाया। गुर्जिएफ़ की ध्यान पद्धति की नकल यहाँ के बाबाओं ने भी की है—जैसे यह विचार गुर्जिएफ़ का है कि ज़ोर से हू हू करो—अथवा फूत्कार फेंको। अब पता चला है कि ऐसा करने से नाभि-चक्र आन्दोलित होता है यानी जो प्रभाव ॐ कहने का होता वह हू हू करके भी पाया जा सकता है। इसी तरह जापान में एक मास्टर हुआ ओसो, जिसकी परम्परा को आगे बढ़ाते हुए दस ओसो और हुए। ओसो अपने शिष्यों को आधा घंटे तक धरती पर लोटपोट होने के लिए कहता, फिर घुटनों के बल उसी तरह बैठ जाओ जैसे साँप बैठता है, फिर फूत्कार छोड़ो, शिष्य जैसे ही ऐसा करते उन्हें लगता वे 'सटोरी या हाल' की दशा में जा रहे हैं।

❑

परमहंस रामकृष्ण और धोती

परमहंस रामकृष्ण से मिलने, उनसे शास्त्रार्थ करने, अथवा फिर उनकी विचित्र जीवन शैली से प्रभावित होकर तरह तरह के लोग दक्षिणेश्वर आया करते थे। इन्हीं दर्शनार्थियों में एक नवयुवक भी था जिसका नाम उनके 'लीला प्रसंग' में नहीं मिलता। एक दिन रामकृष्ण उससे पूछ बैठे, "तू विवाह क्यों नहीं कर लेता?" उत्तर में उस नवयुवक ने कहा, "मान्यवर, मेरा मन अभी वशीभूत नहीं हुआ। अभी यदि मैंने विवाह कर लिया तो आसक्ति के कारण मैं क्या करणीय है क्या अकरणीय, सब कुछ भूल जाऊँगा। जब तक मैं काम पर विजय न पा लूँ विवाह नहीं करूँगा।" रामकृष्ण ने समझ लिया कि नवयुवक का मन निवृत्ति की राह पर जाने के लिए पर्युत्सुक है। हँसते हुए रामकृष्ण ने कहा, "यदि तू सही अर्थों में कामवासना पर विजय ही पा लेगा तब विवाह करने की ज़रूरत ही क्यों कर होगी?" बातचीत के बीच ही उन्होंने कहा, "यह जो मेरी धोती है मैं इसे कसकर बाँधता तो हूँ मगर बूढ़ा होने के कारण कई बार खुलकर गिर जाती है। तब भी मुझे लज्जा नहीं लगती। हाँ, अगर आसपास के लोगों को संकोच होता है तो मैं उसे उठाकर फिर गोद में रख लेता हूँ। क्या तू भी मेरी ही तरह सबके समक्ष नग्न हो सकता है। सकुचाते हुए युवक ने कहा, "आपकी आज्ञा से मैं वस्त्र छोड़ सकता हूँ।" रामकृष्ण बोले, "ऐसी ही बात है तो उतारकर माथे पर लपेट ले और बाहर प्रार्थनाघर के परिसर का चक्कर लगाकर आ।" युवक ने तत्काल उत्तर दिया, "आपके सामने तो उतार दूँगा मगर सबके सामने नहीं।" रामकृष्ण बोले, "यही उत्तर सब देते हैं। मेरे समक्ष नग्न हो सकते हैं, अन्य प्राणियों के समक्ष नहीं।"

विवाह करने की इच्छा नहीं है क्योंकि अनासक्त होकर जीना चाहता है। "चल यह बात मान ली। मगर जीवनयापन करने के लिए, इस पापी पेट को भरने के लिए क्या करेगा?" रामकृष्ण परमहंस ने फिर प्रश्न किया। उत्तर में युवक क्या कहता? काफ़ी देर चुप रहने के बाद सकुचाते हुए युवक ने धीरे से कहा, "नौकरी। नौकरी करके अपना पेट पालूँगा।" यह वाक्य सुनकर रामकृष्ण फिर हँसे। परमस्वतन्त्र जीवन जीनेवाले रामकृष्ण ने कहा, "अजीब है तू! विवाह करके सद्गृहस्थ का जीवन जीने

से इंकार करता है! कहता है—आसक्ति होगी और हिताहित का ध्यान न रख पाएगा! और इधर नौकरी करने की भी बात करता है! जब तू गृहस्थी का ही धर्म न निभा पाएगा तो किसी दूसरे की गुलामी कर कौन-सा धर्म निभा पाएगा? चाहना किसी भी तरह की हो, आदमी को छोटा बनाती है। ऐसा व्यक्ति द्वन्द्व से भरा होता है। विवाह इसलिए नहीं कर रहा कि बँधेगा—इसलिए मोक्ष की चाहना से अभिभूत हुआ जा रहा है। ऐसे व्यक्ति में और पुत्र की ईषणा से वैवाहिक जीवन में उतरनेवाला—दोनों में कोई खास अन्तर नहीं। एक तरह से देख जाय तो यह संसार तरह-तरह की भीख माँगनेवालों का एक अन्तहीन सिलसिला है।

रामकृष्ण दक्षिणेश्वर आनेवालों से तरह-तरह की बातें करते थे। प्रश्न पर प्रश्न करते-करते सब प्रश्नों का अन्त आकर टूटना यहीं था कि हर कोई छोड़ क्या-क्या सकता है। छोड़ने की इस शृंखला में, अक्सर धोती का जिक्र आ ही जाता था। जहाँ दखिणेश्वर स्थित है उसके पास से होकर ही गंगा बहती है। सब जानते हैं कि पूर्णिमा की रात्रि में समुद्र उफनता है, उसमें ज्वार आ जाता है।

वह रात एक ऐसी ही रात थी। दक्षिणेश्वर के आश्रम में, दिन भर की तमाम गतिविधियों के समाप्त हो जाने के बाद, सभी आश्रमवासी सो गये। लगभग बारह बजे के आसपास गंगा नदी में बान (ज्वार) आ गया। रामकृष्ण को सबसे पहले पता चल जाता कि गंगा में बान आ रहा है। उस रात भी जैसे ही गंगा में बान आया ही था कि रामकृष्ण पागलों की तरह चिल्लाते हुए दौड़े—उठो! उठो!! बान आ रहा है... आओ जल्दी आओ। भागकर रामकृष्ण गंगा के तट पर पहुँच कर नाचने लगे। यह उनके परम आह्लाद, तीव्र भावावेश की घड़ियाँ थीं। शेष आश्रमवासियों को ऊँघते हुए उठने, वस्त्र सँभालने आदि में देर हो गयी। इतने में तट की सीढ़ियों पर काफ़ी ऊपर आकर बान का जल निकल गया। कोई कोई ही उसे देख सका। रामकृष्ण सीढ़ी पर खड़े नाच रहे थे। आश्रमवासी जब वहाँ पहुँचे तो परमहंस ने पूछा, ''बता कैसा बान देखा?'' यह जानकर कि सबके धोती सँभालने की प्रक्रिया के बीच ही बान आकर चला गया—रामकृष्ण बोले, ''रे मूर्ख! तेरी धोती सँभालने के लिए क्या बान रुका रहेगा? मेरी तरह धोती छोड़कर क्यों नहीं आ गया?''

❑

तांडव हुआ कब?

भारतीय संस्कृति का ध्रुव तत्त्व है उसका शिव भाव। यह भाव उतना ही पवित्र और निश्छल है, जितना भारतीय दर्शन, चिन्तन और कला साहित्य में घुले शिव। उनके ईशान, आशुतोष, केशी, पशुपति आदि न जाने कितने नाम हैं। उज्जैन के महाकाल हों या काशी के विश्वनाथ या कुम्भकोणम और कांजीवरम के अर्धनारीश्वर, सभी शिव के स्वरूप की अलग-अलग छवियाँ हैं। वैदिक युग से लेकर आज तक जिन्दगी के हर क्षेत्र में शिव ही शिव हैं। शिव के बिना भारतीय संस्कृति की कल्पना ही नहीं की जा सकती। ऋग्वेद के कवि उनसे (रुद्र से) प्रार्थना करते हैं कि वे अपने आयुधों को उनसे दूर रक्खें। अथर्ववेद में उन्हें महादेव कहा गया है। श्वेताश्वतर तक आते-आते उनके ईश, महेश्वर, शिव और ईशान नाम हो गये।

उपनिषदों के बाद सूत्रकाल में शिव स्कन्द और विनायक नाम से जाने लगे। रामायण काल में महादेव, महेश्वर और त्र्यंम्बक आदि उपाधियों के साथ ऊर्जा का स्रोत भी माने जाने लगे।

केनोपषिद् में उमा का नाम आता है जिन्हें रुद्र के ही समकक्ष रुद्राणी की संज्ञा से भी अभिहित किया जाता है। केरल में यह उमा शिव के ही साथ अपनी कृपा बरसाती है और हमेशा शिव की रान पर आसन जमाए रखती है। उमा और शिव से जुड़ी एक कहानी भी बचपन में नानी ने सुनायी थी।

दोनों आकाश-मार्ग से जा रहे थे। नीचे एक महावत हाथी पर बैठा उसे लिये जल्दी-जल्दी कहीं जा रहा था। हाथी के पैरों के नीचे चीटियाँ कुचल कर मर रही थीं। उमा ने पूछा, ''क्या चिटियों के मरने का पाप हाथी पर पड़ेगा?'' ''हाथी तो महावत के अधीन है अतः वह निर्दोष है।'' शिव ने उत्तर दिया। ''तब इसका अर्थ हुआ—महावत पाप का भागी है?'' उमा ने फिर पूछा। ''महावत तो बस हाथी को चला रहा है, उसे क्या पता कि नीचे चीटियाँ हैं''—शिव ने उत्तर दिया। उमा से रहा न गया, उन्होंने झल्लाकर फिर पूछा, ''जब महावत दोषी नहीं, हाथी दोषी नहीं तो पाप लगेगा तो किसे लगेगा?'' शिव तमककर बोले, ''तुमको, उमा तुमको। क्योंकि

तुम देख रही हो। कर कुछ नहीं रहीं सिवा मेरा खोपड़ा खाने के।'' शिव जो श्रमणपरम्परा में ऋषभ अथवा आदिनाथ नाम से जाने जाते हैं उनका केशी नाम गंगावतरण के मिथक से जुड़ा है। ईसा से दो शती पूर्व पतंजलि ने शिव के अनेक नामों का स्मरण किया है। जहाँ शिव को योगाम्यास करते दिखाया गया है। नारायणीय पर्व में एक मत पशुपत नाम से भी जाना जाता है। माधव ने अपने सर्वदर्शनसार में पशुपत दर्शन को नुकलीश दर्शन की संज्ञा दी है। शैवसिद्धान्त में चार पाद है—विद्या, योग, क्रिया और चर्चा। इसमें तीन पदार्थ भी हैं—पति, पाद और पाश। ब्रह्मसूत्र के अपने भाष्य में रामानुज ने कापालिक सम्प्रदाय का भी ज़िक्र किया है जिसके केन्द्र में भी शिव हैं।

कश्मीरी शैवदर्शन अन्यों की तुलना में अधिक मानवीय है मगर इसी के साथ वायवी भी। कश्मीरी दर्शन दो भागों में विभक्त है। पहले को स्पन्दशास्त्र और दूसरे को प्रतिभिज्ञा कहा जाता है। प्रत्यभिज्ञा का अर्थ होगा सब कुछ ओतप्रोत है। लिंगायत सम्प्रदाय का उत्सवपुराण माना जाता है। डॉ. फ्लीट के अनुसार लिंगायत सम्प्रदाय के संस्थापक कोई एकान्तदरमैया थे।

इसके पश्चात् शिव वात्स्यायन के कामसूत्र और भारत के नाट्यशास्त्र में भी उपलब्ध होते हैं। संस्कृत के ग्रन्थों में तो शिव आद्योपान्त विद्यमान हैं।

प्रश्न यह उठता है कि उन्होंने पहला तांडव नृत्य कब किया। अमरकोश के अनुसार (तंडुना प्रोक्तम् अण्) तो इतना तो है कि तंडु कोई साधारण नृत्य न रहा होगा। मिथक को मिथक की तरह लेते हुए वर्णन मिलता है कि एक बार शिव ने विष्णु को जब मोहिनी रूप दिया तो हज़ारों ऋषि उनके सौन्दर्य पर मुग्ध होकर उनके पीछे दौड़े। परिणामत: उनकी कामासिक्त का शमन करने के लिए शिव ने यह तांडव नृत्य सर्वप्रथम जिस जगह किया उसे आज चिदम्बरम् नाम से जाना जाता है। दूसरा वर्णन यह मिलता है कि मोहिनी की देहयष्टि से पगला कर 'गय' नामक एक असुर ने उसे पाने के लिए शिव युद्ध करने की ठानी। तब शिव ने तांडव नृत्य कर उस असुर के प्राण लिये। यह घटना क्योंकि 'गय' के प्राणान्त से जुड़ी है इसलिए इस स्थान का नाम 'गया' पड़ा, जहाँ आज भी पिंडदान इसलिए होता है ताकि पितरों की अतृप्त कामनाओं का शमन हो सके।

❑

ख़ुदापरस्ती में शहीद हुआ एक सूफ़ी

देखनेवालों ने देखा कि सरमद का सिर कटकर गिर रहा है और वह कटा सिर हँस रहा है। लोगों ने ये शब्द भी सुने—'इल लिल्लाह इल लिल्लाह।' कुछ लोग कहते हैं— जहाँ सरमद का सिर काटा गया था, वहीं पर उसकी कब्र है। जबकि वालेह दागिस्तानी का कहना है—'नहीं, जहाँ सिर काटा गया था, वहाँ पर जामा मस्जिद का निर्माण हुआ।'

इस्लाम में संन्यास लेने अथवा संन्यासी-सा जीवन-यापन करने का प्रावधान नहीं है। इस्लाम मनुष्य और अल्लाह के बीच किसी तीसरे की—'मध्यस्थता' भी स्वीकार नहीं करता। सामूहिक प्रार्थना के क्षणों में मध्यस्थ के रूप में कोई इमाम हो तो हो अन्यथा कोई भी पवित्र जीवन-यापन करनेवाला यह कार्य कर सकता है।

इस्लाम पूरे विश्व में सर्वाधिक अडिग एवं अपरिवर्तनीय धर्म है। प्रारम्भ में जब यह धर्म अरब से बाहर फैलने लगा तो आशंका यह की जाने लगी कि कहीं इस पर अन्य देशों के पड़नेवाले देशज प्रभाव इसका नवीनीकरण न कर दें। इस प्रभाव से बचाने तथा इसको नियन्त्रित करने के लिए तब मुल्लाओं ने इस पर तीन अंकुशों की व्यवस्था की। पहली व्यवस्था—इज्मा अर्थात् सभी युगों में सभी देशों में इस्लाम के उपदेशकों में मतैक्य रहेगा। दूसरी—सुन्ना अर्थात् नबी ने जो कार्य किये थे, उनका अनुसरण हदीस के अनुरूप ही होगा और तीसरी व्यवस्था—कयास अर्थात् मूल उपदेशों से क्या-क्या अर्थ और लिए जा सकते हैं इस विषय में पूरी सावधानी। तब भी अल्लाह की अभ्यर्थना में लीन कई ऐसे साधक हुए, जो भावावेश में आकर बहक भी गये। इन्हीं में था एक औलिया—सरमद। सूफ़ियों में सरमद का बड़ा ऊँचा स्थान है।

सूफी साधक सरमद बिल्कुल अपनी तरह का बली था। उसके जागने-सोने का कोई समय नहीं था। उसका सामाजिकता से भी कोई लेना-देना नहीं था। वह जो कुछ करता था, ईश्वर-प्रेम के वशीभूत होकर करता था। 'सरमद की रुबाइयाँ' नाम से एक पुस्तक भारतीय संस्कृति सम्बन्ध परिषद ने छापी है। मौलाना अबुल कलाम

आज़ाद द्वारा लिखी गयी इस कृति की भूमिका स्वर्गीय शंकरदयाल शर्मा ने लिखी है।

सरमद के अभिभावक आर्मेनिया से आकर ईरान में बस गये थे। उस समय ईरान में ईसाई और यहूदी दोनों समुदायों के लोग बसते थे, इसलिए यह कहना कठिन है कि सरमद ईसाई था या यहूदी। सरमद ने इस्लाम कब स्वीकार किया, इस विषय पर भी इतिहासकार एकमत नहीं हैं। यही नहीं, मौलाना अबुल कलाम आज़ाद की यह भी शिकायत है कि औरंगजेब के युग के जिन कवियों के संकलन तैयार किये गये थे, उन सब में सरमद को हाशिये पर डाल दिया गया है। कुछेक स्थलों में उसका नाम सईद सरमद भी मिलता है। इससे अन्दाज लगाया जा सकता है कि यह नाम आधा मुसलमान है और आधा यहूदी। सम्भवतः यह यहूदी ही था, जो व्यापार के सिलसिले में भारत आया था। ईरान से लाये गये सामान के बदले उसे मसाले और मणियाँ भारत से अपने देश ले जानी थीं। जब वह सिन्ध प्रान्त के थट्टा नामक छोटे-से जनपद में था, उसे न जाने क्या हुआ और वह प्रेम में पड़ गया। प्रेम भी साधारण नहीं, कुछ वैसा, खुदा से इश्क जैसा, जिसमें पड़कर एक सूफी दर्द भरे स्वर में अल्लाह को पुकारता और गाता है—*''जिन्दगी की राहों में रंजोगम के मेले हैं, भीड़ है कयामत की और हम अकेले हैं।''*

वह अल्लाह के प्रेम में पागल-सा हो गया। बावला सरमद रुबाइयाँ गाता न जाने कहाँ मारा-मारा फिरता रहा। जिस तरह के प्रेम की चर्चा कबीर 'विरह कौ अंग' में करते हैं, सरमद की हालत करीब-करीब वैसी हो गयी थी। ये वे दिन थे, जब शाहजहाँ का बेटा दाराशिकोह अपनी रहस्यवादी प्रवृत्ति के कारण पंडितों की सोहबत में पड़कर केवल उपनिषदों के अनुवाद ही नहीं कर चुका था, वरन स्वयं भी एक सूफी के रूप में जाना जाने लगा था। उसकी इस निवृत्तिमार्गी जीवन शैली का परिणाम यह हुआ कि दिल्ली सल्तनत आलमगीर औरंगजेब के हाथों में आ गयी। सल्तनत हासिल करने के लिए औरंगजेब ने क्या कुछ नहीं किया। इसका विशद वर्णन 'दी पीकॉक थ्रोन' नामक इतिहास पुस्तक में मिलता है।

इश्क का रंग सरमद पर कुछ ऐसा चढ़ा कि उसने अपने वस्त्र तक उतार दिये। इस्लाम में नग्नता को धर्म विरोधी माना जाता है। यही नहीं, 'ला इलाह इल लिल्लाह' मुसलमानों में अकाट्य ध्रुव सत्य की तरह सर्व स्वीकृत है। इसे अनुवाद की भाषा में कहा जाये तो इसका अर्थ कुछ इस प्रकार होगा, ईश्वर नहीं है, ईश्वर के सिवा। जिसे हर मुसलमान बालक के जन्म के तत्काल बाद, (जब वह लगभग तुरीयावस्था में होता है,) उसके कान में जो वाक्य कहा जाता है, वह यह है—*''ला इलाह इल लिल्लाह मुहम्मद उल रसूल अल्लाह।''* अर्थात् ईश्वर नहीं है, ईश्वर के सिवा। मुहम्मद ईश्वर के पैगम्बर हैं। देयर इज नो गॉड इक्सेप्ट गॉड। मुहम्मद इज मैसेंजर ऑफ गॉड।

सरमद की नग्नता की खबर अब औरंगजेब तक पहुँची तो औरंगजेब ने पड़ताल कारवायी। पता चला कि सरमद नग्न तो रहता ही है, साथ ही 'ला इलाह इल लिल्लाह' भर कहता है, पूरा वाक्य नहीं बोलता। लोग उससे कहते—"सरमद! आगे भी तो कुछ बोलो?" सरमद जवाब देता—"हम तो बस अभी यहीं तक पहुँचे हैं, वही दोहराते हैं।"

उन दिनों ख्वाजा इब्राहीम बादाखाशानी नाम का एक और फकीर भी था, जो हर वक्त 'साहिबे हॉल' में रहता था। उसने शायद औरंगजेब को सलाह दी होगी। औरंगजेब ने सरमद को पकड़ बुलवाया। प्रमुख काजी द्वारा प्रश्न किये जाने से पहले किसी सूफी ने सरमद को समझाने की कोशिश की और कहा, "बादशाह क्रूर है, इसलिए मुहम्मद साहब का नाम लो।" काजी फतवा लिखना ही चाहता था कि औरंगजेब ने रोका और उलेमा से कहा, "सरमद से कलमा पढ़वाओ।" सूफी फकीर ने फिर समझाया, इसे भी पढ़ 'लिल्लाह मुहम्मद रसूल इल्लाह।' सरमद इल लिल्लाह पर आकर रुक गया। औरंगजेब ने कहा, "आगे?" सरमद बोला, "आगे क्या?" "जो नहीं सो नहीं।" औरंगजेब गुस्से से उबल पड़ा, "यह तो हजरत की सरासर तौहीन है। सरमद की गर्दन काट दी जाए।"— बादशाह ने हुक्म दिया। देखनेवालों ने देखा कि सरमद का सिर कटकर गिर रहा है और वह कटा सिर हँस रहा है। लोगों ने यह शब्द भी सुने—"इल लिल्लाह।" कुछ लोग कहते हैं—जहाँ सरमद का सिर काटा गया था, वहीं पर उसकी कब्र है। जबकि वालेह दागिस्तानी का कहना है—"नहीं, जहाँ सिर काटा गया था, वहाँ पर जामा मस्जिद का निर्माण हुआ।"

❑

क्रान्तिकारी सूफ़ी सन्त : मंसूर अल-हल्लाज

मंसूर एक अस्त-व्यस्त मौजी स्वभाववाला साधक था। वह हर तरह के कर्मकांड के खिलाफ था। अकारण शासन-तन्त्र की कार्य प्रणाली में दखल देने से बाज नहीं आता था। वह कठमुल्लों का मजाक उड़ाता था। इस्लाम पुनर्जन्म को नहीं मानता, जबकि मंसूर कहता, ''ईश्वर इतना दयावान है कि वह बन्दे को बार-बार मौका देता है।''

इस्लाम धर्म के रहस्यपरक पक्ष को सूफी नाम से जाना गया है। सामान्यतया हम सब रहस्यवाद को भीतर-बाहर से जोड़ने वाली ऐसी साधना मानते हैं, जहाँ हर भेदरेखा विलीन हो जाती है। सूफी इस धरती के कण-कण के प्रति अनासक्त होकर उसे पुकारने से उसका दीदार अवश्य होता है। यदि कोई उसे बुद्धि से जानने की चेष्टा करे तो व्यर्थ जाएगी। इसीलिए सूफियों के बीच अक्सर निम्नलिखित पंक्तियाँ बार-बार दोहराई जाती हैं—''तू दिल में तो आता है ज़हेन में नहीं आता, मैं जान गया तेरी पहचान यही है।'' उस परम पुरुष के लिए अपनी जान देनेवालों में एक ऐसा ही निराला सूफी हुआ—मंसूर अल-हल्लाज।

इस साधक ने अपनी वाणी और अपने क्रियाकलापों से तत्कालीन कट्टरपन्थी इस्लामिक समाज में इतनी हलचल पैदा कर दी थी कि उसे अपनी जीवन-यात्रा के दौरान तरह-तरह की यातनाएँ भोगनी पड़ीं। फारसी के अनेक रहस्यवादी सूफी कवि मंसूर अल-हल्लाज को अपना आदर्श मानते हैं और उसका गुणगान करते हैं। मंसूर न केवल अपने समसामयिकों के लिए, वरन आगे आनेवाली पीढ़ियों के लिए भी एक पहेली ही बना रहा। ईश्वर एक ऐसा विषय है, जिसकी प्रामाणिकता-अप्रामाणिकता पर चाहे जितनी बहस की जाए बेमानी है, इसीलिए तरतुलियन जैसे चिन्तक ने लिखा है—मैं ईश्वर को इसलिए मानता हूँ, क्योंकि वह अनर्गल है। हालाँकि ईश्वर को न मानना भी या नकारना भी ईश्वरबद्ध होना ही है।

हुजबीरी, जिसने सूफियों के मनोविज्ञान पर काफी कुछ लिखा है, मंसूर को एक ऊँचे दर्जे का साधक मानता था। मंसूर को जो भी यातनाएँ झेलनी पड़ीं उनकी लिपि दरअसल मंसूर अल-हल्लाज की अन्तश्चेतना में लिखी थी। और तो और वह हिन्दुस्तान में प्रचलित अवतारवाद को भी सही कहता था। बादशाह के समक्ष वह

अपने को शिया कहता था, जबकि जन साधारण के बीच कहता कि वह सूफ़ी है। इसलिए उसका रोजा-नमाज से क्या लेना-देना। उसने धीरे-धीरे अपने को 'अहं ब्रह्मास्मि' भी कहना शुरू कर दिया था अर्थात् वह 'अनलहक अनलहक' दोहराने लगा। यह सभी जानते हैं कि इस्लाम इसका सख्त विरोधी है कि कोई अपने को ही ब्रह्म कहना शुरू कर दे। सारा झगड़ा इसी बात पर हैं कि इस्लाम कहता है कि मनुष्य ईश्वर हो ही नहीं सकता। जबकि वैदिक दृष्टि 'अयमात्मा ब्रह्म' और 'अहं ब्रह्मास्मि' की पक्षधर है। स्वयं को ईश्वर कहना गुस्ताखी है। इस्लाम को यह बर्दाश्त नहीं। मंसूर अल-हल्लाज की इस घोषणा के कारण उसे जेल में बन्द कर दिया गया था।

मंसूर अल-हल्लाज का जन्म सन् 858 में हुआ था। वह पर्शिया का रहनेवाला था। किशोरावस्था पार कर वह बगदाद आ गया। अल-हल्लाज का मतलब होता है—धुनिया। शिबली नाम के एक विद्वान का कहना है कि मंसूर के नाम के साथ अल-हल्लाज विशेषण का प्रयोग सिर्फ इसलिए होता था, क्योंकि वह लोगों के दिल में छिपी बातों को जान लेता था। ठीक उसी तरह जैसे धुनिया धुन-धुनकर बिनौले से रूई अलग कर लेता है। मंसूर भी धुन-धुनकर लोगों के दिल की बात निकाल लेने की युक्ति जानता था। इस तरह अल-हल्लाज का अर्थ सारग्राही भी हुआ। उसकी प्रगाढ़ तल्लीनता और उसके प्रेम के कारण कई लोग उसके शिष्य हो गये। यह भी मान्यता है कि वह भारत भी आया था और यहाँ आकर उसने अणिमा तथा महिमा जैसी विद्याएँ भी सीखी थीं। जब उसे कारागार में डाला गया तो वह तीन दिन के लिए अदृश्य हो गया था। उसने चवालीस के करीब ग्रन्थ भी लिखे। प्रो. ब्राउन के अनुसार, जेल में बन्द किए जाने के बाद से सूली पर चढ़ाए जाने तक वह आठ वर्ष, सात महीने और आठ दिन जेल में रहा। 'तज किरातुल औलिया' नामक ग्रन्थ में उसकी मृत्यु का वर्णन दिया है, जो इस प्रकार है—

जेल से बाहर लाकर उसे तीन सौ कोड़े मारे गये। हर कोड़े के साथ वह कहता और दोहराता—अनलहक अनहलक। कभी-कभी वह यह भी कहता—हुसैन डरना मत। इसके बाद उसे सूली पर चढ़ा दिया गया। हजारों लोग यह दृश्य देखने आये। मंसूर अभी भी कहता जा रहा था—अनलहक अनलहक।

एक फकीर ने पूछा—मंसूर, प्रेम क्या है? मंसूर ने जवाब दिया—आज देखोगे, परसों देखोगे। अर्थात् आज उसका वध होगा। कल उसे जलाया जाएगा और परसों उसकी निशानी भी नहीं बचेगी। मंसूर पर पत्थर बरसाए गये। मंसूर हँसता रहा। फिर उसके हाथों में छेद किए गये। मंसूर ने हाथ ऊपर कर दिये ताकि ख़ून कुहनियों की ओर बहे। लोगों ने पूछा—यह क्या है? मंसूर ने कहा—वजू कर रहा हूँ। फिर उसकी जीभ काटनी शुरू कर दी गयी तब मंसूर ने चीखकर कहा—प्रभु इन्हें क्षमा करना, क्योंकि इन्हें नहीं पता ये कर क्या रहे हैं। इसके बाद उसे जला दिया गया। यह 26 मार्च सन् 922 ई. की शाम थी।

भक्ति से निरूपित हो जाता है द्वैत-अद्वैत का सिद्धान्त

आलवारों का क्षेत्र मूलतः दक्षिण भारत ही रहा है। उनकी निश्छल वाणी ने वहाँ के जन-जीवन को इस हद तक प्रभावित किया कि उनकी रचनाएँ जनता के हृदय का कंठहार बन गयीं। इन आलवारों में से लगभग 12 आलवार ऐसे हुए हैं, जिनकी प्रतिमाएँ आज भी दक्षिण के मन्दिरों में स्थापित हैं और बड़े स्नेह के साथ लोग इन प्रतिमाओं के समक्ष अपना शीश झुकाते हैं।

भक्ति इस देश की अप्रतिम खोज है। शरीर के तल से ऊपर उठकर आत्मा तथा परम तत्त्व तक जाने की खोज थी—यह भक्ति। ऐसा माना जाता है कि आलवार भक्तों की स्नेह एवं आस्था में डूबी वाणी के कारण ही भक्ति लोगों के आकर्षण का कारण बनी। आलवार भक्तों के विषय में यह कहा जाता है कि इसमें अधिकांशतः पिछड़ी जातियों के लोग हुआ करते थे। उनकी शिक्षा-दीक्षा भी लगभग न के बराबर होती थी, लेकिन इतना अवश्य है कि उनका चरित्र अत्यधिक निर्मल एवं आन्तरिक गुणों से भरपूर हुआ करता था। ये आलवार भक्त स्वभावतः अत्यन्त विनयशील होते थे। अपनी असहाय स्थिति को दैन्य शब्दों में पिरोकर अपनी भक्ति को लयात्मक भाषा में व्यक्त किया करते थे। उदाहरण के लिए कोई आलवार कहता है—'न तो मेरा जन्म सवर्णों में हुआ, न ही मुझे वेदों का ज्ञान है। मैं अपनी इन्द्रियों की दासता से भी मुक्त नहीं हो पाया हूँ, इसलिए ओ परमपिता परमात्मा! मुझे अपने चरणों में स्थान दे, क्योंकि तुम्हीं मेरे एकमात्र सम्बल हो।'

आलवारों का क्षेत्र मूलतः दक्षिण भारत ही रहा है। उनकी निश्छल वाणी ने वहाँ के जन-जीवन को इस हद तक प्रभावित किया कि उनकी रचनाएँ जनता के हृदय का कंठहार बन गयीं। इन आलवारों में से लगभग 12 आलवार ऐसे हुए हैं, जिनकी प्रतिमाएँ आज भी दक्षिण के मन्दिरों में स्थापित हैं और लोग बड़े स्नेह के साथ इन प्रतिमाओं के समक्ष अपना शीश झुकाते हैं। यह विचित्र संयोग है कि जिन विष्णु की

अभ्यर्थना में आलवारों ने गीत गाये हैं, उन्हीं विष्णु मन्दिरों में इन आलवारों की प्रतिमाएँ भी स्थापित हैं। डॉ. आयंगार ने अपनी पुस्तक 'हिस्ट्री ऑफ वैष्णवाज़' में यह सिद्ध किया है कि इनका समय अनुमानतः दूसरी शताब्दी रहा होगा। हालाँकि इसके साथ यह भी सत्य है कि उनका यह समय लगभग चार-पाँच शताब्दियों के बीच फैला हुआ है।

आलवार भक्तों के पदों का एक संग्रह पहले कभी नाथमुनि ने संकलित किया था। नाथमुनि ने एक हजार पदों वाले ऐसे कई संग्रह तैयार किये और इन सबके समुच्चय का नाम 'प्रबन्धम्' रखा। यह ग्रन्थ सही अर्थों में भक्तिधारा का आदिग्रन्थ माना जाता है। 'प्रबन्धम्' में जो पद संकलित हैं, वे अपने इष्ट की पूजा-अर्चना एवं उनके प्रति पूर्ण समर्पण-भाव को उद्घाटित करते हैं। डॉ. आयंगार की पुस्तक पढ़कर ऐसा भी लगता है कि 'प्रबन्धम्' से ही प्रभावित व प्रेरित होकर आचार्य यामुनाचार्य ने विशिष्टाद्वैत का विवेचन किया था और इसकी विधिवत् स्थापना दक्षिण के ही रामानुजाचार्य ने की थी।

जन-समुदाय ने आचार्य शंकर के अद्वैत को अत्यधिक शुष्क माना है और शायद इसी की प्रतिक्रिया स्वरूप रामानुजाचार्य, निम्बार्काचार्य और माध्वाचार्य आदि ने अपने-अपने सिद्धान्त लोगों के सामने रखे। शंकराचार्य ने कहा था—'ब्रह्म ही इस जगत की निर्मिति का मूल कारण है और वही इसका उपादान कारण भी। इसी की प्रतिक्रिया के रूप में विशिष्टाद्वैत, द्वैताद्वैत, द्वैत एवं वल्लभाचार्य का शुद्धाद्वैत आदि सिद्धान्त सामने आये।'

शंकर ने उपनिषदों के अद्वैत का जो सिद्धान्त तय किया था, उसमें उत्तरकालीन आचार्यों ने अपने-अपने ढंग से संशोधन किया और इस तरह वल्लभाचार्य तक आते-आते आलवारों की भक्ति-भावना में वल्लभाचार्य के सम्पूर्ण शुद्धाद्वैत सिद्धान्त का प्रस्फुटन हुआ, जिन्होंने नवधाभक्ति को सर्वोपरि माना और इस तरह श्रीकृष्ण को पूर्ण ब्रह्म के रूप में स्थापित किया।

यही वल्लभाचार्य जब दक्षिण से चलकर वृन्दावन पहुँचे तो गोघाट पर उनकी भेंट हिन्दी के महाकवि सूरदास से हुई। सूरदास यमुना के तट पर बैठकर अपनी गीत-पंक्तियाँ गुनगुनाया करते थे। वल्लाभाचार्य ने उनसे पूछा, 'अइसे घिघियाते काहे हौ, कछु भगवत लीला गायन किया करो।' सूरदास ने कहा, 'मैं जन्म को आँधरो लीला समुझत नाही हौं।' इस पर वल्लभाचार्य ने कहा, 'जमुना में स्नान करियाओ, मैं तुम्हें लीला समुझाय दूँगो।' सूरदास यमुना में स्नान करके जब आये, वल्लभाचार्यजी ने उनके भाल पर तिलक किया। जैसे ही वल्लभाचार्य ने उनका माथा छुआ, श्रीकृष्ण की वृन्दावन में की गयी लीलाओं के दृश्य उनकी बन्द आँखों के आकाश में दमक उठे और इसके बाद तो सूरदास का जीवन ही बदल गया। उन्होंने कृष्ण की भक्ति में डूबकर जो काव्य-धारा प्रवाहित की, वह भक्ति-साहित्य का अमर कोष बन गयी।

वानस्पतिक तत्त्व से अलग नहीं है मानव-शरीर

ऐसा कोई भी अक्षर नहीं जिसमें मन्त्र बनने की शक्ति न हो, ऐसी कोई भी वनस्पति नहीं जिसमें औषधि के गुण न हों, ऐसा कोई व्यक्ति नहीं जिसमें कोई गुण विद्यमान न हो। उन्हें पहचानकर उनका उपयोग करने वाले ही नहीं मिलते।

इन दिनों आयुर्वेद चिकित्सा पद्धति से रोगों का इलाज कराने की परम्परा लगभग पूरे विश्व में लोकप्रिय होती जा रही है, इसलिए आयुर्वेद के जनक धन्वन्तरि का ध्यान आ जाना स्वाभाविक है। सुश्रुत संहिता के माध्यम से यह स्पष्ट होता है कि धन्वन्तरि से पहले भी आयुर्वेद के अध्ययन और उसके द्वारा रोगों का निदान करने की लम्बी परम्परा विद्यमान थी। धन्वन्तरि ने आयुर्वेद चिकित्सा पद्धति में नये आयाम जोड़े और उस पर महत्त्वपूर्ण शोध किये। धन्वन्तरि ने अपने जिन सात शिष्यों की मदद से आयुर्वेद चिकित्सा को घर-घर तक पहुँचाने का कार्य किया, उनके नाम—वैतरण, पौष्क, कलावत, औरभ्र, गोपुर रक्षित, करवीर्य एवं सुश्रुत बताए गये हैं। कहते हैं कि धन्वन्तरि अपने इन शिष्यों को आयुर्वेद की धरोहर सौंपकर साधनालीन हो गये थे।

सुश्रुत की व्याख्या में ऐसा भी कहा गया है कि धन्वन्तरि के निमि, कांकायन, गालव और गार्गेय नामक चार शिष्य और भी थे, जिन्होंने न केवल आयुर्वेद चिकित्सा को दूर-दूर तक फैलाया, वरन उसे आम आदमी के लिए सहज उपलब्ध भी कराया। काश्यप संहिता का सम्पादन करने वाले नेपाल के विद्वान पं. हेमराज शर्मा को सुश्रुत संहिता की एक प्राचीन पांडुलिपि प्राप्त हुई थी, जिसमें लिखा है कि धन्वन्तरि को 'अमृत विद्या' का ज्ञान था। यहाँ तक कि अश्विनीकुमारों की ही तरह वे एक मरणासन्न व्यक्ति को अपने द्वारा निर्मित रसायन की मदद से कई दिनों तक जीवित रख सकते थे। धन्वन्तरि के युग में जिस सागर का मन्थन हुआ, उसके बारे में निश्चित रूप से कुछ नहीं कहा जा सकता, फिर भी हम स्थितियों के अनुसार यह अनुमान लगा सकते हैं कि वह या तो हिन्द महासागर है या फिर प्रशान्त महासागर। वैसे गंगा सागर, जिसे

आज हम बंगाल की खाड़ी कहते हैं, को भी समुद्र-मन्थन का केन्द्र बताया जाता है। छान्दोग्य उपनिषद् के अनुसार, असुर और सुर एक ही वंशपरम्परा के हिस्सा थे। सिर्फ उनकी जीवनशैली अलग-अलग थी। असुर भौतिकवादी थे, जबकि सुर अनादिता पर विश्वास रखते थे। धन्वन्तरि ने लिखा है कि असुर देह के मोह में ही मारे गये, जबकि सुर आत्मा की अमरता पर विश्वास रखते थे। जिस कैंसर रोग को आज हम प्राणघातक रोग मानते हैं, उसको सुश्रुत संहिता में 'कर्कट रोग' कहा गया है। इसके उपचार का आधार आयुर्वेद चिकित्सा पद्धति में उपलब्ध है।

कहते हैं धन्वन्तरि नाम के कई व्यक्ति हुए हैं। आयुर्वेद चिकित्सा के प्रणेता कौन से धन्वन्तरि थे, इसमें विवाद हो सकता है, मगर यह सही है कि वे साधारण मनुष्य नहीं थे। उन्हें योग और आयुर्वेद चिकित्सा का अद्भुत ज्ञान था। वैसे 'वन पर्व' में शिव और सूर्य को भी धन्वन्तरि कहा गया है, जबकि अनुशासन पर्व में एक पात्र का नाम धन्वन्तरि मिलता है। द्रोण पर्व के अनुसार धन्वन्तरि विद्वान, मन्त्रद्रष्टा एवं आयुर्वेद ज्ञाता थे। आयुर्वेदीय ग्रन्थों के अनुसार 'दिबोदास' को धन्वन्तरि प्रथम का अवतार माना गया है। इसी तरह काशिराज को भी धन्वन्तरि का पर्याय बताया गया है। 'काष्क संहिता' में दिबोदास आरुणेय को आयुर्वेद चिकित्सा के बारे में उपदेश देते हुए बताया गया है। ये दिबोदास चक्रवर्ती सम्राट भी माने गये हैं। इन्हीं दिबोदास की भगिनी अहल्या थी, जो गौतम ऋषि की पत्नी थी और जिसने सुप्रसिद्ध ऋषि शतानन्द को जन्म दिया। इन्हीं शतानन्द के पौत्र कृपाचार्य थे और कृपी उनकी पौत्री थी। धन्वन्तरि के बारे में काल-निर्धारण की दृष्टि से उपर्युक्त विवरण तर्कसंगत जान पड़ता है। दूसरे धन्वन्तरि भारद्वाज के कुल पुरोहित थे, जिन्होंने अष्टांग आयुर्वेद का विधिवत अध्ययन एवं प्रसार किया था।

धन्वन्तरि ने वानस्पतिक जगत के समस्त वृक्षों और पौधों की जड़ों में विद्यमान रसायनों का सूक्ष्म एवं गहरा अध्ययन किया और उन्होंने यह मत स्थापित किया था कि प्रकृति के सभी रसायन मानव शरीर में निरन्तर प्रवहमान रहते हैं। किसी एक रस का सन्तुलन बिगड़ जाने के कारण ही देह में व्याधि पैदा होती है, जिसका निराकरण वनस्पति विशेष की सहायता से ही किया जा सकता है। शास्त्रीय ग्रन्थों में तो एक जगह यह मन्त्र भी लिखा मिलता है—'अमन्त्र अक्षरम् नास्ति नानौषधि वनस्पतिम्, अयोग्यः पुरुषो नास्ति, योक्तास्तत्त्वदुर्लभः' अर्थात् ऐसा कोई भी अक्षर नहीं, जिसमें मन्त्र बनने की शक्ति न हो, ऐसी कोई भी वनस्पति नहीं, जिसमें औषधि के गुण न हों, ऐसा कोई व्यक्ति नहीं, जिसमें कोई गुण विद्यमान न हो। उन्हें पहचानकर उनका उपयोग करने वाले ही नहीं मिलते।

❑

प्रेम को प्रभाव ऐसो

सन्त सुन्दरदासजी ने अपने ग्रन्थ 'ज्ञानसमुद्र' में गुरु महिमा, अष्टांग योग, सांख्य मत एवं अद्वैत वेदान्त का अत्यधिक सारगर्भित वर्णन किया है। उन्होंने वेदान्त दर्शन को सर्वोच्च माना है, मगर साथ ही भक्ति पर विशेष बल भी दिया है। उनका मानना था कि भक्ति अगर ज्ञान से ओतप्रोत हो तो इष्ट के प्रति व्यक्त किये गये प्रेम में सोने और सुहागे जैसा मेल हो जाता है।

सन्त दादू दयाल के शिष्यों में सन्त सुन्दरदास, धर्मदास, सहजो बाई एवं दया बाई आदि का नाम बड़े आदर के साथ लिया जाता है। मान्यता यह है कि सन्त सुन्दरदास दादू दयाल के सर्वाधिक प्रिय एवं योग्य शिष्यों में से एक थे। सन्त सुन्दरदास का जन्म जयपुर के निकट दैवसा (दौसा) नामक कस्बे में हुआ था। उनकी माता का नाम सती और पिता का नाम चोखा था। जब सुन्दरदास मात्र छह साल के हुए होंगे, उनके पिता उन्हें दादू दयाल के दर्शन करवाने ले गये। बालक सुन्दरदास ने जैसे ही दादू दयाल को देखा, वे तत्काल ही उनके चरणों में समर्पित हो गये। इस बारे में स्वयं सुन्दरदासजी ने लिखा भी है—'तिनके चरननि नाई माथा, उन दीओ मेरे सिर हाथा'

सन्त सुन्दरदास ने अपने गुरु दादू का अन्त समय तक साथ निभाया और उनके सान्निध्य में रहकर उनकी वाणी को कंठस्थ करते रहे। संवत् 1633 में वे एक अन्य सन्त के साथ काशी धाम पहुँचे, जहाँ पर कुछ दिन रहकर उन्होंने साहित्य और दर्शन का गहन अध्ययन किया। उनकी रचनाओं पर दादू दयाल के उपदेशों के प्रभाव को पूरी तरह देखा जा सकता है। ऐसा कहा भी जाता है कि काशी से लौटने के बाद सुन्दरदासजी ने किसी गुफा में बैठकर योगाभ्यास भी किया। इसके पश्चात् वे गुजरात, मध्य प्रदेश (मालवा), बिहार, बंगाल होते हुए ओड़ीसा के पुरी धाम पहुँचे। फिर वे बदरिकाश्रम भी गये जहाँ उन्होंने पूजा-अर्चना की तथा ध्यान में मन लगाया।

कहते हैं, राजस्थान के कवि रज्जबअली से भी उनका गहरा लगाव था। रज्जबअली से उन्होंने गहन ज्ञान की कई बातें सीखीं-समझीं। रज्जबअली की कविता

की झलक भी सुन्दरदास के पदों में छलकती दिखाई देती है। सुन्दरदासजी दूसरी बार जब संवत् 1764 में रज्जबअली से मिलने सांगानेर पहुँचे, तब उन्हें यह सूचना मिली कि रज्जबअली के शरीर का अन्त हो चुका है। इस घटना का सन्त सुन्दरदास के कोमल हृदय पर इतना गहरा असर हुआ कि वे उनकी अनुपस्थिति को सहन न कर सके और उसी वर्ष उन्होंने भी अपना शरीर त्याग दिया। जिस जगह दाह-क्रिया सम्पन्न हुई थी, वहाँ पर उनकी समाधि अब भी बनी हुई है। समाधि के नजदीक ही एक सफेद पत्थर लगा हुआ है, जिस पर लिखा है—'संवत् सत्रह सौ छियाला, कातिक सुदी अष्टमी उजाला। तीजै पहर बरहस्पतिवार, सुन्दर मिलया सुन्दर सार।' ऐसा कहा जाता है कि मृत्यु के बाद दादू पन्थियों का दाह-संस्कार नहीं किया जाता था, लेकिन सुन्दरदासजी का दाह-संस्कार किया गया।

सन्त सुन्दरदासजी के छोटे-बड़े लगभग बयालीस ग्रन्थ मिलते हैं। उनके कुछ ग्रन्थों में भक्ति भावना से ओतप्रोत सर्वोत्तम सवैये संगृहीत हैं। ऐसा माना जाता है कि उन्होंने अपनी सुप्रसिद्ध कृति 'ज्ञानसमुद्र' की रचना संवत् 1710 में की थी। सुन्दरदासजी की ग्रन्थावली के अनुसार, उनके द्वारा लिखित साहित्य को कुछ इस प्रकार रखा जा सकता है। 'ज्ञानसमुद्र' पाँच उल्लासों (खंडों) में बँटा हुआ है। इसके दूसरे खंड में 37 ग्रन्थ संगृहीत हैं। तीसरे खंड में जो रचनाएँ संगृहीत हैं, उनकी संख्या 56 है। चतुर्थ खंड में मात्र साखियाँ हैं। पंचम खंड में 251 रागों पर आधारित 213 छन्द हैं। शेष भाग में उनकी फुटकर रचनाएँ हैं।

सन्त सुन्दरदासजी ने अपने ग्रन्थ 'ज्ञानसमुद्र' में गुरु महिमा और अष्टांग योग्य, सांख्य मत एवं अद्वैत वेदान्त का अत्यधिक सारगर्भित वर्णन किया है। उन्होंने वेदान्त दर्शन को सर्वोच्च माना है, मगर साथ ही भक्ति पर विशेष बल भी दिया है। उनका मानना था कि भक्ति अगर ज्ञान से ओतप्रोत हो तो इष्ट के प्रति व्यक्त किए गये प्रेम-पदों में सोने और सुहागे जैसा मेल हो जाता है। वे कहते हैं—

'जैसे नीर बिन मीन दुखी, क्षीर बिन शिशु,
जैसे पीर जाके औषध बिन कैसे रह्यो जात है।
चातक ज्यों स्वाति बूँद चन्द्र को चकोर जैसे,
चन्दन को चाहकरि सर्प अकुलात है।
निर्धन ज्यों धन चाहे, कामिनी को कान्त चाहे,
ऐसी जाकी चाह ताको कछु न सुहात है।
प्रेम को प्रभाव ऐसो, प्रेम जहाँ नेम कैसो,
सुन्दर कहत यह प्रेम की ही बात है।'

❑

भक्ति के सहारे ही जाति से मुक्त हुए सन्त नामदेव

ब्राह्मण तीर्थ में मरने के लिए जाता है, परन्तु उससे क्या होता है? अश्वमेध यज्ञ किया, दान में सोना दिया, लेकिन रामजी की भक्ति तो डूबकर नहीं की। ओ पाखंडी! इन सब में क्या रखा है। कपट न कर, निरन्तर हरि का नाम ले। यही नाम तुझे संसार सागर से पार लगाएगा।

हिन्दी की सन्त काव्यधारा में नामदेव नाम के कम से कम चार-पाँच कवियों का होना बताया जाता है। सुप्रसिद्ध विद्वान डॉ. विनयमोहन शर्मा के अनुसार, ज्ञानेश्वर के काल में जनमे नामदेव के अतिरिक्त महाराष्ट्र में पाँच नामदेव और भी हुए हैं। श्रीगुरुग्रन्थ साहिब में जिन नामदेव के पद संकलित हैं, उनका उद्‌गम महाराष्ट्र था या नहीं यह प्रश्न विवादास्पद हो सकता है। श्रीगुरुग्रन्थ साहिब के पदों से इतना तो स्पष्ट है कि जिन नामदेव के जीवन से जुड़े चमत्कारों का उल्लेख मिलता है, उन नामदेव के इष्ट विट्‌ठल भगवान ही थे। गुरुग्रन्थ साहिब में मराठी शब्दों के मिलने से ऐसा जान पड़ता है कि संकलनकर्ता ने इन्हीं नामदेव के पदों को श्रीगुरुग्रन्थ साहिब में सम्मिलित किया है।

नामदेव सतारा जिले के नरसी बमनी नामक गाँव में सन् 1270 में पैदा हुए थे और सन् 1350 में मृत्यु को प्राप्त हुए। तात्पर्य यह है कि नामदेव, सन्त ज्ञानदेव के शरीर शान्त होने के लगभग 50 वर्ष बाद समाधिस्थ हुए। उत्तर भारत में नामदेव के पदों को लोकप्रिय बनाने का श्रेय श्रीगुरुग्रन्थ साहिब को ही जाता है। नामदेव सन्त धन्ना और भक्त रैदास की तरह कमजोर वर्ग में ही पैदा हुए थे। अपना परिचय देते हुए स्वयं नामदेव ने लिखा है—'पंढरीनाथ मेरी जात दीन-हीन की है, तूने इस संसार में नामदेव को दर्जी जाति में जन्म क्यों दिया?' आचार्य क्षितिमोहन सेन के अनुसार, सन्त ज्ञानेश्वर ही नामदेव के गुरु थे, क्योंकि उनके पदों पर सन्त ज्ञानदेव के काव्य की

ही छाप है। ऐसा लगता है कि सन्त ज्ञानदेव, नामदेव के गुरु होने के साथ, उनसे मैत्री भाव भी रखते थे। इसलिए कि ज्ञानदेव ने उन्हें अपने साथ यात्रा में ले चलने का अनुरोध किया था।

इस यात्रा में उनकी भेंट सन्त चोखामेला और सन्त मंगल से भी हुई थी। नामदेव ने इस यात्रा का विशद वर्णन अपने अभंगों में किया है। अभंगों की इस कृति का नाम 'तीर्थावली' है। ये सभी सन्त दिल्ली व पुरी आदि शहरों की यात्रा पूरी करने के बाद अन्त में पंढरपुर लौटे थे। यात्रा से लौटने के बाद ही सन्त ज्ञानदेव ने समाधि ली। इसके बाद ही सन्त नामदेव ने गद्दी सँभाली। नामदेव के विषय में यह भी कहा जाता है कि वे कुछ दिनों तक हरिद्वार भी रहे और इसी के साथ वे पंजाब के नाभियाना (नाभा) में भी रहे, जहाँ उनके साथ जल्ला और लाधा नाम के दो पंजाबी शिष्य भी रहा करते थे। धीरे-धीरे नामदेव की ख्याति बढ़ती गयी और उनके नाम से जिस सम्प्रदाय की उत्पत्ति हुई उसका नाम 'नामदेव सम्प्रदाय' पड़ा।

आचार्य क्षितिमोहन सेन के अनुसार, नामदेव की हस्तलिखित कविता की एक पुस्तक भी उपलब्ध है, जिसमें हिन्दी और मराठी दोनों भाषाओं में पद लिखे हुए हैं। इन्हीं में से कुछ पद श्रीगुरुग्रन्थ साहिब में संगृहीत है। नामदेव की मृत्यु लगभग 80 वर्ष की अवस्था में हुई। उन्होंने विट्ठल के महाद्वार पर समाधि ली, जो आज भी विद्यमान है। विट्ठल के मन्दिर की सीढ़ियों के निचले भाग में इनका पीतल धातु से बना सिर लगा हुआ है।

गुरुग्रन्थ साहिब में दिये गये नामदेव के पदों की संख्या 62 के लगभग है। हिन्दी में लिखे दो-चार पद सम्भवत: नामदेव ने वृद्धावस्था में लिखे होंगे। उनमें से एक पद इस प्रकार है—

''एक अनेक व्यापक रम्यक पूरक जत देखा तत सोई,
माया चित्र विमोहित बिरला बूझे कोई।
अब गोविन्द है, गोविन्द बिना नहि कोई,
सूत एक मन सूत हंस है, ओतप्रोत ज्यों प्रभु सांई।
जल तरंग और फेन बुदबुदा जल तें भिन्न न कोई।
यह परपंच ब्रह्म की लीला वो विचारत आनन होई।''

इसी तरह के अनेक पद गुरुग्रन्थ साहिब में पिरोए गये हैं। अपने पद और अभंगों में नामदेव ने विनोबा खेचर को अपना गुरु माना है। वे मानते हैं कि भवसागर से त्राण पाने के लिए गुरु का स्थान अत्यधिक महत्त्वपूर्ण है। उन्हें अपने गुरु पर पूर्ण विश्वास था। जिस तरह कबीरदास ने आत्मा की चादर को बिना मैला किये छोड़ा, उसी तरह नामदेव ने गुरु के पाँव में मिट्टी रूपी शरीर को ज्यों का त्यों रख दिया है। वे कहते

हैं—''गुरु ने मेरा जीवन सँभाल दिया, मुझे रामनाम की जड़ी दी, जिसके कारण मेरा सारहीन जीवन सुगन्धि से लहलहा उठा।''

नामदेव ने अपनी रचनाओं में ब्रह्माचार का विरोध किया है। वे कहते हैं—''हे पंढरी के राजा! तूने मुझे नीच जाति में पैदा कर अपने से दूर क्यों देखा, मैं तो अँधले की टेक, मेरा नाम कुन्द पारा, मैं गरीब मस्कीन, तेरा नाम अधारा।'' यह अभंग भी गुरुग्रन्थ साहिब में मिलता है। वे आगे लिखते हैं—''दीन हीन जाति मेरी, पंढरी के रामा, ऐसा तुमने नामा दरजी काहे को बनाया। ताऊ बिन लेके नाम देवुल गया, पूजा करते बामन उन ने बाहर धकलाया।''

इससे यह सिद्ध होता है कि नामदेव को अपने जीवनकाल में तथाकथित सवर्णों द्वारा बार-बार अपमानित होना पड़ा और शायद इसी का परिणाम है कि दलित विमर्श की शुरुआत सबसे पहले महाराष्ट्र में हुई। नामदेवजी कहते हैं—''बनारसी (ब्राह्मण) तप करता है और तीर्थ में मरने के लिए जाता है, परन्तु उससे क्या होता है? अवश्मेध यज्ञ किया, दान में सोना दिया, लेकिन रामजी की भक्ति तो डूबकर नहीं की। ओ पाखंडी! इन सब में क्या रखा है। कपट न कर निरन्तर हरि का नाम ले। यही नाम तुझे संसार सागर से पार लगाएगा।''

❑

जो अस्तित्व में नहीं उसकी सत्ता कैसी!

स्वयं बुद्ध के सामने यह सवाल उठ खड़ा हुआ था कि जब आत्मा का होना सन्दिग्ध है तो कर्मफल कौन भोगेगा? यदि आत्मा को मानने के साथ-साथ उसके दिन-ब-दिन पतित होने का भय भी जुड़ा है तो क्यों न आत्मा को ही नकार दिया जाए, लेकिन बौद्ध दर्शन के जितने निकाय हैं, उन सब में इस विषय का प्रतिपादन अलग-अलग ढंग से हुआ है।

सत्ता के विषय में भारतीय दर्शन प्रारम्भ से ही यह मानता आया है कि वह सब जो अस्तित्व में नहीं है, उसे सत्ता में नहीं लाया जा सकता, लेकिन बौद्धों ने सत्ता के ठीक विपरीत जाकर एक नयी तरह की सोच प्रस्तुत की है। हमारे चित्त में वह जो अनित्य है, उसको नित्य रूप में देखने की आकांक्षा जन्म लेती है। दुख को दूर और सुख को अपना लेने की ललक और कटुता से बचने का सतत प्रयास प्राणियों में सदैव दीख पड़ता है। इसका अर्थ यह हुआ कि यह प्रबोध हर प्राणी में जन्म से विद्यमान है। प्रश्न यह उठता है कि यह आत्म-तत्त्व अथवा चेतना विलीन कहाँ हो जाती है? इस प्रश्न के उत्तर में भगवान बुद्ध ने अनात्म का सन्देश दिया। अनात्म दृष्टि द्वारा हमको जीवन की किसी भी स्थिति या सम्प्रत्यय की उपस्थिति का अहसास होता है। इसी तरह जो अप्रिय है, उसे 'अन्य' कहकर हम बच जाते हैं। मगर फिर भी कषाय का जन्म होता है। 'स्व' एवं 'पर' दोनों तरह के 'काय' लगभग एक जैसे बने होने के कारण उन्हें अशुचिता-ग्रस्त माना गया है तो भी हम 'स्वकाय' को शुभ एवं 'अन्य' के शरीर को अशुभ मानते हैं।

बौद्ध चिन्तक आत्मा का अस्तित्व स्वीकार नहीं करते, मगर जब 'स्व' और 'पर' की प्रतीति को बौद्ध स्वीकार करते हैं, तो फिर आत्मा को नकारने का क्या औचित्य है? जब चेतना है, 'स्व' और 'पर' के बीच अन्तराल है, तो आत्मतत्त्व को स्वतः स्वीकार कर लिया जाना चाहिए, लेकिन तब भी कई बौद्ध चिन्तक कहते हैं—

आत्मा प्रज्ञा है। विज्ञान उसका उदाहरण अवश्य है, मगर इसके बाद भी यह सन्दिग्ध है कि वह अस्तित्व में है भी या नहीं।

स्वयं बुद्ध के सामने ये सवाल उठ खड़ा हुआ था कि जब आत्मा का होना सन्दिग्ध है तो कर्मफल कौन भोगेगा? यदि आत्मा को मानने के साथ-साथ उसके दिन-ब-दिन पतित होने का भय भी जुड़ा है तो क्यों न आत्मा को ही नकार दिया जाए, लेकिन बौद्ध दर्शन के जितने निकाय हैं, उन सब में इस विषय का प्रतिपादन अलग-अलग ढंग से हुआ है। लोक व्यवहार की दृष्टि से देखें तो हमें सुन पड़ता है—"मैंने अपनी आँखों से देखा और देखने पर मुझे लगा...।" इस वाक्य में एक बात तो पूरी तरह साफ हो जाती है कि कोई अस्तित्व में है जरूर, जिसकी हमें निरन्तर अनुभूति होती है, यदि यह अनुभूति हुई तो उसे पुकारा भी जाना चाहिए, मगर किस नाम से? बौद्धों ने इस ओराप को 'रथ' नाम से पुकारा है। इसी के अनुरूप स्कन्ध के आश्रय से यह कहा गया है कि यह 'पुद्‌गल' ही आत्मा है।

श्रावक त्रिपिटक में एक जगह आया है—जैसे अवयवों के समूह को 'रथ' कहा जाता है, उसी तरह स्कन्धों का सहारा लेकर इस स्थिति को 'साम्प्रतिक सत्य' कहते हैं। फिर भी सवाल उठता है कि 'साम्प्रतिक सत्य' का निराकरण कैसे हो? उत्तर में बौद्ध चिन्तक कहते हैं—देखने वाला जब दृश्य का 'मनोनिवेश' कर लेता है तो वह कह उठता है—मैंने इस्तेमाल किया है। इतना कहने पर ही वह 'अहं' की गिरफ्त में आ जाता है। बौद्धों के सौरतान्त्रिक विज्ञान एवं आलय विज्ञान आदि में चेतना और आत्म से जुड़े अनेक प्रसंग देखने को मिलते हैं। मगर इन मतों के बीच आपस में इतना विरोधाभास है कि उन्हें न मानने से पुनर्जन्म का सिद्धान्त खंडित हो जाता है। खंडित इसलिए क्योंकि सभी निर्वाण पाने के योग्य नहीं होते। जब विज्ञान जैसा सम्बोधन गढ़ने के बाद भी कहा यही जाता है कि कोई आत्मा को प्रज्ञप्ति करने का प्रयत्न करे तो भी आत्मा हाथ नहीं लगेगी। 'सब अनित्य है। सभी आस्रव दुख हैं। सभी धर्म अनात्म हैं। केवल निर्वाण ही परमशान्ति है।' इस बौद्ध-दर्शन के हीनयान और महायान सूत्रों में, जहाँ यह कहा गया है कि सभी धर्म अनित्य हैं, वहाँ यह कथन मात्र पुद्‌गल तक ही सीमित नहीं, भावात्मक स्तर पर भी वह सब कुछ जो वायवीय है, उसे भी सम्मिलित करके 'अनत्तावाद' की स्थापना करता है। अर्थात् सिर्फ शरीर ही निस्पन्द नहीं होता, उसके साथ मन और चित्त भी उस अनत्ता का हिस्सा बन जाते हैं।

❑

संसार के प्रपंच आत्मतत्त्व तक नहीं पहुँचने देते

ज्ञान भी दो प्रकार का होता है—पहला अनुभूतिजन्य ज्ञान और दूसरा अर्जित ज्ञान। जब तक जीव लोकासक्त है या जिरह कर रहा है, तब तक वह इन्द्रियों की गिरफ्त से छूट नहीं पाता, मगर अभ्यास करते-करते एक दिन उसे सच और झूठ के बीच की भेद-रेखा समझ में आने लगती है। नतीजा यह होता है कि वह संसार से उपरम होने लगता है।

यह स्थापना आज भी विवाद का विषय हो सकती है कि जैन दर्शन अन्य दार्शनिक निकायों की तुलना में कितना प्राचीन है, लेकिन इस विवाद में न पड़कर क्यों न जैन दर्शन की धुरी को समझने की कोशिश की जाए। एक पुस्तक है 'तत्त्वार्थ-सूत्र'। आचार्य कुन्दकुन्द ने जो भी कहा है, उसे तत्त्वार्थसूत्र के रचयिता आचार्य उमास्वाति नामक परम साधक ने हम सबके हित के लिए प्रस्तुत किया। यह पुस्तक दस अध्यायों में लिखी गयी है। यह एक प्रकार से मोक्ष का मार्ग दिखाने वाला ग्रन्थ है। तत्त्वार्थ सूत्र कहता है कि मोक्ष को लेकर दो तरह की दृष्टियाँ हो सकती हैं। पहली दृष्टि है—निश्चय दृष्टि और दूसरी है व्यवहार दृष्टि। इन दोनों दृष्टियों को निश्चय नय और व्यवहार नय भी कहा जाता है। यों तो मोक्षमार्ग है ही कठिन, मगर वहाँ जो निश्चयात्मकता है, वह व्यावहारिक जीवन जीने की प्रक्रिया में दूसरी तरह की समझदारी की माँग करती है। सवाल यह उठता है कि यदि निश्चय दृष्टि ही खरी है तो व्यवहार दृष्टि की क्या जरूरत? इसका समाधान करते हुए उमास्वाति स्पष्ट करते हैं कि भव रोग का उपचार तो स्वभाव में ही स्थित है, मगर रोग की दवा किसके साथ लेनी है अर्थात् शहद के साथ या दूध के साथ अथवा पानी के साथ? तत्त्वार्थसूत्र कहता है—व्यवहार को आत्यान्तिक सत्य नहीं कहा जा सकता, मगर फिर भी यही आत्मतत्त्व तक जाने का मार्ग प्रशस्त करता है।

तत्त्वार्थसूत्र में ऐसा भी कहा गया है कि कर्मों के निमित्त से स्वभाव पर पड़ने वाली छायाएँ जब शुद्ध स्वभाव में नहीं रहती हैं, तब साधक को आत्मभाव में आने

की कला आनी चाहिए। यह एक प्रकार से निर्विकल्प जिन्दगी जीने का ढंग है। जब तक थोड़ा-सा भी झूठ अथवा मिथ्याचार बाकी है, तब तक आत्म-बोध नहीं हो पाता। जैन तीर्थंकरों में यह विरल तत्त्व प्रारम्भ से अन्त तक भासमान है। प्रारम्भ में संसार में प्रपंच साधक को आत्मतत्त्व तक पहुँचने में बाधा उत्पन्न करते हैं, मगर जैसे-जैसे साधक के संकल्प व विकल्प विरमते जाते हैं, वैसे-वैसे उसे अपने नैसर्गिक अविचल निष्कम्प स्वभाव का पता चलता जाता है। उसे यह भी बोध नहीं रहता कि वह शरीर के तल पर सम्पद है भी या नहीं।

व्यवहार चारित्र, निश्चय चारित्र के बिना नहीं हो सकता, इसलिए साधना के मार्ग पर बढ़ते प्राणी को पहले अपने निश्चय पर अडिग होना चाहिए। इसके बाद यही निश्चय उसके व्यवहार में भी उतर आता है। कर्मों के क्षय का उपाय उमास्वाति के अनुसार वीतराग भाव है। द्रव्यों के संसर्ग से आसपास जो भी प्रपंच उठते हैं, वे कर्मबन्ध बन जाते हैं। इसलिए तत्त्वार्थसूत्र कहता है कि समझदार प्राणी वह है जो नये कर्म बनने ही न दे। आत्मदर्शन को ही जैन चिन्तन में कैवल्य का पर्याय माना जाता है। जब तक यह न लगे कि अभी थोड़ी बहुत अशुद्धता बाकी है या मन पूरी तरह निर्मल नहीं हुआ, तब तक कैवल्य नहीं फलता। जिनेन्द्र ने इस दर्शन को इतना संगुम्फित ढंग से प्रस्तुत किया है कि यह साधारण प्राणी के समझ से बाहर है।

ज्ञान के विषय में तत्त्वार्थसूत्र कहता है कि ज्ञान भी दो प्रकार का होता है—पहला अनुभूतिजन्य ज्ञान और दूसरा अर्जित ज्ञान। जब तक जीव लोकासक्त है या जिरह कर रहा है, तब तक वह इन्द्रियों की गिरफ्त से छूट नहीं पाता, मगर अभ्यास करते-करते एक दिन उसे सच और झूठ की भेद-रेखा समझ में आने लगती है। नतीजा यह होता है कि वह संसार से उपरम होने लगता है। उसे लगने लगता है कि वह जिन झूठे वायदों की बैसाखियों पर चल रहा था, वे अध्यास का अंग थीं। इस तरह वह उन बैसाखियों को फेंक देता है। उमास्वाति के सूत्र इतने गम्भीर हैं कि उन्हें समझने व समझाने के लिए एक नहीं, कई-कई टीकाएँ लिखी गयी हैं और आज भी लिखी जा रही हैं। जहाँ तक निश्चयनय और व्यवहारनय का सवाल है, ऐसा लगता है कि यह वर्गीकरण उमास्वाति ने समाज के लोगों को ध्यान में रखकर किया है। चूँकि सभी का उद्देश्य होता है आत्मदर्शन या कैवल्य तक पहुँचना। पर देखा जाय तो जीवन में सभी का कैवल्य तक पहुँच पाना न तो सम्भव है और न ही मनोनुकूल, फिर भी यदि इस ग्रन्थ के आधार पर व्यक्ति अपनी जीवन-शैली सुधारता है तो वह निश्चित रूप से अपने आत्मतत्त्व में लीन हो सकता है।

❑

मन की बाँबी में बैठा सर्प

डॉ. मैकलीन के अनुसार मस्तिष्क की सबसे ऊपरी परत को 'नओकार्टेक्स ब्रेन' कहते हैं। अनुवाद की भाषा में इसे 'नव वल्कल मन' कहेंगे। इसी मन के प्रताप से विश्व बन्धुत्व का भाव जागता है। 'जियो और जीने दो' का नीति वाक्य भी इसी मन की उपज है। मार्क्स का चिन्तन इसी 'नव वल्कल मन' की उपलब्धि है। ईसा भी इसी नव वल्कल मन को लेकर करुणा का सन्देश देते हैं।

बौद्ध चिन्तकों ने चित्त को केन्द्र में रखकर लगभग बारह सौ वर्ष पूर्व जो स्थापनाएँ की थीं। वे मस्तिष्क से जुड़ी नयी खोजों के कितने निकट हैं, यह जानने के लिए वर्षों से मेरीलैंड स्थित मस्तिष्क विकास एवं आचरण संस्थान से सम्बद्ध रहे। डॉ. मैकलीन के अनुसार, आदमी के पास आज जो मस्तिष्क है वह कई अरब वर्षों में बढ़ा और पनपा है। मगर विकास और पनपने की इस यात्रा में उसके रसायन अभी भी रूपान्तरित नहीं हुए हैं। यह यानी मस्तिष्क आज भी उतना ही आक्रामक, हिंसक, कामासक्त और अतिचारी है, जितना कि वह पाषाण युग में था। वह मतलबी है। उसमें संग्रहवृत्ति है। वह बर्बर, ईर्ष्यालु और घोर अप्रत्याशित है। वह अनाख्य भंगिमाओं वाला ऐसा जीव है, जो अपनी क्षमताओं से स्वयं भी परिचित नहीं।

आदमी का मन एक तीन मंजिली इमारत की तरह है। इसको इस तरह समझें कि ललाट से चलकर पीछे गरदन के पास रीढ़ जो एक छत्रक है, उसमें तीन परतें हैं। रीढ़ की हड्डी के ऊपर गरदन के पास जो अन्तिम गुट्टक है, उस हिस्से में मस्तिष्क सबसे ज्यादा सुरक्षित है, मगर साथ ही यह पूरी तरह अन्धकारग्रस्त भी है। नयी खोज के अनुसार मस्तिष्क के इस भाग में स्थित है—हिंसा, कामुकता और अपराधवृत्ति। डॉ. मैकलीन ने गहन अध्ययन के बाद यह निष्कर्ष निकाला कि सरीसृप कोटि के जीव, जिनमें साँप, गोह, गिरगिट और विषखांपर आदि प्रमुख हैं, में जो रसायन पाए जाते हैं, वे रसायन मस्तिष्क के इस भाग में भी पाए जाते हैं। दोनों में शत-प्रतिशत समानता बतलाई गयी है। अध्ययन के लिए डॉ. मैकलीन ने जब एक गिरगिट के

इलाके में दूसरे गिरगिट को छोड़ा तो पहला तत्काल फूलकर लड़ने के लिए उद्यत हो उठा। इतना ही नहीं, वह आक्रमण के लिए तत्पर होकर आवेश में अपना रंग भी बदलने लगा। मानव मस्तिष्क के इस हिस्से को नाम मिला 'रेपटीलियन ब्रेन' यानी 'सर्पिल मन'। आप चाहें तो इसे मन की बाँबी में बैठी नागिन भी कह सकते हैं। यह सर्पिल मन खासा उत्पाती है। हालाँकि उसे अनुशासन में रहना रास नहीं आता, फिर भी वह ढर्रेदार जिन्दगी जीना पसन्द करता है। युद्धक्षेत्र में निशाना साधकर दुश्मन को मार गिराना उसे अत्यधिक सुखकर लगता है। 'सर्पिल मन' सम्भोग के क्षणों में सर्वाधिक सक्रिय और जागरूक रहता है। इन क्षणों में वह फुफकार छोड़ता है। हत्या, बलात्कार और लूट के समय वह उसी तरह तरंगायित रहता है जैसे कि बल-खाती नागिन। शंका, जासूसी, चुगलखोरी, जुआ, सट्टा, गोलबन्दी, आतंक, शोषण और आक्रामकता आदि सभी अवगुण यहीं पर भरे लगते हैं। क्योंकि मस्तिष्क के इस भाग की कार्यविधि एकदम गुत्थमगुत्था है, इसलिए डॉ. मैकलीन ने इसे 'आर. काम्पलैक्स' नाम दिया है। उनके अनुसार सर्पिल मन की कार्यविधि इतनी जटिल है कि दुष्कर्म करने की प्रक्रिया में जब भी बाधा पहुँचाई जाती है तो यह मन ठीक उल्टी दिशा की ओर चल पड़ता है। इसके अन्दर पश्चाताप, प्रायश्चित एवं आत्मपरिष्कार की भावना का जन्म यहीं से शुरू होता है। तो क्या यह मान लिया जाए कि अनेक प्राणियों और महापुरुषों के जीवन में जो मोड़ आये हैं वे इसी सर्पिल मन की आद्य प्रकृति के कारण? उदाहरण के लिए गोस्वामी तुलसीदास का नाम ले सकते हैं, जो अपनी पत्नी रत्नावली की फटकार खाकर काम के विपरीत राम के चरणों में जा लगे। रत्नाकर नामक डाकू भी राम राम या मरा-मरा दोहराता हुआ रामायण की रचना में प्रवृत्त हुआ।

डॉ. मैकलीन ने यह स्पष्ट नहीं किया है कि ये गुरु किस्म के लोग जो दिनरात उपदेश बघारने का काम करते रहते हैं, क्या यह उसी 'सर्पिल मन' की करतूत का नतीजा है?

❑

जीन ही रचता है देह का जादू

हम सबके भीतर एक जीन ऐसा भी है, जो इस देहरूपी महल में 'बादशाह' की तरह रहता है और समय आने पर नये शरीर के निर्माण की योजना बनाता है। यह जीन बाप की धमनियों से उतरकर बच्चे में आता है। इस जीन में सृष्टि के प्रारम्भ की यादें खोई या सोई हुई रहती हैं। इन्हीं यादों के सहारे यह जीन पीढ़ी-दर-पीढ़ी अपना कायाकल्प करता चला जाता है।

कुछ वर्ष पूर्व रिचर्ड डॉकिन ने एक कितब लिखी थी—'द सेल्फ़िश जीन'। इस पुस्तक का सार यह है कि हम सब अपने स्वत्व की रक्षा के लिए हमेशा लड़ते-झगड़ते रहते हैं। धर्मग्रन्थ कहते हैं—ईश्वर ने हम सबकी रचना की है। हमें जन्म दिया है। मगर विज्ञान इसे नहीं मानता। वह कहता है—हम सब एक अभिकल्पित (डिजाइन की गयी) मशीन हैं। पूरी पृथ्वी पर इस तरह की कितनी मशीनें हैं, इसकी गणना अभी तक नहीं की जा सकी। उदाहरण के लिए कीड़ों को ही लें। अब तक इन कीड़ों की तीन लाख प्रजातियों की गणना की जा चुकी है।

जैन दर्शन कहता है—सबसे पहले निगोद जीव हैं। इसके बाद गोद, उद्भिज, अंडज एवं पिंडज जीव। मगर खोज करने पर यह भी पता चला है कि हर आदमी में कहीं एक गुलाब, एक बन्दगोभी, एक खरगोश, एक चिड़िया के भी अंश मौजूद हैं। आदमी भी सभी एक तरह के नहीं होते। कुछ चोर-बदमाश होते हैं, कुछ देशद्रोही और कुछ हुतात्मा भी। नयी खोजों का सहारा लेकर रिचर्ड डॉक्नि ने कुछ ऐसी ही स्थापनाएँ की हैं, जिन्हें पढ़कर हैरत होती है। रिचर्ड डॉकिन कहता है कि हम सबके भीतर एक जीन ऐसा भी है, जो इसमें सृष्टि के प्रारम्भ की यादें खोई या सोई हुई हैं। इन्हीं यादों के सहारे यह जीन पीढ़ी-दर-पीढ़ी अपना कायाकल्प करता चला जाता है। हम सोचते हैं, हमारा मरना-जीना प्रभु के हाथ में है, जबकि विज्ञान का मानना है कि यह सब इसी 'स्वार्थी जीन' के अधीन है। इस जीन की भी अ, ब, स श्रेणियाँ हैं। यह जीन इस प्रतीक्षा में रहता है कि कब यह शरीर फले-फूले, कब इसमें काम देवता का प्रकोप हो। जैसे ही यह रासायनिक परितर्वन देह में हुआ नहीं कि हम प्रेम-

कुंड में गिरते हैं। हम कहते हैं कि प्रेम हुआ है, जबकि सही अर्थों में यह बुखार इस जीन की करतूत है। मन कलपता है, किसी के प्रेम के लिए। पर, सही अर्थों में अकुलाहट इस जीन की वजह से होती है, जो जल्दी से जल्दी अपनी कई तरह की प्रतिलिपियों को तैयार करना चाहता है। ठीक उसी तरह जैसे कि फोटोकॉपी मशीन। जरूरी नहीं है कि पिता के शरीर से प्रथम श्रेणी का जीन ही गर्भ में प्रविष्ट हो पाता हो। कई दफा एक दूसरी श्रेणी का जीन भी अवतरित हो सकता है। हाँ, यदि पहली श्रेणी का जीन उतरता है तो पिता के शरीर से प्रथम श्रेणी का जीन आकर गर्भ में प्रविष्ट हो पाता है। कई दफा एक दूसरी श्रेणी का जीन भी अवतरित हो सकता है। हाँ, यदि पहली श्रेणी का जीन उतरता है तो पृथ्वीराज चौहान पैदा होता है, अन्यथा इसी प्रक्रिया के फलस्वरूप मीरजाफर भी पैदा हो सकता है। ऐसा लगता है कि इन दिनों अपने देश में मीरजाफर भारी तादाद में पैदा हो रहे हैं। यहाँ यह सोचने को भी मन करता है कि क्या पूर्वजों को जीनवाले इस सिद्धान्त की जानकारी थी? शायद तभी उन्होंने अपने यहाँ वर्ण-व्यवस्था का प्रावधान किया होगा।

अस्तु यह जीन जब जान लेता है कि उसके प्रयत्न की वजह से उसका प्रतिरूप जन्म ले चुका है, तब यह कुछ समय के लिए शान्त हो जाता है। कालान्तर में यह जीन अपनी ही छवि की कई और प्रतिछवियाँ बनाता है, जो 'अ' श्रेणी की न होकर 'ब' अथवा 'स' श्रेणी की भी हो सकती हैं। लम्बे समय तक शरीर में रहते-रहते यह जीन स्वयं भी ऊब जाता है। जब उसे ऐसा लगने लगता है कि उसका उद्देश्य पूरा हो चुका है, तब यही जीन स्वयं अपना अन्त कर लेता है और हम कहते हैं कि अमुक सज्जन का शरीर शान्त हो गया। जबकि सच यह है कि ऐसा निर्णय भीतर रहनेवाले जीन ने किया था।

प्रारम्भ में रिचर्ड डॉकिन की इस प्रस्तावना की कड़ी आलोचना हुई, मगर धीरे-धीरे उसके 'सेल्फ़िश जीन' का यह सिद्धान्त सर्वमान्य हो गया। इस सिद्धान्त के सर्वस्वीकृत हो जाने के बाद यह प्रश्न उठने लगे कि कैंसर अथवा मधुमेह जैसे रोगों का स्रोत क्या है? क्योंकि पाया यह गया कि कैंसर जैसी असाध्य बीमारी सिर्फ लाल मांस खानेवालों को ही नहीं होती वरन् उन्हें भी हो जाती है, जिनका खानपान और रहन-सहन बिल्कुल सादा रहता है। परिणाम यह कि इस दिशा में वैज्ञानिकों की निरन्तर खोज के कारण एक स्मार्ट जीन का भी पता अभी हाल ही में चला है। यह जीन गर्भ में पलते हुए शिशु की नाभिनाल में होता है। बच्चा नौ महीने तक माँ के गर्भ में रहता है। माँ जो कुछ खाती-पीती है और जैसी साँस लेती है उसका स्वच्छतम भाग शिशु के शरीर में जाता है। वे सभी तत्त्व जो बच्चे के लिए प्राणघातक हो सकते हैं उन्हें नाभिनाल में बैठे ये स्मार्ट जीन बाहर ही रोक लेते हैं। उन्हें शिशु के अवयवों में जाने ही नहीं देते, इसलिए सामान्तया सभी शिशु ठीक ही पैदा होते हैं। सेल्फ़िश

जीन के विरोध में खोज करते-करते वैज्ञानिकों को यह स्मार्ट जीन मिला, जिसके भीतर हर बीमारी, विशेष रूप से कैंसर, अस्थमा और मधुमेह जैसे रोगों को ठीक करनेवाले रसायन भरपूर मात्रा में मौजूद रहते हैं। शिशु की 'नाभिनाल' को रामबाण मानकर अमेरिका की एक कम्पनी ने इसका एक बैंक ही खोल लिया है, जहाँ हर एक नये बच्चे की नाल अब फेंकी नहीं जाती, बल्कि उसमें विद्यमान जीन में असाध्य रोगों के उपचार की दवाइयाँ बनाने के लिए उन्हें सुरक्षित रख लिया जाता है। इसी कम्पनी ने अपनी एक शाखा अपने देश में भी खोली है, जहाँ 'नाभिनाल' को समुचित मूल्य देकर खरीद लिया जाता है।

❑

मनुष्य के बीच की दीवार को तोड़ना चाहते थे मार्क्स

सन् 1924 में लेनिन की मृत्यु के बाद जोसेफ स्तालिन पार्टी का महासचिव बना। स्तालिन ने पोलित ब्यूरो के सदस्यों का एक-एक कर सफाया कर दिया। त्रात्स्की, जो प्रथम विद्रोह का नेता था, स्तालिन के भय से रूस छोड़कर मैक्सिको में जा बसा। स्तालिन के खुफिया विभाग ने त्रात्स्की को मेक्सिको में भी जीवित नहीं छोड़ा।

मृत्यु के समय तक मार्क्स की कृति 'दास कापिताल' का सिर्फ एक भाग प्रकाशित हुआ था, वह भी जर्मन भाषा में। अँग्रेजी अनुवाद सन् 1886 में प्रकाशित हुआ। 'दास कापिताल' का दूसरा भाग जर्मन भाषा में सन् 1885 में और तीसरा भाग 1895 में प्रकाशित हुआ। मार्क्स की स्थापनाएँ इतनी अकाट्य थीं कि लन्दन में मार्क्स चिन्तन से प्रेरित 'फेबियन सोशलिज्म' नाम की संस्था का जन्म हो गया। तब से लेकर आज तक मार्क्स के चिन्तन पर इतने आरोप-प्रत्यारोप हो चुके हैं कि तमाम ग्रन्थों की सूची तैयार करना भी एक अच्छा खासा दुस्तर कार्य होगा। फ्रेड्रिक एंगेल्स के साथ मार्क्स का कम्युनिस्ट मेनीफेस्टो जब प्रकाश में आया था तो सम्भावना यह थी कि क्रान्ति लन्दन से शुरू होगी। मगर हुआ कुछ और। 24 अक्तूबर सन् 1917 को बोलशेविक पार्टी के कार्यकर्ताओं ने जार के 'शीशमहल' को घेरकर सर्वहारा क्रान्ति की घोषणा कर दी। पूँजी और उससे पैदा होनेवाली विकृति, जिसके विषय में मार्क्स पहले ही लिख चुका था, उसका नंगा नाच आज हम सबके सामने खुलेआम हो रहा है।

सन् 1922 में यूनियन ऑफ सोवियत सोशलिस्ट रिपब्लिक (यू. एस. एस. आर.) का जन्म हुआ। नये-नये राज्य इस नये संगठन में शामिल होते गये। बढ़ते-बढ़ते सोवियत संघ का विस्तार इतना बढ़ा हो गया कि दूसरे महायुद्ध तक रूस दुनिया

का सबसे शक्तिशाली देश माना जाने लगा। विकास में विनाश के भी बीज विद्यमान रहते हैं। आदमी उतना सरल नहीं जैसा कि मार्क्स की कल्पना में था। अपने प्रयोग को सफल बनाये रखने की प्रक्रिया में ऐसा महसूस किया गया कि लोगों के क्रियाकलापों पर विशेष निगरानी रखी जाए। इसके लिए कम्युनिष्ट पार्टी का एक खुफिया दस्ता बना। भय के बारे में ऐसा कहा जाता है कि वह और अधिक भय को जन्म देता है। किसी समस्या को अपने अधीन रखने की कोशिश में भय एक गुब्बारे की तरह फूलने लगता है। ठीक यही स्थिति लेनिन के काल में भी पनपी। कम्युनिस्ट पार्टी के सदस्यों के बीच एक पिरामिड जैसा खड़ा हो गया जिसका शिखरबिन्दु 'पोलित ब्यूरो' कहलाया।

घोषणा तो यह हुई थी कि इस लोकतान्त्रिक केन्द्रवादी व्यवस्था में सूचना और आदेश नीचे से ऊपर और ऊपर से नीचे की ओर आएँगे-जाएँगे। लेकिन नीचे से ऊपर की ओर जाने का द्वार ही नहीं खुला। ऐसा तब हुआ जब सन् 1924 में लेनिन की मृत्यु के बाद जोसेफ स्तालिन पार्टी का महासचिव बना। स्तालिन ने पोलित ब्यूरो के सदस्यों का एक-एक कर सफाया कर दिया। त्रात्स्की, जो प्रथम विद्रोह का नेता था, स्तालिन के भय से रूस छोड़कर मेक्सिको में जा बसा। अगर आप 'प्रोफेट आउटकास्ट' नामक पुस्तक उठाकर पढ़ें तो पता चलेगा कि स्तालिन ने कितने बड़े पैमाने पर क्रान्तिकारियों की हत्या करवायी, जिनमें बुखारिन भी शामिल था। स्तालिन के खुफिया विभाग ने त्रात्स्की को भी जीवित नहीं छोड़ा।''

लेनिन जितना लोकतान्त्रिक केन्द्रवाद का पक्षधर था, स्तालिन उसके ठीक विपरीत उतना ही बड़ा तानाशाह। यही वजह थी कि स्वयं उसके साथी भी स्तालिन से अपने प्राण बचाने के लिए उसकी हाँ में हाँ मिलाते रहते थे। ख्रुश्चेव भी उन्हीं में से एक था। स्तालिन के बर्बर स्वभाव ने उसे नितान्त अकेला कर दिया। सोवियत संघ के लिए ये बहुत बुरे दिन थे। संयोग से तभी हिटलर ने रूस पर आक्रमण कर दिया। रूस के लाखों नौजवान इस युद्ध में मारे गये। फिर भी जीत रूस को ही हुई। स्तालिन की मृत्यु के बाद ख्रुश्चेव पार्टी का महासचिव बना। सन् 1957 में ब्रेजनेव ने देश के सर्वाधिक प्रतिभाशाली नवयुवकों को के.जी.बी. में भर्ती किया। के.जी.बी. की कार्यप्रणाली अब इतनी सूक्ष्म हो गयी कि साधारण नागरिक भी जोर से बातें करता हुआ डरता था। एक ओर के.जी.बी. और दूसरी ओर लाल सेना जिसमें लगभग तीस लाख सैनिक थे, दोनों ने रूस का वर्चस्व पूरे विश्व पर स्थापित कर दिया। मगर इसी के साथ पोलित ब्यूरो एक दूसरी तरह की बीमारी का शिकार हो गया। इसके सदस्यों को लगभग इसी तरह की सुख-सुविधाएँ मिलने लगीं जैसी आज दिल्ली के सत्ताधीशों का प्राप्त हैं। मार्क्स, जिसने अन्न को देवता का दर्जा दिया, वह मार्क्स

जिसकी पीड़ा का केन्द्र मनुष्य और मनुष्य के बीच की दीवार था। वह मार्क्स, जिसने यूरोप, लन्दन से लेकर इटली तक फैले सामन्तों की हरामख़ोरी का विधिवत अध्ययन किया था, वह मार्क्स, जिसे ईस्ट इंडिया कम्पनी की करतूतों की सम्यक् जानकारी थी कि कैसे कोई देश किसी दूरस्थ देश को व्यापार का मुखौटा पहनाकर गुलाम बनाता है और फिर इन गुलामों को सूरीनाम, ट्रिनीडाड, फिजी और ब्रिटिश, गियाना में ले जाकर बेच देता है। वह मार्क्स, जिसे ज्ञात था कि फ्रांस, हालैंड, इंग्लैंड और स्पेन आदि देशों ने कमज़ोरों को लूटा और किस तरह मार-मारकर गुलाम देशों में ईसाइयत का प्रचार किया। उस मनीषी दूर द्रष्टा की आत्मा आज के पूँजीग्रस्त समाज में भटकते आम आमदी को देखकर क्या सोचती होगी और कितनी कसकती होगी, कह पाना वाकई बहुत मुश्किल है।

❑

नियतिवादी होने से जीवन नहीं चलता

भगवान महावीर जिस पतली डगर पर बढ़ रहे थे, उसके दोनों ओर खेत थे। फसल उग रही थी। गेहूँ के पौधों के बीच सरसों के पौधे उग आये थे। उनके बीच सम्भवत: तिल का एक पौधा हवा में झूम रहा था। गोशालक ने भगवान से प्रश्न किया—''भगवन्! क्या आप इस छोटे-से पौधे का भविष्य बता सकते हैं? यही नहीं बल्कि यह भी कि इस नन्हें पौधे में कितने फूल आएँगे? क्या यह पकेगा? और यह भी बताएँ कि झरकर इसके बीज कहाँ जाएँगे?''

हममें से लगभग सभी लोगों को यह ज्ञात है कि कपिलवस्तु के राजकुमार सिद्धार्थ से स्वयं उनका सम्बन्धी देवदत्त ईर्ष्या भाव रखता था। एक बार जब देवदत्त के तीर से घायल एक पक्षी (हंस) धरती पर गिरा था तो सिद्धार्थ ने उस घायल हंस को अपनी गोद में रखकर उसका उपचार करना चाहा था और इस बात को लेकर देवदत्त उनसे लड़ा भी था। सिद्धार्थ गौतम को जब बोध हुआ और वे अपने अहिंसा, सत्य आदि का सन्देश लेकर गाँव-गाँव जाकर देशना करने लगे, तब भी उनका विरोध करनेवालों की कमी न थी। डॉ. ए. एल. बाशम ने अपनी पुस्तक 'हिस्ट्री एंड डाक्ट्रिन ऑफ आजीवकाज़' में भगवान महावीर एवं गौतम बुद्ध के समसामयिक ऐसे कई प्रतिद्वन्द्वियों का जिक्र अपनी कृति में किया है। जिन प्रतिद्विन्द्वियों का उनकी पुस्तक में जिक्र है, उनमें सर्वाधिक प्रसिद्ध है—अजितकेश कम्बली। अजितकेश कम्बली एक रोएँदार कम्बल से देह ढँके नगर और जंगलों में घूमा करता था। वह था तो नास्तिक, मगर वह बुद्ध की आलोचना भी किया करता था। वह जोर-जोर से चिल्लाकर कहता है—''वेद ब्राह्मणों का वमन है। मात्र इन्द्रियों का ज्ञान ही ज्ञान है, बाकी सब बकवास है। सब भोग बुलबुलों की तरह हैं—करो तो भी, न करो तो भी। उनसे मोक्ष का कुछ लेना-देना नहीं। भोग और संन्यास दोनों फूहड़ हैं।''

सही अर्थों में 'आजीवक सम्प्रदाय' का प्रतिष्ठापक मक्खलि गोशालक था। मक्खलि गोशालक की मृत्यु ई. पू. 484 में हुई। क्योंकि वह एक गोशाला में जनमा

था, शायद इसलिए उसका नाम गोशालक पड़ा। डॉ. बाशम के अनुसार, पहले वह भगवान महावीर का शिष्य बना। बाद में वह उनका कट्टर विरोधी हो गया। वह भी भगवान महावीर की ही तरह नग्नावस्था में रहता था। केशलुंचन उसने अवश्य नहीं करवाया था। जबकि कुछ अन्य विद्वान ऐसा नहीं मानते। मक्खलि गोशालक अपने शरीर को तरह-तरह से सताता। मसलन वह गरम तवे को छू लेता। किसी भी वृक्ष पर चढ़कर उल्टा लटक जाता। ईसाइयों की तरह अपनी पीठ पर कोड़े मारता। नोकदार काँटे बिछाकर उस पर सो जाता। ग्रीष्म ऋतु की भरी दोपहर में वह रेत पर बैठकर सूर्य की ओर देखता रहता आदि-आदि।

भगवान महावीर की ख्याति से अभिभूत गोशालक उनका शिष्य बन गया। वह छाया की तरह उनके साथ रहने लगा। भगवान महावीर चातुर्मास समाप्त होने के बाद कार्तिक के प्रारम्भ में देशाटन को निकल पड़े। इन दिनों गोशालक के मन में एक विचित्र विचार आया। भगवान महावीर जिस पतली डगर पर आगे बढ़ रहे थे, उसके दोनों ओर खेत थे। फसल उग रही थी । गेहूँ के पौधों के बीच सरसों के पौधे उग आये थे। उनके बीच सम्भवत: तिल का एक पौधा हवा में झूम रहा था। गोशालक ने भगवान से प्रश्न किया—"भगवन्! क्या आप इस छोटे-से पौधे का भविष्य बता सकते हैं? यही नहीं बल्कि यह भी कि इस नन्हें पौधे में कितने फूल आएँगे? क्या यह पकेगा? और यह भी बताएँ कि झरकर इसके बीज कहाँ जाएँगे?" भगवान महावीर ने उत्तर दिया—"गोशालक! यह पौधा बड़ा होगा। इसमें फूल भी आएँगे। फिर इसके सात फूलरूपी जीव मरकर इसकी फली में सात तिल बन जाएँगे।" गोशालक को विश्वास नहीं हुआ। महावीर जैसे ही आगे बढ़े, पीछे चलते गोशालक ने वह नन्हा पौधा उखाड़कर पगडंडी के किनारे फेंक दिया। काल का चक्र चलता रहा। गोशालक भगवान की परीक्षा भी लेना चाह रहा था। इसीलिए उसने वह पौधा जानबूझकर उखाड़ फेंका था। उसके मन में खोट थी। चैत्र के महीने में भगवान उसी राह से वापस लौटे। लौटते समय तक उस पौधे ने फिर से धरती में अपनी पकड़ मजबूत कर ली थी और फेंके जाने के बावजूद, फिर उठ खड़ा हुआ था और अब वह भगवान की भविष्यवाणी के अनुरूप वहीं पककर खड़ा गोशालक की शंका पर अट्टहास कर रहा था। गोशालक फिर भी नहीं जागा। उसने पौधे की फली तोड़कर उसके भीतर के बीज गिने जो सचमुच संख्या में सात निकले। गोशालक इस घटना के बाद घोर नियतिवादी हो गया, मगर इसी के साथ उसने भगवान महावीर से अपना सम्बन्ध भी तोड़ लिया। उनके विरोध में उसने 'आजीवक सम्प्रदाय' की स्थापना की और स्वयं को 'जिन' कहलवाने लगा। उसने वर्षों तप किया। वह रातों जागता। कई-कई दिन सिर्फ पानी पीकर रहता। घने अन्धकार में आँखें फाड़कर आकाश की ओर देखता रहता।

कई अलौकिक सिद्धिओं को पा लेने के बाद गोशालक एक बार फिर भगवान महावीर के पास पहुँचा। मगर इस बार वह अत्यधिक शान्त था। पूर्ण समर्पण भाव से वह भगवान महावीर का शिष्य बनने की गरज़ से उनके पास आया था। उसने भगवान से कहा कि तिल का पौधा तो प्रकृति के नियमानुसार बच गया। मगर अपने तप के बल पर तुम्हें शाप देता हूँ कि छः मास के भीतर तुम्हारा देहान्त हो जाएगा। इस अवधि में गोशालक ने श्रावस्ती में रहकर हलाहल नामवाली किसी कुम्हारिन से सहयोग कर 'व्रजौली शक्ति' सिद्ध कर ली। उसे विश्वास था कि उसका शाप फैलेगा मगर महावीर पर उस शाप का केवल इतना प्रभाव पड़ा कि वे कुछ दिन के लिए अस्वस्थ भर हुए जबकि गोशालक के विषय में विवरण मिलता हैं कि उसकी मृत्यु हो गयी।

❑

झूठ बोलने से जलती है अन्तरात्मा

हम दिन–रात औरों पर टिप्पणी करने में लीन रहते हैं। हमें स्वयं अपना निरीक्षण करने का वक्त नहीं मिलता। जबकि होना यह चाहिए कि हम अपनी करतूतों पर भी ध्यान दें। आज मनुष्य बड़े–बड़े सिद्धान्तों और बड़ी–बड़ी बातों पर चर्चा अधिक करता है। छोटी–छोटी बुराइयों पर ध्यान कम देता है। दो मित्र मिले नहीं कि अनुपस्थित मित्र की चर्चा में उसकी निन्दा–स्तुति शुरू हो जाती है।

आज के सम्प्रदायग्रस्त युग में ऐसी कृति खोज पाना मुश्किल है,जो सम्प्रदायातीत हो, पूर्णतः निरपेक्ष हो और सार्वकालिक गुत्थियों को अत्यधिक विविक्त ढंग से सुलझाकर पाठकों को विभोर करनेवाली हो। हम सब या तो यादों में जीते हैं या फिर वादों में। मनुष्यमात्र की चिन्ता से प्रेरित मानवाधिकारों की चर्चा तो अभी पिछली सदी के उत्तरार्ध में ही शुरू हुई है, मगर दक्षिण भारत के कवि तिरुवल्लुवर की रचना 'कुरल' के विषय में तो यह कहा जाता है कि वह अब से लगभग हजार वर्ष पूर्व लिखी जा चुकी थी। तमिल भाषा में आदर के लिए 'तिरु' अर्थात् 'श्री' का प्रयोग किया जाता है अतः कवि का नाम हुआ तिरुवल्लुवर। 'कुरल' का शाब्दिक अर्थ हुआ 'छोटा छन्द'। दुनिया की अनेक भाषाओं में कविता अभी भी छन्द में लिखी जा रही है। इसका अनुभव तब हुआ जब मुझे 'मैडेयीन–कोलोम्बिया' में एक विश्व कवि सम्मेलन में भाग लेने का सुअवसर प्राप्त हुआ। वहाँ पचास देशों के कवियों में लगभग पन्द्रह देशों के कवियों ने अपनी जो रचनाएँ पढ़ीं, वे सभी छन्दोबद्ध हैं। 'कुरल' छन्द दोहे जैसा होता है। अन्तर यह है कि दोहे में अन्तिम शब्द तुक युक्त होता है, जबकि कुरल में प्रारम्भ का शब्द पंक्तियों में समान वजनवाला होता है। भर्तृहरि के नीतिशतक की ही तरह तिरुवल्लुवर की रचना में भी नैतिकता, सार्वकालिक सत्य एवं लोकमंगल के तत्त्व विद्यमान हैं।

तमिल भाषा के जानकार और जैन दर्शन के व्याख्याता प्रो. ए. चक्रवर्ती ने काफी

समय पूर्व 'पंचास्तिकायसार', 'समयसार' एवं 'कुरल' का अंग्रेजी अनुवाद प्रस्तुत किया था। 'कुरल' में सांसारिक मनुष्यों और संन्यासियों, दोनों के लिए तरह-तरह की मार्गदर्शक पंक्तियाँ प्रारम्भ से अन्त तक बिखरी पड़ी हैं। आज के उद्दंड युग में तो 'कुरल' का महत्त्व और अधिक बढ़ जाता है। इसलिए कि यहाँ बड़े से बड़े महत्तर सिद्धान्त को थोड़े शब्दों में पिरोकर रख दिया गया है, जिन्हें पढ़कर न केवल मनोबल बढ़ता है, बल्कि समय और स्वयं को समझने में भी सहायता मिलती है। हम दिन-रात औरों पर टिप्पणी करने में लीन रहते हैं। हमें स्वयं अपना निरीक्षण करने का वक्त नहीं। जबकि होना यह चाहिए कि हम अपनी करतूतों पर भी ध्यान दें। आज मनुष्य बड़े-बड़े सिद्धान्तों और बड़ी-बड़ी बातों पर चर्चा अधिक करता है। छोटी-छोटी बुराइयों पर ध्यान कम देता है। दो मित्र मिले नहीं कि अनुपस्थित मित्र की चर्चा में उसकी निन्दा-स्तुति शुरू हो जाती है। ईर्ष्या के मारे हम नयी-नयी उक्तियाँ व नये-नये चक्रव्यूह रचते रहते हैं। धीरे-धीरे कुचक्र हमारा स्वभाव बन जाता है। इस सबसे अलग हटकर है—'कुरल' के रचनाकार का अभिप्रेत। 'कुरल' का कहना है—"जिस बात को तुम्हारा मन जानता है कि वह झूठ है, उसे कभी मत बोलो, इसलिए कि झूठ बोलने से स्वयं तुम्हारी अन्तरात्मा तुम्हें जलाएगी। दुख शान्तिपूर्ण ढंग से वहन करना और जीव-हिंसा न करना—बस! इसी में तपस्या का सार है।"

'कुरल' एक जैन कवि की रचना है और सम्भवत: सिद्ध कवि सरहपा से पहले की रचना है, ऐसा कई विद्वानों ने सिद्ध करने का प्रयत्न किया है। कृति के कथ्य पर दृष्टिपात करते हुए ऐसा लगता भी है, इसलिए कुरल में अहिंसा, संयम एवं सात्त्विक दिनचर्या पर बल अधिक दिया गया है। पर इसका यह अर्थ भी नहीं लगा लेना चाहिए कि शुद्धता या कि सात्त्विकता का मात्र 'जिनों' से ही सरोकार था। अन्य सभी हमेशा से तमस और वितर्क के शिकार थे, तब भी मुनि-महिमा, संयम और क्षमा आदि परिच्छेद पढ़कर ध्वनि यही निकलती है कि 'कुरल' का रचनाकार मूलत: 'जिन-अनुशासन' का पक्षधर था। तिरुवल्लुवर के विषय में ऐसा विवरण मिलता है कि ईसाई कवि पोप इन्हें ईसा के सिद्धान्तों का प्रचारक मानते थे।

कवि का गृहस्थ जीवन कैसा था, इसकी कुछ झलक उनके 'गृहस्थाश्रम' परिच्छेद में मिलती है, जिसमें कवि कहता है—"यदि मनुष्य गृहस्थी के सब नियमों का पालन करें, तब उसे आश्रम के धर्मों का पालन करने की आवश्यकता ही नहीं।" तिरुवल्लुवर किस जाति में जनमे थे, इस पर विद्वानों में मतभेद है। किंवदन्ती के अनुसार, 'कुरल' के कवि तिरुवल्लुवर जुलाहा जाति के थे। दूसरे शब्दों में, वे वही कार्य करते थे। यह प्रश्न मनोविज्ञान की दृष्टि से महत्व का है, क्योंकि जुलाहा आड़े-तिरछे तार जोड़ता है, इसलिए सामान्यता वह समन्वयवादी होता है। उनके जन्म के

विषय में कहा जाता है कि वे मलय प्रान्त में पोत्तूर गाँव के पास जनमे थे। इस साक्ष्य में गाँव के पास की नीलगिरि पहाड़ी पर कवि की चरण-पादुकाएँ आज भी प्रतिष्ठित हैं। वहाँ हर वर्ष मेला भी लगता है। बिल्कुल उसी तरह जैसे जेठ सुदी पूर्णिमा को 'कबीर चौरा' में मेला लगता है और कबीरपन्थी गाते हैं—*'अँधेरी दुनिया भजन बिना कैसे तरिहौ'* अथवा *'राम बिना संसार धंध कुहेरा'*। कबीर और तिरुवल्लुवर में कई भाव एक जैसे ही मिलते हैं। उदाहरण के लिए कबीर कहते हैं—खोदि खादि धरती सहे। इसी तरह तिरुवल्लुवर भी कहते हैं—"दुष्ट लोगों के कटु वचनों को सज्जन उसी तरह सह लेते हैं जैसे धरती हर दिन अपने ऊपर होनेवाले उत्पात सहती रहती है।"

❑

निक्षेपवाद

भारतीय दर्शन का एक पक्ष ऐसा भी है जो बोले अथवा लिखे गये किसी शब्द अथवा वाक्य विशेष का अर्थ अपनी बौद्धिक क्षमता के अनुसार ही लगा पाता है। इसे दर्शन की भाषा में 'निक्षेप' कहते हैं। निक्षेप का मतलब है किसी शब्द के प्रासंगिक प्रस्तुत अर्थ को अलग-अलग कर किसी अन्य अप्रस्तुत अर्थ को स्थापित करना। कई बार यह अर्थ विस्थापन अपना पक्ष प्रबल करने के लिए भी किया जाता है। सुप्रसिद्ध भाषा वैज्ञानिक नॉम चौमस्की ने लिखा है—"भाषा यदि प्रकृत विज्ञान है तो उसकी निम्नतम अभिव्यक्ति है—निन्दा। निन्दा का उत्स हीनभाव में छिपा है। वर्तमान युग में निन्दनीय काम करने में ही लोग निष्णात नहीं, निन्दा भरी भाषा का प्रयोग भी करने लगे हैं। निन्दा करने में खर्च कुछ नहीं होता वरन होता यह है कि चर्चा अधिक होती है।" निन्दा की बड़ी महिमा है। अगर हम निन्दा करनेवाले के मनोविज्ञान को समझने का प्रयत्न करें तो पाएँगे कि वहाँ अनिवार्य रूप से विक्षिप्त, दयनीय कर्म करनेवाला एक ऐसा कुतर्की बैठा होता है, जो अपने वाक्चातुर्य से औरों को प्रभावित करने की दिशा में पर्युत्सुक होता है।

निक्षेपवाद कहता है कि हम जो कुछ भी कहते, बोलते अथवा लिखते हैं, वह अनिवार्यतया एक से अधिक अर्थों की ओर इशारा करता है। निक्षेपवाद में कम से कम दो दृष्टिकोण तो होते ही हैं—एक दृष्टिकोण तो मौलिक होता है, जिसकी आधारशिला सीधी-सीधी तत्त्वज्ञानपरक होती है, जबकि दूसरी दृष्टि लोकजीवन की सीमाओं को समेटे हुए परम्पराधारित होती है। इसी को दर्शन की भाषा में निश्चय नय और व्यवहार नय भी कहते हैं। निक्षेपवाद में सभी तरह के निक्षेपों को दूसरी तरह के दो वर्गों बाँटा जाता है। नाम निक्षेप, स्थापना निक्षेप एवं द्रव्य निक्षेप को द्रव्यार्थिक की श्रेणी में डाला जा सकता है। जबकि भाव निक्षेप को शुद्धरूप से पर्यायार्थिक की श्रेणी में रखा जा सकता है। पहले हम नाम निक्षेप को जानने की कोशिश करें। उदाहरण के लिए किसी व्यक्ति के नाम का व्युत्पत्ति अर्थ क्या है? इस पर विचार न करके सीधे-सीधे नाम रख दिया जाता है। जैसे कि भोगीलाल। 'भोग' शब्द के परिस्थितिजन्य अनेक अर्थ

हो सकते हैं, जो अच्छे-बुरे दिनों की ओर इशारा करते हैं। भोगों को भोगना एक अर्थ हुआ। मगर अब भुगतो जो किया था अर्थात् उसकी परिणति भोगो। यह इसका दूसरा अर्थ हुआ। तीसरा अर्थ हुआ—भोगभोगने से ही कटते हैं आदि-आदि। माँ-बाप ने जब नाम रखा होगा तो चाहा यही होगा कि बच्चा योगी न हो जाए, छककर जीवन को भोगे। यह इसका दूसरा अर्थ हुआ। उन्हें भर्तृहरि के 'भोगा न भुक्ता वयमेव भुक्ताः' का ध्यान भी न आया होगा। अतः यह 'नाम निक्षेप' कहलाया। इसी तरह माता-पिता ने एक दुबले शिशु का नाम रख दिया—कैलाश, जिसकी व्याख्या में कहा गया है कि— *के जले लासौ नृत्यम् असि* अर्थात् जिसकी छाया मानसरोवर के जल में लास करती हैं या नृत्य करती है। दूसरा संकट यह कि जब नाम रखा गया था, तब कैलाश मानसरोवर भारतभूमि में था। अब यह क्षेत्र चीन के हाथ में है। तो इस तरह यह नाम विदेशी कहलाया।

दूसरा निक्षेप है—स्थापना निक्षेप। यह निक्षेप भी दो तरह का होता है। पहला : शंख-चक्र-गदाधारी को विष्णु मान लेना। दूसरा : शतरंज के मोहरों में किसी को घोड़ा मान लेना तो किसी को हाथी। पहली तरह का निक्षेप 'तदाकार' कहा जाता है, जबकि दूसरी तरह का 'अ-तदाकार'। तीसरी तरह का निक्षेप और भी अपने ढंग का है। जो व्यक्ति कल जिस जगह था या किसी कुर्सी पर आसीन था। उसके वहाँ से चले जाने के बाद भी उसे वही मानते जाना। उदाहरणार्थ—कुछेक लोग ऐसे हैं, जिन्होंने प्रधानमन्त्री का पद ग्रहण किया और फिर सत्ताच्युत हो गये। फिर भी उन्हें प्रधानमन्त्री कहा गया। निमन्त्रण पत्र में भी छपता है—फलाँ-फलाँ भूतपूर्व प्रधानमन्त्री कार्यक्रम का उद्घाटन करेंगे। ये प्रधानमन्त्री भी व्यवहार कुछ ऐसा करते हैं जैसे अभूतपूर्व हों। इसी तरह देखें कि जिस सज्जन का कार्य भार सँभालेंगे, क्योंकि अब तक रह चुके सज्जन का कार्यकाल पूरा हो रहा है, तो आसपास वाले प्यादे आज से ही कार्य सँभालनेवाले व्यक्ति को बॉस या 'सर' आदि कहने लग जाते हैं। उमास्वाति के अनुसार यह 'द्रव्य निक्षेप' है। 'द्रव्य निक्षेप' राजशाही में बहुत होता है, जहाँ सिंहासन ग्रहण करनेवाले राजकुमार को पहले से ही 'कुँवर' आदि कहकर सम्बोधित किया जाने लगता है।

'भाव निक्षेप' का अर्थ है, जो जैसा है, जहाँ है उसे उसी रूप में मानना और आवाज देना या पुकारना। उदाहरणार्थ—वर्तमान युग में कल कोई व्यक्ति किसी दूसरे नगर से स्थानान्तरित होकर अथवा अवकाश पाकर किसी अन्य नगर में आये और उसे इसके पद के अनुरूप ही पुकारा जाये। जैसे मिलिट्री से अवकाश प्राप्त-सज्जन को लोग जीवन भर मेजर या ब्रिगेडियर ही बुलाते रहते हैं। बिना यह सोचे-समझे कि यह पद तो उसने काफी पहले छोड़ दिया था और अब जबकि वह एक होटल चला रहा है या रेडीमेड कपड़ों का व्यापार कर रहा है, तब भी लोग उसे 'मेजर' कहकर

ही बुलाते चले जाते हैं। ऐसे सूक्ष्म विवेचन के कारण ही इस विसंगति का नाम पड़ा—निक्षेपवाद। उन्हें पहले व्यवहार दृष्टि की सीढ़ी पर चढ़ाया जाये। ध्वन्यार्थ यह कि भवरोग का उपचार तो स्वभाव में स्थित है या करवाया जा सकता है। मगर दवा को मधु के साथ देना है या पान के रस के साथ अथवा दूध के साथ, आदि बारीकियाँ समझना और परखना सबके वश की बात नहीं। इसलिए व्यवहार दृष्टि को भी उतना ही महत्त्व दिया गया।

उमास्वाति कहते हैं कि व्यवहार की कल्पनाओं को छोड़कर केवल एक दृढ़ 'शुद्ध निश्चय' में आत्मतत्त्व की पहचान की जा सकती है। तत्त्वानुशासन में यह भी आया है कि मैं हमेशा से कर्मों के निमित्त से या समता से होनेवाले सब भावों से असंपृक्त हूँ। ऐसा मानकर अपने आत्मतत्त्व या स्वभाव को आत्मलीन होकर देखने की कला ही एक परम उदासीन ज्ञापक स्वभाव है। आत्मतत्त्व सिर्फ निर्विकल्प होने से ही समझ में आता है। जब तक थोड़ा-सा भी झूठ या मिथ्याचार बाकी है, जोकि लगभग सभी तथाकथित महापुरुषों में होता है, तब तक अपना कोई आत्मदर्शन नहीं होता। शास्त्रों का ज्ञान किन्हीं अंशों तक जरूरी है। मगर मनन करते-करते एक दिन ऐसा भी आता है जब सब जानना धोखा लगने लगता है। यहाँ इस पड़ाव पर जो स्थिरता जन्म लेती है, वह स्वानुभव ही परमस्वाद है।

व्यवहार से यह आत्मतत्त्व देहाबद्ध है। इसके असंख्यात प्रदेश सिमटकर देह द्वारा प्रमाणित होने लगते हैं। जैसे-जैसे शरीर फैलता है, वैसे-वैसे आत्मा भी फैलती है। तीर्थंकर महावीर ने समय को ही आत्मा कहा। गहरे देखें तो है भी ऐसा ही। अभी-अभी जन्मे बच्चे का आत्मतत्त्व वही नहीं होता तो एक परिपक्व अनुभवी प्राणी का। जब हम बच्चे थे तो हमारी प्रतीति हमारे अहसास वही नहीं थे, जो आज हैं। 'जिन' अनुशासन दोहराता है कि संकुचित होते-होते आत्मतत्त्व 'निगोद' भी हो सकता है अथवा ऐसे तल तक सिकुड़ सकता है कि उसके होने का पता ही न चले। तो क्या विज्ञान जिस मेजोन की अथवा क्वार्क की बात कर रहा है, उसकी समझ भगवान महावीर को आज से ढाई हजार वर्ष पूर्व थी।

व्यवहार चारित्र के बगैर निश्चय चारित्र नहीं हो सकता। कर्मों के क्षय का उपाय वीतराग भाव है। जितना कुछ प्रपंच जीवन में द्रव्यों के संसर्ग से होता है, वह सब कर्मबन्ध बन जाता है। इसलिए समझदार प्राणी वह है जो नये कर्म बनने ही नहीं देता। उमास्वाति कहते हैं—जो न ग्रहण करने योग्य 'पर भाव' अथवा 'पर द्रव्य' है, उससे बचना चाहिए।

कैवल्य का उपाय निश्चय ही आत्मदर्शन अथवा आत्मबिम्ब को ही माना गया है। मगर उपाय तभी किया जा सकता है, जब यह लगे कि अनुभव में कहीं अशुद्धता है। चिन्तन में कहीं खोट है। जिनेन्द्र ने इसे बड़े विस्तार से व्यवहारनय में समझाया

है। तो भी तत्त्वार्थसूत्र और उसकी टीकाओं तथा श्लोकवार्तिक, गोम्मटसार आदि का पढ़ना जरूरी है। ऐसा इसलिए कि व्यक्ति दोबारा फिर न भटके, निश्चयनय में स्थिर हो जाए।

ज्ञान के विषय में तत्त्वार्थसूत्र कहता है कि वह भी दो प्रकार का होता है। पहला अनुभूतिजन्य और दूसरा अर्जित। जब तक जीव अज्ञानी है मिथ्यावादी है अथवा लोकासक्त है, तब तक वह जिरह करता है। इन्द्रियों की प्यास बुझाने के लिए मारा-मारा घूमता है। मगर अभ्यास से धीरे-धीरे जब उसे सत्य और मिथ्या की भेद-रेखा स्पष्ट झलक जाती है तब वह विवेकशील हो जाता है। अन्तर्मुखी होने लगता है। संसार में आकर अर्जित ज्ञान की जिन वैसाखियों पर वह चल रहा था, उनके प्रति यह जीव उदासीन होने लगता है और तब यहीं से उसके मोक्ष का मार्ग खुलने लगता है। तत्त्वार्थसूत्र इतना गहन-गम्भीर है कि उसे समझने-समझाने के लिए हजार पृष्ठ भी कम होंगे। ये पंक्तियाँ तो उसकी झलक मात्र हैं।

❑

लोकाचार के विरुद्ध थे सिद्ध कवि सरहपा

आधुनिक मनोविज्ञान यह कहता है कि मनस्ताप कम करने के लिए व्यायाम अथवा पुनरुक्तिवादी शब्दध्वनि जरूरी है या फिर अकर्मक मनोरंजन। नाम स्मरण के पीछे भी यही तरकीब काम करती है। सोचना बन्द हो जाता है। परिणाम यह कि कुछ समय बाद 'मानसिक तनाव' कम होने लगता है। हालाँकि इसी के साथ यह भी सच है कि आदमी की यान्त्रिकता उसे दबोच लेती है।

बाण ने 'हर्षचरित' में संस्कृत कवियों के साथ 'भाषा' कवियों का भी जिक्र किया है। यहाँ भाषा से उनका तात्पर्य प्राकृत और अपभ्रंश भाषा से है। अपभ्रंश शब्द सबसे पहले राजा शूरसेन द्वितीय के शिलालेख में मिलता है। आचार्य रामचन्द्र शुक्ल के अनुसार, वज्रयान शाखा के जो योगी 'सिद्ध' नाम से प्रसिद्ध हुए, वे अपने मत का संस्कार जनता पर भी डालना चाहते थे। इसी से संस्कृत रचनाओं के अतिरिक्त अपनी 'बानी' अपभ्रंश मिश्रित देशभाषा या काव्य भाषा में भी सुनाते रहे। राहुल सांकृत्यायन भोट देश जाकर जो सामग्री लाये थे उसी के आधार पर सरहपा की रचनाओं को हिन्दी कविता का आन्दोलन माना गया।

सरहपा हमारे प्रथम सिद्ध कवि हैं, जिनका समय 760 ई. के आसपास माना जाता है। सरहपा को सरहपाद एवं शरहस्तपाद नाम से भी जाना जाता है। शरहस्तपाद नाम उन्हें शायद इसलिए मिला क्योंकि वे शर अर्थात् बाण बनानेवाली स्त्री के साथ रहा करते थे। सरहपा के दोहाकोश, गीतिका, तत्त्वोपदेश एवं उपदेशगीति आदि कई रचना-संग्रह उपलब्ध हैं।

आज के समाज में हमें ये जो तरह-तरह के समीकरण दीख पड़ते हैं, उनका उदय तभी हो चुका था, जब वर्धमान एवं सिद्धार्थ नामवाले क्षत्रिय राजकुमारों ने अपने समय में व्याप्त तरह-तरह की सामाजिक विकृतियों के खिलाफ आवाज उठायी। तब

से लेकर आज तक हमारा समाज आत्मनिरीक्षण की प्रक्रिया से गुजरता हुआ अनेक लोकरूढ़ियों से मुक्त हुआ है, मगर साथ ही नयी तरह की आपदाओं का शिकार भी हुआ है।

हर तरह की अतिशयोक्ति से बचते हुए यह कहने में कोई झिझक नहीं होनी चाहिए कि हिन्दी कविता भाषा-भाषी हमेशा से परिवर्तन का पक्षधर रहा है। पाखंड का खंडन हम सबने सरहपा से ही सीखा है, जो त्रिदंडी स्वामी को देख कर कहते हैं—'एक दंडि त्रिदंडी भजवाँ बसें बिणुआ होइअई हँस उएसें।' ऐसा लगता है, 'कौआ चले हंस की चाल' जैसी कहावत हिन्दी में सरहपा के युग अथवा वाणी द्वारा ही आयी होगी। अपनी उमंग में सरहपा ऐसी-ऐसी पंक्तियाँ गाते और ऐसी बेबाक शब्दावली का प्रयोग करते हैं कि कई बार लगता है जैसे 760 ई. में जनमे सरहपा पन्द्रहवीं सदी में कबीर बनकर फिर हम सबके बीच आ गये हों।

सरहपा के युग में भी बौद्धों और जैनियों के बीच मतभेद तो था ही, पोंगा पंडितों के बीच भी मतभेद था। वैमनस्य का मूल कारण यह रहा कि हर पन्थ स्वयं को दूसरे से श्रेष्ठ मानता था। सरहपा हालाँकि सब कुछ छोड़कर बौद्ध हुए थे। जो शास्त्र उन्होंने पढ़े थे अथवा जो ज्ञान वे अर्जित कर चुके थे उसे छोड़ नहीं पाये थे। शायद इसी बाधा को रेखांकित करनेवाला एक श्लोक ईशोपनिषद् के कवि ने गाया, जिसका भावार्थ यह है कि अज्ञानी तो अन्धकार में जाते ही जाते हैं, ज्ञानी और भी घने अन्धकार में जाते हैं, अपने ज्ञान के बोझ के कारण। यह सब कुछ सोचने जैसा है कि सरहपा की वाणी में इतना कषाय क्यों है? सरहपा मन्त्र पाठ के विरुद्ध हैं। सरहपा जैन मुनियों के नग्नवेष के विरुद्ध हैं। सरहपा लोकाचार के विरुद्ध हैं आदि-आदि। बौद्ध हो जाने के बाद भी सरहपा की वाणी में विनय नहीं। वे कहते हैं—जन्म होने पर बछड़ा जनमते ही उठ खड़ा होता है, जबकि आदमी का बच्चा लम्बे अरसे तक पराश्रित रहता है। यही नहीं कोई पशु झूठ नहीं बोलता। आदमी की तुलना में कामाचारी भी नहीं। तब फिर सरहपा का यह कथन कि 'जइ नग्गा विअ होई मुतित्त ता सुणइ सिअलह'। अनुमानतः ये पंक्तियाँ उनके सम्प्रदाय वैर की ही सूचना देती हैं।

सरहपा हर कदम पर कर्मकांड का विरोध करते हैं, जो निश्चित रूप से उनके विकसित ऊर्ध्वगामी मनोविज्ञान की सूचना देता है, मगर घोर असुविधा से घिरा आदमी, जो जिन्दगी के संघर्षों से लड़ते-लड़ते लड़खड़ाकर गिर पड़ा है, उसे हर स्थिति में कैप्सूल चाहिए। उद्विग्नता कम करने के लिए शब्द चाहिए। उसका विरोध करते सरहपा कहते हैं—'भन्तः भन्ते स्मन्तिण होई।' जबकि आधुनिक मनोविज्ञान यह कहता है कि मनस्ताप कम करने के लिए व्यायाम अथवा पुनरुक्तिवादी शब्दध्वनि जरूरी है या फिर अकर्मक मनोरंजन। नाम स्मरण के पीछे भी यही तरकीब काम करती

है। सोचना बन्द हो जाता है। परिणाम यह कि कुछ समय बाद मानसिक तनाव कम होने लगता है। हालाँकि इसी के साथ यह भी सच है कि आदमी की यान्त्रिकता उसे दबोच लेती है।

आज का युग असुरक्षा का युग है। पाप निर्भीक हो गया है। मनुष्य ने इतने घातक और खतरनाक हथियार बनाकर एकत्रित कर लिये हैं कि नष्ट करने के लिए एक पृथ्वी भी कम होगी। पूरी पृथ्वी पर लोगों की संख्या अनुमानतः सात अरब के आसपास है, जबकि हथियारों की संख्या इतनी अधिक है कि उन सबका विस्फोट सार्थक होने देने के लिए मरनेवाले मनुष्यों की कम से कम संख्या तीस अरब होनी चाहिए और अपनी यह पृथ्वी अकेली है। इसकी कई और बहनें होनी चाहिए। आदमी जितना बर्बर हो चुका है, उसी अनुपात में वह असहाय भी हुआ है।

❑

केशव कहि न जाय का कहिए

सत्य की परिभाषा दुर्लभ है। आस्तिक इसे अपनी शब्दावली में परिभाषित करता है और नास्तिक! वह तो खैर विश्वास ही नहीं करता कि उसके अतिरिक्त और भी कोई है। पूछने पर गलती से अपने बाप-दादा का नाम बता देता है। इसके आगे उसके लिए सब क़चरा है। जब कि दोनों (आस्तिक व नास्तिक) नहीं जानते कि मृत्यु के बाद क्या होगा? दोनों झूठ का मुखौटा लगाये बेफिक्र होकर घूम रहे हैं।

आइंस्टाइन से किसी ने पूछा था—'हाऊ विल यू डिफाइन योर थ्योरी टु ए कामन मैन?' आइंस्टाइन ने जवाब दिया—'ए फिश इन द सी।' गोरखनाथ अपनी एक रचना में कहते हैं—बसती न सुन्यं अर्थात् भगवत्ता न तो बसेरा है और न ही शून्य। ये दोनों कथन उलझन में डालनेवाले हैं, क्योंकि वह दोनों है और न ही दोनों किसी से परे है। वह अपनी अनुपस्थिति में छिपा है। हमें उसकी उपस्थिति का एहसास है और यह भी एहसास है कि वह उपस्थिति में भी अनुपस्थित है। जो अपनी ही उपस्थिति में छिप जाना जानता है उसे परिभाषित किया भी जाए तो किस तरह? इस देश ने बुद्ध के बाद जिस महापुरुष को जन्म दिया, वह गोरखनाथ ही हैं। दर्शन के क्षेत्र में जो कुछ घटा, बुद्ध के बाद महावीर, मक्खलि गोशाल, संजय बेल्लट्ठीपुत्त, आजीवक, प्रकुद्ध कात्यायन या कि शंकर, सब के सब बुद्ध की ही कड़ियाँ हैं। ठीक उसी तरह जैसे कि कबीर, रज्जब, दादू, रैदास और नानक आदि कवियों को गोरखनाथ के बाद की कड़ी माना जाता है।

सत्य की परिभाषा दुर्लभ है। आस्तिक इसे अपनी शब्दावली में परिभाषित करता है और नास्तिक! वह तो खैर विश्वास ही नहीं करता कि उसके अतिरिक्त और भी कोई है। पूछने पर गलती से वह अपने बाप-दादा का नाम बता देता है। इसके आगे उसके लिए सब कचरा है। यदि हम दोनों की आँख में आँख डालकर देखें तो पाएँगे कि दोनों बुरी तरह भयभीत हैं। जबकि दोनों नहीं जानते कि मृत्यु के बाद क्या

होगा? इसलिए दोनों झूठ के मुखौटा लगाए बेफिक्र होकर घूम रहे हैं। जो कह रहा है वह भी भयभीत है और जो नहीं कह रहा, वह तो और भी ज्यादा भयभीत है। दोनों जानते हैं कि एक दिन इस यात्रा के आखिरी पड़ाव में अकेला रह जाऊँगा। इसलिए झूठमूठ ही सही, क्यों न किसी पृथ्वी जैसी सत्ता पर आस्था टिका ली जाए, बिना किसी को बताये हुए। कम से कम अकेलापन तो नहीं खाएगा।

गोरखनाथ कहते हैं और यह सब तो ठीक है, मगर 'गगन शिखर महि बालक बोले, ताको नाम धरहुगे कैसा?' 'गगन शिखर' का अर्थ हुआ—सहस्रार। एक बार जब तुरीय स्थिति पर जोगी पहुँच जाता है तो उसकी यह यात्रा विकार से निर्विकार में विलीन हो जाती है। अब वहाँ जिस नाद का अनुसरण हुआ, जिस बालक का जन्म हुआ उसे हम किस नाम से पुकारें? इसीलिए हारकर हम उसे कहते हैं शताभिधानी। मांडूक्य उपनिषद् की कारिका भी यही कहती है—*स्वतो वा परतो वापि न किंचिद् वस्तु जायते*।

हम शुरू से कह आये हैं कि कविता के क्षेत्र में ऐसे गुह्य वाक्य या पंक्तियाँ सबसे पहले गोरखनाथ के साथ ही विकसित हुईं। आगे की रचनाओं में चाहे वह—'हेरत-हेरत हे सखी रहा कबीर हेराय' जैसी पंक्ति हो अथवा 'अविगत गति कछु कहत न आवै ज्यों गूँगा मीठे फल को चख अन्तर्गत ही भावै' अथवा 'केशव कहि न जाय का कहिए' जैसी पंक्तियाँ हों, सबकी नींव में गोरखनाथ जैसे कवि ही मौजूद हैं। और तो और, जब कवि जायसी कहते हैं—'नागमती यह दुनिया धन्धा' तो लगता है उन्होंने भी गोरखनाथ को पढ़ा होगा। उन्होंने 'गोरखधन्धा' शब्द जरूर सुना होगा, इसलिए कि अन्ततः गोरखनाथ को समझ यही पड़ा कि कोई भी एक युक्ति या विधि नहीं, जिसके सहारे 'अनादिता' को जाना जा सके। इसीलिए गोरखनाथ कुछ-कुछ अबूझ लगते हैं। क्योंकि उसे जानने का एक ही रास्ता काफी नहीं, इसलिए उसे 'शताभिधानी' कहा गया। गोरखनाथ पागल जान पड़ते हैं। पागल आदमी और अन्य लोगों में फर्क यही है कि वह जिस तल पर खड़े होकर चीजों को देख रहा है, वह नजरिया दूसरों के पास नहीं है। गोरखनाथ जैसा पागलपन आगे चलकर रामकृष्ण परमहंस में भी दीख पड़ता है। रामकृष्ण के कानों में जैसे ही 'माँ' शब्द पड़ता, वे एकाएक अवचेतन की दशा में चले जाते थे। उन्हें सोते-जागते हर कहीं माँ ही दिखाइ पड़ती थी। एक प्रामाणिक योगी और एक खरे सन्त का यही लक्षण है। उसकी तुलना में आज के तथाकथित बाबाओं को देखें। इनके प्रवचन सुनें। एक से एक ढपोरशंख अपना नगाड़ा ही बजाते गाते रहते हैं। पूरा साज-ओ-सामान इस बात की गवाही देता है जैसे कि कोई फिल्मी दृश्यांकन चल रहा है, मगर दिव्यता के दर्शन नहीं होते। ये लोग जिस मोक्ष की बात करते हैं, उसने हमारे देश के लोगों को नपुंसक और कायर अधिक बनाया है।

पहले कभी काउंट केसरलिंग भारत आया था। उसने बंगाल के बाउल और कनफटा योगियों के चेहरों की दीप्ति देखकर कहा था—इन मस्त फक्कड़ों की विक्षिप्तता में एक तरह की दिव्यता है। आज टी.वी. के विभिन्न चैनलों पर जो परमात्मा का धन्धा करनेवाले दिखाई पड़ते हैं, वे निहायत बेहूदे और चालाक दिखाई पड़ते हैं। नयी गणना के अनुसार देश में ऐसे बाबाओं की संख्या एक करोड़ से भी अधिक है। ईश्वर के नाम पर शोषण करनेवाले इन रसिया साधु-साध्वियों को अगर हम परजीवी या पैरासाइट कहें तो कोई अत्युक्ति न होगी।

❑

जाग मछन्दर गोरख आया

हवा के झोंके की तरह होती है योगी और साधु की जिन्दगी; सब में रहकर भी सबका न तो वह होता है और न ही अपेक्षा करता है कि लोग आएँ और उसकी प्रशंसा करें। गोरखनाथ जैसे अवधूत सिद्ध पुरुष के विषय में कहा जाता है कि वे इतने सुन्दर थे कि स्त्रियाँ भी उनसे ईर्ष्या करती थीं।

गोरखनाथ पर कुछ भी कहने से पूर्व यह स्पष्ट कर देना जरूरी है कि उनकी प्रसिद्धि का एक कारण यह भी था कि उन्होंने कौल मार्ग के प्रवर्तक मत्स्येन्द्रनाथ का उद्धार किया। मत्स्येन्द्रनाथ शैव थे और शिव के लिए 'अकुल' और शक्ति के लिए 'कुल' शब्द का प्रयोग किया करते थे। बाद में मत्स्येन्द्रनाथ ने अपनी साधना में स्त्री साहचर्य को अनिवार्य कहकर उसका दुरुपयोग करना प्रारम्भ कर दिया। गुरु गोरखनाथ ने जब मत्स्येन्द्रनाथ की यह दुर्दशा देखी तो 'जाग मछन्दर गोरख आया' को घोषणा करते हुए उनके आचार व्यवहार में सुधार किया। डॉ. नागेन्द्रनाथ उपाध्याय के अनुसार, गोरखनाथ गोरक्षपा, गोरख आदि नामों से भी प्रसिद्ध थे। डॉ. पीताम्बर दत्त बड़थ्वाल और डॉ. रांगेय राघव ने केवल गोरखनाथ को ही मान्यता दी है। गोरखनाथ के विषय में आचार्य रामचन्द्र शुक्ल ने लिखा है कि गोरख का समय पृथ्वीराज चौहान के पीछे आता है। 'कौल ज्ञान निर्णय' के लेखक गोरखनाथ के गुरु मत्स्येन्द्रनाथ का समय ग्यारहवीं सदी के कुछ पूर्व का मानते हैं। अभिनवगुप्त ने 'ईश्वर प्रतिभिज्ञा' की स्थापना सन् 991 में की थी। अभिनवगुप्त ने अपनी कृति में जिस मच्छंदविभु को याद किया है, वे और कोई नहीं यही मत्स्येन्द्रनाथ ही थे। राहुल सांकृत्यायन ने भारतीय और तिब्बती परम्पराओं का परीक्षण कर गोरक्षपा का समय सन् 845 ई. निश्चित किया है। वे शंकराचार्य से पहले हुए होंगे। शंकराचार्य (आठवीं शताब्दी) के चिन्तन पर गोरखनाथ का प्रभाव झलकता है। इस आधार पर डॉ. रांगेय राघव का कहना है कि गोरखनाथ निश्चय ही शंकराचार्य से पहले हुए होंगे। 'रिलीजन ऐंड फोकलोर ऑफ नार्दन इंडिया' में लिखा मिलता है कि गोरखनाथ पृथ्वीराज चौहान के समसामयिक थे और गोरी के आक्रमण के विरुद्ध लड़ते हुए अपने 45 पुत्रों के साथ वीरगति को प्राप्त हुए थे।

डॉ. कल्याणी मलिक ने अपनी समस्त सामग्री के आधार पर यह सिद्ध करने का प्रयत्न किया है कि गोरखनाथ बारहवीं शताब्दी के पूर्व कभी भी हुए होंगे। उनके इस कथन से डॉ. हजारी प्रसाद द्विवेदी के मत की पुष्टि होती है, जो इस प्रकार है—मानवराज की कन्या भवनावती के पति माणिक्यचन्द्र के गीत, रंगपुर के पाशुपात शैव गाते थे। ये लोग गोरखनाथ की पूजा गुप्त रूप से करते थे। मेम साम-जान-ज्वेन के अनुसार, शंकर दिग्विजय के परवर्ती काल में मगध में श्रीहर्ष के ज्येष्ठ पुत्र के राजकाल में बंगदेश के माणिकचन्द्र के पिता राज्य करते थे। शंकर का जन्म 788 ई. में हुआ था। गोरखनाथ के नाथ सम्प्रदाय ने दर्शन के साथ, उपनिषद् दर्शन का सामंजस्य किया है। अत: ये शंकर के बहुत परवर्ती नहीं हो सकते।

डॉ. हजारी प्रसाद द्विवेदी गोरखनाथ के विषय में एक प्रमाण प्रस्तुत करते हैं। आठवीं शताब्दी के प्रारम्भ में हिन्दुओं और मुसलमानों में जो संघर्ष हुआ उसमें गोरख (गोरक्ष) के शिष्य राजाय रसालु ने विशिष्ट स्थान ग्रहण किया। रसालु पूरन भगत, भर्तृहरि, गोपीचन्द, भोज, रानी पिंगला आदि से सम्बन्धित थे। डॉ. मोहन सिंह ने गोरखनाथ को ईसा की नौवीं शताब्दी का बताया है। जबकि *'द हिस्ट्री एंड कल्चर ऑफ इंडियन पीपुल'* में लिखा मिलता है कि गोरखनाथ ई. सन् 1150 में विद्यमान थे। यह तमाम विवरण देना इसलिए जरूरी है, क्योंकि गोरखनाथ एक ऐसी परम्परा के उत्स हैं, जिसने हिन्दी कविता को अनेक तेजस्वी कवि दिये, ऐसे कवि जो विरक्त और वागीश दोनों एक साथ थे। आज जो कविता लिखी जा रही है, उनमें से गिनती के थोड़े से कवि होंगे, जिनकी भाव-प्रवणता का मनस्तल इतना निरभ्र और नादमय हो।

गोरखनाथ के जन्म के ही साथ उनके जन्म-स्थान के सम्बन्ध में भी तरह-तरह की धारणाएँ प्रचलित हैं। योग सम्प्रदाय निष्कृति के अनुसार, वे गोदावरी नदी के निकट चन्द्रगिरि पर्वत पर जनमे थे। गोरखपुर के एक महन्त के अनुसार, गोरखनाथ झेलम से चलकर उत्तरी मैदानी इलाके में आये थे। नासिक के योगियों के अनुसार, गोरखनाथ पहले नेपाल में थे फिर वहाँ से चलकर पंजाब आये। इसके बाद नासिक पहुँचे। ग्रियर्सन द्वारा उद्धृत एक विवरण के मुताबिक गोरखनाथ सत्ययुग में पेशावर नगर में, त्रेतायुग में गोरखपुर में, द्वापर में द्वारका नगरी के आगे हुरभुज में और कलियुग में काठियावाड़ की गोरखमढ़ी में प्रादुर्भूत हुए। नेपाली परम्परा यह भी कहती हे कि वे नेपाल से ही पंजाब गये थे। कच्छ में प्रसिद्ध है कि गोरखनाथ के शिष्य धर्मनाथ पेशावर से चलकर अपने गुरु के पास कच्छ आये। डॉ. मोहन सिंह के अनुसार, गोरखनाथ पेशावर के निकट रावलपिंडी में जनमे थे।

हवा के झोंके की तरह होती है योगी और साधु की जिन्दगी। सब से सम्बद्ध रहकर भी सबका न तो वह होता है और न ही अपेक्षा करता है कि लोग आएँ और उसकी प्रशंसा करें। गोरखनाथ जैसे अवधूत सिद्ध पुरुष के विषय में कहा जाता है कि वे इतने सुन्दर थे कि स्त्रियाँ भी उनसे ईर्ष्या करती थीं।

कर्म ही तय कर देते हैं मनुष्य की जन्मकुंडली

कर्म तीन तरह से सम्पन्न माने जाते हैं—प्रारब्ध कर्म, संचित कर्म और क्रियमाण कर्म। प्रारब्ध कर्म उन्हें कहते हैं, जो पुनर्जन्म में किए गये थे और फल अभी दे रहे हैं। ये कर्म 'दैव' नाम से भी जाने जाते हैं और इन्हीं कर्मों को शरीर-प्राप्ति और भोग का कारण माना जाता है। संचित कर्म वे कर्म है, जो अनादिकाल से जीव द्वारा किये गये हैं और सोये हुए हैं। वे अभी तक फलोन्मुख नहीं हुए। क्रियमाण कर्म आज की जिन्दगी में किये जानेवाले कर्म हैं, जो आगे प्रारब्ध और संचित दशा को प्राप्त होंगे।

कर्म और पुनर्जन्म का सिद्धान्त हमारी दर्शन सम्बन्धी स्थापनाओं का महत्त्वपूर्ण अंग है। जो लोग कर्म और पुनर्जन्म को नहीं मानते, उनके सामने एक ही सवाल रह जाता है कि जीव का विभिन्न शरीरों में आना क्यों होता है। क्या यह आकस्मिक है? अगर आकस्मिक है तो फिर अगला सवाल उठता है कि शरीर धारण ही क्यों किया? जाहिर है जीव कल जो करता है, उसी का परिणाम आज भोगता है और जब एक ही जन्म में भला-बुरा सब सामने आ जाता है तो इस तर्क को दूर तक ले जाने में क्या बाधा है। जिस तरह बिना कारण के कार्योत्पत्ति नहीं होती। कहा गया है कि — *'कर्मणा जायते जन्तुः कर्मणैव विलीयते।'*

कर्मों को दो भागों में विभक्त किया जा सकता है। *प्रथम भाग*—यह तीन से विभाज्य है : दृष्टफलक, अदृष्टफलक और अफलक। *दृष्टफलक कर्म* उन कर्मों को कहते हैं, जिनका फल हम प्रत्यक्षतः देखते हैं। जैसे अध्ययन से ज्ञान, मित्र से हित, परोपकार से सराहना आदि। दृष्टिगोचर फलक कर्म व्यवहारोपयोगी और सर्वमान्य होते हैं। *अदृष्टफलक कर्म* वे कर्म हैं, जिनका फल हम आँखों से प्रत्यक्ष देख नहीं पाते। जैसे रत्नत्रय के अनुष्ठान से मोक्ष या प्रकृतिपुरुष के विवेक से मोक्ष आदि। *अफलक कर्म* वे होते हैं, जो न इस जन्म में फल देते हैं, न अगले जन्म में। जैसे हँसना, खुजलाना आदि।

द्वितीय भाग—कर्म तीन तरह से सम्पन्न माने जाते हैं : प्रारब्ध कर्म, संचित कर्म तथा क्रियमाण कर्म। प्रारब्ध कर्म उन्हें कहते हैं, जो पूर्वजन्म में किए गये थे और फल अभी दे रहे हैं। ये कर्म 'दैव' नाम से भी जाने जाते हैं और इन्हीं कर्मों को शरीर-प्राप्ति और भोग का कारण माना जाता है। संचित कर्म वे कर्म हैं, जो अनादिकाल से जीव द्वारा किये गये हैं और सोये हुए हैं। वे अभी फलोन्मुख नहीं हुए। क्रियमाण कर्म आज की जिन्दगी में किये जानेवाले कर्म हैं, जो आगे प्रारब्ध और संचित दशा को प्राप्त होंगे।

हम सब सुख चाहते हैं, फिर भी दुख मिलता है। वजह पहले किये कर्मों का परिणाम है। जैसे बिना बीज के पेड़ नहीं उगता उसी तरह दुख भी पूर्वजन्म-जन्मान्तरों में किये गये कर्मों का परिणाम है। यह सम्बन्ध अन्योन्याश्रय कारण से जुड़ा है। आज का अनुभव अनादिता से जुड़ा है। इसलिए इस आधार पर कर्म और पुनर्जन्म की व्याख्या स्पष्ट हो जाती है।

सनातन विचारधारा तो पुनर्जन्म को मानती ही है, बौद्ध दर्शन भी इस सिद्धान्त को मानता है। प्रश्न उठता है वह कैसे? जब बौद्ध दर्शन आत्मा के अस्तित्व को मानता ही नहीं, तब पुनर्जन्म किसका होता है। इस सन्दर्भ में हम मिलिन्द राजा द्वारा उठाए गये प्रश्न को लें। मिलिन्द ने पूछा—"जो उत्पन्न होता है, वह वही व्यक्ति है या दूसरा?" नागसेन ने उत्तर दिया—"न वही न दूसरा। उसी तरह जैसे एक आदमी दीप जलाता है। दीपक रात भर जलता है।" सामान्यत: हम कहेंगे—रात भर वही दीपक जला। मगर 'न' जलने के समय जो दीपक था, सुबह तक वही दीपक हुआ। इसी तरह जो नदी उद्गम पर जैसी थी, वह समुद्र में मिलनेवाली नदी से भिन्न हो गयी होती है। इसलिए बौद्ध धर्म में भी पुनर्जन्म का सिद्धान्त लागू होता है।

इस सन्दर्भ में दूसरा उदाहरण देखें। दूध दोहन के वक्त दूध जिस अवस्था में रहता है, वहीं दूध से निर्मित पदार्थ दही, मक्खन आदि उससे भिन्न होते हैं। ये दोनों दूध नहीं हैं, दूध के विकार हैं, दूध से बने हुए पदार्थ हैं। बौद्ध दर्शन में कर्म और पुनर्जन्म के सिद्धान्त को 'प्रतीत्यसमुत्पाद' नाम से जाना जाता है। इसके बारह अंग होते हैं—अविद्या, संस्कार, विज्ञान, नामरूप, षडायतन, स्पर्श, वेदना, तृष्णा, उपादान, भव, जाति और जरा।

1. अविद्या—पूर्वजन्म की वह दशा, जिसमें जीव अज्ञान, मोह और लोभ में लिपटा रहता है। 2. संस्कार—पूर्वजन्म की वह दशा, जिसमें अविद्या के कारण जीव भला और बुरा कर्म करता है। 3. विज्ञान—इस जीवन में प्राणी जब माँ के गर्भ में आता है। 4. नामरूप—गर्भ से बाहर आने की दशा। 5. षडायतन—जब सब अंगों सहित जीव पृथ्वी पर गिरता है। 6. स्पर्श—जब जीव का स्पर्श माँ के स्तन से होता है। यह सबसे प्रगाढ़ अनुभव है, इसलिए मनुष्य जाति इससे अभिभूत है। ये आदमी का जिन्दगी भर पीछा करते हैं। 7. वेदना—सुख-दुख। न सुख न दुख। ये वेदना के प्रकार

है। 8. तृष्णा—फलां सुख मुझे मिले तो मजा आ जाये। 9. उपादान—यह तृष्णा के पुत्र का नाम है, जो बीस वर्ष की अवस्था में जन्म लेता है। 10. भव—इसमें आसक्ति के वशीभूत होकर आदमी उम्र भर चीजों के पीछे भागता है और अगले जन्म में होनेवाले सुख-दुख का मानचित्र बनाता है। 11. जाति—इसमें आदमी अपने सुकृत और दुष्कृत फलों को भोगने की योग्यता पाता है। 12. जरा-मरण—जिसमें आदमी बूढ़ा होकर मरता है और फिर-फिर संसार के जाल में फँसता है। बौद्ध दर्शन में इस पूरी यात्रा के पीछे मूल कारण अविद्या को ही माना गया है।

❑

और भी बर्बर होता जा रहा है आदमी

जब पुरुष के अपने पौरुष में कमी आती है तो वह और भी अधिक बर्बर हो जाता है। किसी तरह जबरन अपनी कामवासना बुझाकर वह स्त्री की हत्या कर देता है। अपने आसपास बलात्कार की घटनाओं में जो बढ़ोतरी देख रहे हैं, इसके पीछे पुरुष की कायरता अधिक दिखाई देती है।

जितनी तेजी से पृथ्वी का दोहन हो रहा है, उसी अनुपात में पृथ्वी पर आबादी भी बढ़ती जा रही है। पृथ्वी जहाँ थी, आज भी वहीं है। वह न घट रही है और न बढ़ रही है। व्यक्ति की शादी कर देने की परम्परा है। आज भी समाज की यही धारणा है कि लड़का या लड़की का विवाह करो और उन्हें वंश बढ़ाने के लिए छोड़ दो। कोई करे भी क्या? प्रकृति भी ठेलती है। यौवन आया नहीं कि कमनीय बाहें बुलाने लगती हैं। आओ और आकर बाहों से लिपट जाओ। लोग सोचते हैं, उन्हें प्रेम हुआ है। जब कि यह काम का ज्वर होता है, जिससे लोग पीड़ित रहते हैं और वे अन्तत: बन्धन में बँधने के लिए 'हाँ' कर बैठते हैं।

रज्जब अली के साथ तो विचित्र घटना घटी। उनका विवाह होने जा रहा था। उनको दूल्हे का बाना पहनाया गया और फिर सेहरा डालकर घोड़ी पर बैठाया गया। घोड़े पर बैठने के बाद हर दूल्हे को लगता है कि वह सचमुच राजकुमार है। नीचे पैदल चलते लोग उसे कीड़ों जैसे दीख पड़ते हैं। यह एक सम्मोहन जैसा होता है, जाति आदि युग से चलता आ रहा है। लोग घोड़े पर बैठकर शादी रचाने जाते हैं और फिर जिन्दगी भर घोड़े का चाबुक खाते हुए गृहस्थी का छकड़ा ढोते नजर आते हैं। बहरहाल! रज्जब के साथ ऐसा नहीं हुआ। रज्जब की बारात जब धीरे-धीरे आगे बढ़ रही थी, ढोल तासे बज रहे थे, तभी सामने दिखाई पड़ गये सन्त दादू दयाल। असल में दादू वहाँ जान-बूझकर नहीं आये। उनका आश्रम उसी सड़क पर पड़ता था, जिस पर बारात जा रही थी। चूँकि आश्रम पास ही था, इसलिए रज्जब शालीनतावश आश्रम के सामने घोड़े से उतर पड़े, यह सोचकर कि दादू से आशीर्वाद लेते चलें। दादू ने जब

रज्जब को दूल्हा के वेष में घोड़े पर बैठा हुआ देखा तो आवाज दी। आवाज ही नहीं दी, बल्कि उनके मुँह से एक दोहा भी फूट पड़ा—

रज्जब तैं गज्जब किया सिर पर बाँधा मौर।
आया था हरि भजन कूं किया नरक में ठौर॥

दादू दयाल का यह दोहा रज्जब के कलेजे को चीरता हुआ निकल गया। हम सुबह से शाम तक बकबक करते रहते हैं। टी.वी. पर दिन-रात किसी-न-किसी की बकवास सुनते रहते हैं। अध्यात्म से जुड़े कार्यक्रमों में भी भाँति-भाँति के सन्त, साधु बाबा और साधु-महिलाएँ अपने-अपने प्रवचन दागते रहते हैं, मगर किसी पर कोई प्रभाव नहीं पड़ता, इसलिए कार्यक्रम के बीच प्रकट होकर कोई चूरन खाने की सलाह देता है तो कोई खास तरह का साबुन लगाने के परिणामों की जानकारी देता है। इससे हमारे भीतर की धारा टूट जाती है। हम प्रवचनों के शब्दों को हृदयंगम नहीं कर पाते। अस्तु, रज्जब ने जब दादू दयाल के मुँह से ये शब्द सुने तो उन्हें तीर की तरह लगे इसलिए कि वे खरे शब्द थे। करोड़ों रुपये लेकर 'हाजमोला' के पक्ष में बोले गये इश्तहारी शब्द नहीं थे। रज्जब अली ने उसी समय अपने मस्तक पर लटकता वह सेहरा तोड़-मरोड़कर फेंक दिया। रज्जब घोड़े से कूदे और भाग लिये। यह दृश्य देखकर बारात हड़बड़ा गयी। जब दूल्हा ही नहीं रहा तो बारातियों की क्या बिसात। रज्जब जाकर गुरु के पाँवों पर गिर पड़े। सामान्य आदमी रोज-रोज मन्दिर, मस्जिद और चर्च में जाकर भी नहीं बदलता। संवेदनशील आदमी को रूपान्तरित होते देर नहीं लगती, बशर्ते कि रास्ता सुझाने वाला खरा हो। आखिर विवेकानन्द के साथ यही हुआ था। उनके भीतर अदम्य प्यास थी, लेकिन बस! एक मार्गदर्शक की तलाश थी। संयोग से उन्हें रामकृष्ण परमहंस मिल गये। जैसे ही परमहंस मिले कि विवेकानन्द की आँखों से परदा हट गया। रज्जब के साथ यही हुआ। वे सन्त दादू दयाल की संगत पाकर ही संन्यासी हुए और ताउम्र परवरदिगार की याद में गाते-फिरते रहे।

❑

स्वाधीनता आन्दोलन की भी अलख जगाई थी दादूपन्थियों ने

दादूपन्थियों का अन्तिम सम्प्रदाय 'ख्याली सम्प्रदाय' के रूप में जाना जाता है। ख्याली सम्प्रदाय वाले बहुत कम कपड़े पहनते हैं। उनकी जटाएँ बड़ी लम्बी होती हैं। इस सम्प्रदाय में दो तरह के साधक हैं। एक वे, जो गृहस्थ हैं और घर-परिवार में रहकर भी विरक्त बने रहते हैं और दूसरे वे, जिन्होंने संसार का परित्याग कर दिया है। वे लोग हल्के गेहुएँ रंग के वस्त्र पहनते हैं और दादू दयाल की बानी गाते हैं।

दादू दयाल अपने समय के महान साधक थे। धीरे-धीरे उनका पन्थ इतना लोकप्रिय हुआ कि इस पन्थ के भी उपपन्थ या सम्प्रदाय बनने लगे। जब सन्त दादू का शरीर शान्त हो गया तो उनके पुत्र गरीबदास ने गद्दी का परित्याग कर दिया। सन्त सुन्दरदास, प्रभुदास एवं रज्जब अली, दादू के प्रमुख शिष्यों में थे। दादू की मृत्यु के बाद उनकी साधना-पद्धति को जिलाए रखने का श्रेय इन्हीं शिष्यों को जाता है। इन सबको 'दादू पन्थ का खालसा' भी कहा जाता है। रोचक तथ्य यह है कि गरीबदास, रज्जब अली और वाजिद आदि जिस तरह राम को याद करते हैं, उससे लगता है कि इन सभी के राम, कबीर की ही तरह निर्गुण और अरूप थे। वाजिद जब कहते हैं— 'कहियो जाए सलाम हमारी राम कूं' तो साफ समझ में आता है कि वाजिद उस परवरदिगार को ही याद कर रहे हैं, जो इस सृष्टि का पालनहार है। दादूपन्थ के पाँच उपसम्प्रदाय हैं। इनमें पहला है—खालसा, दूसरा—उतराढ़ी, तीसरा—बागा, चौथा—विरक्त और पाँचवाँ है—ख्याली।

खालसा सम्प्रदाय का प्रमुख केन्द्र है—नरैना। यह साधु-स्थल अपने भंडारे के लिए विशेष प्रसिद्ध है। यहाँ रहने वाले विधिवत दादू की वाणी का गायन तो करते ही हैं, इसके अतिरिक्त यहाँ उपलब्ध ग्रन्थों का पठन-पाठन भी चलता रहता है। दादू

पन्थ का दूसरा गढ़ 'उत्तराढ़ी' है। इस मठ को पंजाब के किसी धनीमानी व्यक्ति ने बनवाया था। अब इसी गद्दी की एक और शाखा हरिद्वार में भी खुल गयी है। इस शाखा को पल्लवित करने का श्रेय बनवारीदास को जाता है। इन बनवारीदास को रज्जब ने उत्प्रेरित किया कि गुरुवार की अभ्यर्थना में आरती और पाद-प्रक्षालन आदि भी सम्मिलित किया जाए। खुद रज्जब के अनुयायी दूल्हे की पोशाक में ही रहते हैं, क्योंकि रज्जब ने संन्यास के समय दूल्हे के कपड़े पहने हुए थे।

'उत्तराढ़ी' सम्प्रदाय के बाद 'बागा' नामक गद्दी का जिक्र आता है। यह गद्दी भी अपनी वेशभूषा के लिए प्रसिद्ध है। इस गद्दी को सुन्दरदास जी ने चलाया था। इसे चलाने की प्रेरणा सुन्दरदासजी को ठाकुर भीमसिंह से मिली। इस गद्दी की नौ टुकड़ियाँ हैं, जहाँ साधकों को सैन्य-शिक्षा भी दी जाती है। न भूलें कि जब राजस्थान की सभा में मुहम्मद बिन कासिम घुस आया था तो उसकी सेना से लोहा लेने बाबा गोरखनाथ के योगी सबसे पहले गये थे। इसी तरह सन् 1957 के सिपाही विद्रोह या गदर के दिनों में 'बागा' गद्दी के संन्यासियों ने क्रान्तिकारियों की मदद की थी।

दादू दयाल की अगली शाखा का नाम 'विरक्त शाख' है। इस शाख के लोग शिक्षावृत्ति करके अपना जीवनयापन करते हैं। बादामी रंग के कपड़ों में रहने वाले ये संन्यासी अपना ज्यादातर समय पढ़ने-लिखने में लगाते हैं। ये संन्यासी अपने एक संचालक के साथ देशाटन भी करते हैं और जगह-जगह रुककर लोगों को संस्कृत भाषा भी पढ़ाते हैं। इनका प्रयत्न यह रहता है कि लोगों को संस्कृत का पारम्परिक ज्ञान हो।

दादू पन्थियों का अन्तिम सम्प्रदाय 'ख्याली सम्प्रदाय' के रूप में जाना जाता है। 'ख्याली सम्प्रदाय' वाले बहुत कम कपड़े पहनते हैं। इनकी जटाएँ बड़ी लम्बी होती हैं। इस सम्प्रदाय में दो तरह के साधक हैं। एक वे, जो गृहस्थ हैं और घर-परिवार में रहकर विरक्त बने रहते हैं। दूसरे वे, जिन्होंने संसार का ही परित्याग कर दिया है। ये साधक हल्के गेहुएँ रंग के वस्त्र पहनते हैं और दादू दयाल की 'बानी' गाते हैं। सन्तदास और उदयदास ने जिन वाणियों को एकत्र किया था और जिन्हें दादू की 'हरड़े बानी' नाम से जाना जाता है, इस कृति से ये सन्त सामूहिक गायन करते हैं। इसके अतिरिक्त भी ख्याली सम्प्रदाय के लोग रज्जब द्वारा संकलित 'अंग वधू' से भी चुनकर कई पद गाते हैं। एक और कृति है—'गुणगंजनाम'। इसमें रैदास, हरिदास, भरथरी, चर्पटीनाथ एवं सन्त पीपा आदि की वाणी संगृहीत है। इस कृति की रचनाएँ भी ख्याली सम्प्रदाय के फकीर तान लगाकर गाते हैं। इस कृति का संकलन सन्त जगन्नाथदास ने किया था।

❑

कूड़ाघर में तब्दील होता ब्रह्मांड

अभी हाल में ही एक सुझाव आया है कि क्यों न रिमोट कंट्रोल दबाकर अन्तरिक्ष में एकबारगी सभी शस्त्रों का परीक्षण कर लिया जाए, मगर नये अवयवों से पता चलता है कि आज ब्रह्मांड में इतने फिजूल के क्षत-विक्षत उपकरण घूम रहे हैं कि ब्रह्मांड खुद एक कूड़ाघर की शक्ल में तब्दील होता जा रहा है।

क्या हम यन्त्रयुग के अन्तिम चरण में जी रहे हैं? यह प्रश्न पिछले दिनों नासा के एक वैज्ञानिक ने पूछा, ऐसा इसलिए कि यह माना जाने लगा कि मनुष्य की संरचना अधूरी लग रही है। उसकी एक आँख पीछे भी होनी चाहिए, ताकि वह कार की तरह बैक गियर में चल सके। उसकी सुविधा के लिए दो हाथ ऐसे भी होने चाहिए जो पीछे छूटी हुई चीजों को हाथ बढ़ाकर उठा सकें। उसे जिस मुँह से बोलना पड़ता है, उसी मुँह से खाना या चुम्बन आदि का कार्य भी करना पड़ता है। पहले कभी नोबेल पुरस्कार विजेता जार्ज टॉमसन ने इस तरह की सम्भावनाओं के बारे में संकेत दिये थे।

आदमी ने पहली प्रगति तब की थी, जब उसने आग पैदा की थी। दूसरी बार उसकी महत्त्वपूर्ण कामयाबी तब सामने आयी, जब उसने अन्न उपजाया। आदमी की तीसरी बड़ी प्रगति वह मानी गयी, जब उसने वायुयान की खोज की और वह मनचाही जगहों में आने-जाने लगा। टेलीफोन और ई-मेल आदि को आदमी के विकास की चरम उपलब्धि कहा जा सकता है। मोबाइल फोन में भाषा के साथ चित्र आदि का आना-जाना, इसी प्रगति का महत्त्वपूर्ण हिस्सा है। मगर इस प्रगति का अन्तिम चरण भी आ चुका है, जिसके आधार पर जीन में फेर-बदलकर उपयोगितानुसार एक ही तरह के शिशु बनाए जा सकेंगे। जहाँ तक बन्ध्यापन अथवा शुक्राणु शैथिल्य का प्रश्न है, फुकुयामा की नयी किताब के मुताबिक, समाज में कितने डॉक्टर, लेखक, न्यायशास्त्री और इंजीनियर चाहिए—इसका निर्धारण पहले से ही कर लिया जाएगा। जीव वैज्ञानिकों ने यह समस्या अब लगभग सुलझा ही ली है। ताजा वैज्ञानिक रपट के अनुसार, टेस्ट ट्यूब बेबी की रचना कर लेना तो आम बात हो गयी है।

इस समय सूचना का सैलाब पूरे उफान पर है। इंटरनेट पर दुनिया भर की वेब साइट्स पर सैकड़ों किस्म की जानकारियाँ उपलब्ध हैं। नयी खोज, व्यवहार, प्रगति, प्रभाव और नये आविष्कारों का पहिया तेजी से दौड़ रहा है। इससे पहले कि एक नयी घोषणा हो, उसके अगले चरण में नयी चीजें तत्काल सामने आ जाती हैं। इस भयंकर सूचना विस्फोट का परिणाम यह हुआ कि लाखों लोग मानसिक पक्षाघात की शिकायत करने लगे हैं।

यह तो मानना ही पड़ेगा कि आदमी की प्रगति और समय को पकड़ने की क्षमता उसकी आन्तरिक लय से जुड़ी हुई है। बाहरी प्रगति से आन्तरिक लय का तालमेल न बैठ पाने के कारण पृथ्वी पर विक्षिप्तों की संख्या बढ़ रही है। सब तरफ वस्तुओं और कागजी सूचनाओं का इतना अम्बार लग गया है कि लोग तेजी से पुरानी चीजों को फेंकने में व्यस्त दिखाई देते हैं। धीरे-धीरे अब मकान भी ऐसे बनने लगे हैं कि आप उन्हें ढुनगाकर एक बस्ती से दूसरी बस्ती की ओर ले जा सकते हैं। रूमाल कागज़ के, तश्तरियाँ कागज़ की, चर्च में शादी के समय पहननेवाली पोशाक भी कागज़ की। यह सब इसलिए हो रहा है, ताकि चीजों से जल्द से जल्द छुटकारा पाया जा सके। इतना ही नहीं, अमेरिका जैसी जगहों में तो मकान किराये पर लेकर एक सप्ताह के लिए दूसरे प्रान्त में आसानी से रह सकते हैं। इस भाड़ा अथवा 'किराया-प्रवृत्ति ने सभी को अत्यन्त क्षणवादी बना दिया है। जब बदलाव की गति बहुत तेज हो जाती है तो चीजों पर दृष्टि भी फिसलने लगती है। अब हाँ का मतलब 'हाँ' ही नहीं होता, 'नहीं' भी हो सकता है। एक तरफ देशों के बीच परस्पर निर्भरता बढ़ती जा रही है तो दूसरी तरफ धोखाधड़ी के हादसे भी बढ़ते जा रहे हैं। पिछले दिनों अमेरिका में हुए मतदान में सब यही सोचते थे कि इस बार जार्ज बुश नहीं जीत पाएँगे, मगर दो प्रान्तों में जमकर घपला हुआ कि पासा बुश के पक्ष में पलट गया। पहला घपला फ्लोरिडा में हुआ, जहाँ पर बुश के भाई गवर्नर थे और दूसरा ओहियो में। इन दोनों प्रान्तों की सत्ता बुश के रिश्तेदारों के हाथों में थी। यहाँ की मशीनों का ठेका भी बुश की सहमति से ही दिया गया था, जो नतीजा बुश के ही पक्ष में टंकित करती थी। अस्तु यान्त्रिक प्रगति की अतिरेक वंचना का यह रूप सभी के सामने आ रहा है। समझदार लोग यह सोच नहीं पा रहे हैं कि मशीन के सूक्ष्मतम होते चले जाने की इस सत्यानाशी प्रगति को कैसे रोका जाए। अभी हाल में ही एक सुझाव आया है कि क्यों न रिमोट कंट्रोल दबाकर अन्तरिक्ष में एकबारगी सभी शस्त्रों का परीक्षण कर लिया जाए, मगर नये अवयवों से पता चलता है कि आज ब्रह्मांड में इतने फिजूल के क्षत-विक्षत उपकरण घूम रहे हैं कि वह खुद एक कूड़ाघर की शक्ल में तब्दील होता जा रहा है।

❑

अनत्ता के द्वार पर

"जो है, जिसकी सत्ता है उसे अनत्ता में ले जाना दुस्तर है तो भी कोशिश करो। जिन्दगी तुम्हें लगातार चूस रही है। तुम जिसे पुरुषार्थ कहते हो, वह दरअसल स्वयं को निचोड़ने की एक भ्रामक शैली का दमकीला नाम है, धीरे, बहुत धीरे शिथिल होना शुरू करो। अपने स्नायुजालय को ढीला छोड़ दो और कल्पना करो कि तुम निःसत्व हो रहे हो। अब अपनी पीठ पर लुढ़क जाओ। बन्द आँखों को भी देखना आता है, उस दृष्टि का इस्तेमाल कर शरीर के भीतर के कारखाने में रुक-रुक कर देखो। देह का कोई भीतरीपन भी क्या दीख पड़ा? सुनो! यह कैसी आवाज है। अभी भी तुम अपने खून की नसों के बाहर हो। शरीर के भीतर भी साँय-साँय है जो अक्सर निर्वात में होती है। तुमने यह पहले भी सुनी है, गर्भ में पड़े-पड़े तुम इसी साँय-साँय को पिया करते थे। योगनिद्रा में लीन तुमने इस सरगम को पहले भी सुना है। इसे गुनो फिर विमर्श करो! गर्भ से पहले तुम कहाँ थे? यह वह मोड़ है जहाँ से तुम्हें छलाँग लेनी है अनत्ता में जाना है। अतिक्रमण करो, इस गर्भिस्थता का अतिक्रमण करो। स्मृति का अतिक्रमण करो। जो पीछे छूट रहा है वह शव है। मुर्दे में कोई प्रताप नहीं होता। उसका कोई नाम नहीं होता। गर्भ में आने तक तुम्हारा भी कोई नहीं था। सब नाम छद्मनाम हैं। यह और बात है कि मूढ़ छद्मनाम पर भी खुश रहते हैं। यह दुनिया, यह देह दोनों तुम नहीं हो। अब तुम निर्मन हो रहो। बोधिस्थ मन से पीछा छुड़ाओ। मन रूढ़ि है। मन प्रतिगामी है। तर्क करता है कि मैं हूँ। वही अहंता है। केन्द्र टूटेगा तभी लग सकेगा कि सब सपना था। अहंकार ही विकृति का बीज है। बीज को जलाओ, अनत्ता में लौटो, पीछे जन्म-पुनर्जन्म की कई बेड़ियाँ हैं। एक-एक वलय को साक्षी की तरह देखो। तुम्हें बोधिसत्व की हरीतिमा पर बिछलना है जैसे धान की बालियों पर हवा तिरती है।"

यह वर्णन उस बेढब प्रक्रिया का अंग है जो वर्षों बाद भूटान के एक प्राचीन बौद्ध विहार में थोड़े से लोगों पर दुहरती है। इस पूर्वजन्म-स्मृति-सत्र का प्रयोग सिर्फ उन लोगों पर होता है, जिसकी साधना लागागुरु कई वर्षों तक कर चुके होते हैं और जिनका बोधिचित शुभ्र से शुभ्रतर होता चला गया होता है।

सिलीगुड़ी से कार द्वारा सफर करने पर सबसे पहला शहर आता है फुन्तशोकलिंग, फिर पारोक, फिर थिम्कू, फिर इसके बाद पूंखा जहाँ से फोछू और मोछू नदियाँ निकलती हैं। फुन्त में एक प्रस्तर-आलेख से पता चलता है कि बुद्ध सम्भवतः यहाँ भी पहुँचे थे। भूटान और सिक्किम में सब तरफ बौद्ध ही बौद्ध नजर आते हैं। सातवीं सदी के अन्त में तिब्बती सेना के साथ-साथ बहुतेरे नागरिक भी भूटान चले आये, फिर इस प्रदेश की जलवायु से आकर्षित होकर यहीं रह गये। काफी अर्से तक भूटान में सिद्धान्तों की टकराहट से यहाँ के लोग दुःख और पीड़ा का जीवन जीते रहे। अन्ततः भूटान में शब्दुंग नामग्याल के प्रयत्नों से दुकपा सम्प्रदाय की स्थापना हुई जिसकी साधना पद्धति वज्रयान और महायान की स्थापनाओं से मेल खाती है।

यह कुछ सोचने जैसा है कि जिस इक्ष्वाकु वंश में राम पैदा हुए थे। शाक्यवंश उसी की शाखा था तब फिर राम यहाँ क्यों नहीं पहुँचे? हो सकता है ऐसा इसलिए हो कि बुद्ध का जन्म लुम्बिनी में हुआ था इसलिए उनका प्रभाव पूर्व के क्षेत्र में अधिक हो गया हो। राम की तुलना में बुद्ध को माननेवालों की संख्या त्रिश्व में आज भी कम नहीं। कनिष्क ने जब श्रीनगर में बौद्ध सम्मेलन बुलवाया था तो शैव दर्शन को मानने वाले सभी शून्यवादी कश्मीरी पण्डितों को यह आस्था पद्धति हेय नहीं लगी और एक साथ हजारों बौद्ध हो गये। कश्मीरी पंडित बौद्ध धर्म को अफगानिस्तान, चीन, टर्की तथा रूस की सीमा तक ले गये। जो हो, जिस समय हम वहाँ पहुँचे उस समय पूर्णिमा का चन्द्रमा नीचे की कटोरीनुमा घाटी से ऊपर आने का प्रयत्न कर रहा था। खंगचन्द जोंग पर्वत श्रृंखला पर डूब चुके सूरज की आखिरी लड़ाई से झाँकता फीका चन्द्रमा राख के रंग की परात लग रहा था।

लामागुरु बताता है कि प्रभामंडल की संवृद्धि काम-क्रोध का सम्यक् दमन एवं कालचक्र घुमाने के साथ-साथ (ॐ मणि पद्मे हुं) के निरन्तर उच्चारण से होती है कालान्तर में यह प्रभामंडल उस समय मापा जा सकता है जब साधक सोया हो।

इस सत्र में स्त्रियों की अनुपस्थिति कुछ अजीब लगी। मगर इस शंका का समाधान भी वहाँ के एक अवकाशप्राप्त अधिकारी ने दिया। स्त्रियों को युद्ध ने कभी दीक्षित नहीं किया था। कम-से-कम उस दिन तक तो नहीं ही, जब वे भूटान आये थे। स्त्री के शरीर की बनावट कुछ ऐसी है, कि उसमें चन्द्रमा की कलाओं के साथ-साथ छोटे-बड़े तूफान उठते रहते हैं। ऋतु के दिनों में सभी स्त्रियाँ क्लान्त और उदास हो जाती हैं और ऋतु-स्नान के बाद एकाएक अत्यधिक चंचल। उनके भीतर की व्यवस्था उन्हें ब्रह्मचर्य पर स्थिर न बने रहने देने के लिए ही बनी है। परिणामतः उनका प्रभामंडल उनके ऋतुस्राव से क्षीण हो जाता है। ये दोनों घटनाएँ नारी-देह में युगपत् घटती हैं। बुद्ध ने इसे शुरू में ही समझ लिया था, इसीलिए उन्होंने बौद्ध विहारों में स्त्रियों को दीक्षित नहीं किया।

अगर हम विज्ञान की शब्दावली का सहारा लें तो कह सकते हैं कि मनुष्य यानी होमो सेपियंस में 46 क्रोमोसम्स होते हैं अर्थात् 23 और 23 का गुणासूत्र। स्त्रियों में जो गुण पाए जाते हैं वे सब X और Y होते हैं जबकि आदमी के शुक्राणु में X और Y के अतिरिक्त X और Y दो तरह के युग्म होते हैं। इस तरह आदमी अधिक समर्थ हो जाता है स्वयं को बाँधने में। जबकि स्त्री के पास चुनाव के लिए न तो कोई साधन होता है और न ही रजोदर्शन पर अपना कोई अधिकार। इसलिए प्रभामंडल की वृद्धि के लिए उसे उस दिन की प्रतीक्षा करनी पड़ती है जब उसका मेनोपाज होता है। रजोदर्शन सूखता है। बोधिचित, लाखों बार मन्त्रोच्चार करने के बाद प्राप्त होता है। भूटान के लामा अब बोधिसत्व की स्थिति में आते हैं। भूटान के बोधिसत्व वांगपो ने ऐसी ही किसी रात में बुद्ध से सम्पर्क स्थापित किया था। हालाँकि यह कुछ सोचने जैसा है कि निर्वाण के बाद बुद्ध में ऐसा क्या बचा होगा? तो भी इस बौद्ध विहार में जहाँ दोरजे सेम्पा का वज्रसत्व सिद्धान्त सर्वमान्य है, इसे लगभग बुद्धत्व की श्रेणी में ही रखा जाता है। यहाँ की साधना विधि लामाओं को न केवल भूत-भविष्य दृष्टि के लिए तैयार करती है वरन् इस स्वीकारोक्ति पर भी बल देती है।

परिणामत: सभी साधक सारा दिन कालचक्र घुमाते हुए उस क्षण या जन्म की प्रतीक्षा करते रहते हैं जब वज्रसत्व उनके भीतर पिघली रोशनी की तरह समा जाएगा। यहाँ के बौद्धों का मंडल-सिद्धान्त किसी न किसी रूप में श्रीविद्या का ही बदला हुआ रूप है मगर उसके लिए एक दूसरे विस्तार या आयाम में जाना पड़ेगा। फिलहाल पाठकों की सूचना के लिए शरणगति के मन्त्रों की लिपि भर देना अलम् होगा।

नामो दा सो द्रो कुन् छांग छुब बार
त्स्वा सुम ला क्याब सू छी
शेन दों साँग गे थॉब छे छीर
मों जुक दों दाम छांग सेम के।

❑

भारत को इस तरह जीता गया

आर्य बाहर से आये थे, अत: संस्कृत भाषा भी यहाँ की नहीं, इस तरह का भ्रम फैलने के साथ ही, थामस बी मैकाले (1800-1859) ने ईस्ट इंडिया कम्पनी के निर्देशानुसार पाश्चात्य पद्धति के यहाँ के विद्यालयों में अँग्रेजी भाषा की पढ़ाई शुरू करवायी। सन् 1844 में लॉर्ड हार्डिंग ने, जो नये-नये गवर्नर जनरल बनकर भारत आये थे, एक फरमान और जारी किया कि जो लोग अँग्रेजी भाषा को सही समझते और लिखते होंगे उन्हें नौकरी में वरीयता दी जाएगी। परिणाम यह हुआ कि बंगाल के नवयुवकों ने सबसे पहले अधिक अँग्रेजी सीखी। इसी के समानान्तर अँग्रेजों को, संस्कृत के विद्वानों की भी जरूरत थी ताकि भारतीय दर्शन और संस्कृत साहित्य के भी सभी ग्रन्थों का अनुवाद उपलब्ध हो सके।

महाराजा दिलीप सिंह जब लन्दन गये तो उनके साथ एक संस्कृत का विद्वान नेहेमिय नीलकंठ भी लंदन पहुँचा। ऑक्सफोर्ड के लोगों को जब यह पता चला तो उन्होंने ईसाई धर्म के गुण गाकर और उत्तम पगार का प्रलोभन देकर अन्तत: उसे ईसाई बनाकर ही दम लिया।

कोलकाता के पंडित तारानाथ के नाम से हम सभी अच्छी तरह से परिचित हैं। तारानाथ कोलकाता के संस्कृत कॉलेज में अध्यापन करने वाले, जाने-माने संस्कृत विद्वान थे। पंडित तारानाथ को कम्पनी के अधिकारियों ने सन् 1866 में दस हजार रुपये वार्षिक पगार पर नियुक्त किया, जबकि उस समय एक अध्यापक की पगार डेढ़ सौ रुपये वार्षिक से अधिक नहीं होती थी। कुछ वरिष्ठ लोगों को, उन दिनों सम्भवत: दो सौ रुपये वार्षिक पगार मिलती थी। तारानाथ को अँग्रेजों ने यूँ ही इतनी बड़ी राशि नहीं सौंपी थी। उनका कार्य था एक शब्दकोश तैयार करना। 'वाचस्पत्यम्' नाम से जो कोश, हम सब द्वारा आज भी उपयोगी माना जाता है, में अपने मालिकों को खुश रखने के लिए तारानाथ ने गड़बड़ियाँ भी की हैं। पाणिनी के व्याकरण का भाष्य भी तारानाथ ने संस्कृत कॉलेज के उन दिनों के प्रिंसीपल ई.बी. कॉवेल के संरक्षण में ही किया था।

भाष्य की गड़बड़ी का यहाँ मात्र उदाहरण काफी होगा। संस्कृत का एक शब्द

है गोधन। पाणिनि ने इसे सम्प्रदान विभक्ति के अन्तर्गत रखा है। सम्प्रदान अर्थात् कर्ता जिसको कुछ देता है या जिसके लिए कार्य करता है। इसका अर्थ हुआ कि यजमान जिस पुरोहित को गोदान करता है, वह हुआ गोधन अर्थात् गो को प्राप्त करने वाला। पाणिनी का सूत्र है—दाशगोध्नौ सम्प्रदाने। अब इसमें हन् धातु के अर्थ पहुँचना, पाना और हनन तीनों हो सकते हैं। तो तारानाथ जी से उनके प्रिंसीपल ने लिखवाया कि आर्य गोमांस खाते थे। पहले यह धारणा फैलाई गयी कि आर्य बाहर से आये थे। अब यह कि वैदिक युग में गोमांस भी खाया जाता था। ऐसा इसलिए भी किया गया कि धर्मान्तरित भारतीयों को ग्लानि भाव न सताये। अँग्रेजों के इस षड्यन्त्र का पता 'द ड्यूक ऑफ एरगिल' को लिखे गये पत्र से भी चलता है, जो 16 दिसम्बर, 1768 ई. को लिखा गया था—भारत एक बार जीता जा चुका है, अब उसे फिर एक बार अवश्य जीतना है, यह दूसरी विजय शिक्षा के माध्यम से होगी। हम सबके लिए भारत देवभूमि, मातृभूमि है। मगर जो अँग्रेजी पढ़नेवाली या अँग्रेजी पढ़ी-लिखी पीढ़ी है, वह इसे शायद शत्रुभाव से देखती है।

❑

विदेशियों के भरोसे हम

सर विलियम जोंस ने संस्कृत का ज्ञान प्राप्त करने के बाद वारेन हेस्टिंग्स को इस भूमि पर ईसाईयत का प्रचार-प्रसार करने की दिशा में प्रोत्साहित करते हुए यहाँ के लोगों को अर्द्धसभ्य और आलसी बताया। शायद इसीलिए 1786 में अपने भाषण में वारेन हेस्टिंग्स ने कहा—अन्य भाषाओं की तरह संस्कृत भी एक साधारण भाषा है। यही नहीं, आर्य भी शक, हूणों और मुसलमानों की ही तरह भारत में आये थे। जनमानस को दिग्भ्रमित करने की प्रक्रिया यहीं से शुरू हुई। माना जाता है कि जिस नस्ल को नष्ट करना हो उससे उसकी भाषा छीन लो। अँग्रेजों का ढंग रेशमी था, जबकि बर्बर आक्रान्ताओं ने यहाँ की समृद्ध भाषा और चिन्तन को नष्ट करना तभी शुरू कर दिया था, जब सिकन्दर ने भारत पर पहला आक्रमण किया।

ईसा से भी कई सदी पूर्व सिकन्दर ने तक्षशिला विश्वविद्यालय का वह ग्रन्थागार जला डाला था, जिसमें इस देश की अथाह ज्ञानराशि संगृहीत थी। बहरहाल हेस्टिंग्स को यही बताया गया कि वैदिक साहित्य होमर और वर्जिल की रचनाओं की ही तरह रंग-बिरंगी कल्पनाओं से युक्त है। एशियाटिक सोसायटी के माध्यन से संस्कृति और संस्कृत ग्रन्थों की पांडुलिपियों को खोज निकालने का कार्य प्रारम्भ किया गया। एशियाटिक सोसायटी के गोवर्धन कौल ने अपनी पुस्तक 'आन द लिटरेचर ऑफ हिन्दूज' में इन विदेशी मालिकों को बताया कि यूरोपीय लोग भारतीय चिकित्सा ग्रन्थों से उन तमाम वनस्पतियों और जड़ी-बूटियों के नाम पढ़ और पहचानकर यूरोप में प्रचलित चिकित्सा पद्धति में क्रान्ति ला सकते हैं। सुधी पाठकों की सूचना के लिए हम बता दें कि चरक और सुश्रुत संहिता के अतिरिक्त एक और ग्रन्थ ऐसा भी है, जिसमें न केवल कैंसर (कर्कट रोग) के उपचार की विधि दी है वरन सौ वर्ष तक रोगहीन जीवन प्रदान करने वाली 36 जड़ी-बूटियों के नाम भी दिये हैं। इस दुर्लभ ग्रन्थ का नाम है—'कर्मज भवव्याधि-दैवज्ञ चिकित्सा'। गोवर्धन कौल ने इसी सन्दर्भ में खगोलशास्त्र के लगभग 80 ग्रन्थों का जिक्र किया है, जिनमें 'कृष्ण विवर' तक का उल्लेख है, जिसे 'ब्लैक होल' नाम से कुछ समय पहले खोजा गया। ड्रग्स को लेकर

इन दिनों कई देशों में यह बहस चल रही है कि इनके प्रभाव से मनुष्य को कैसे बचाया जाए। इसी विद्या पर नागार्जुन जैसे रसायन शास्त्री ने कई प्रयोग भी किये थे। इन्हीं में से एक था वह 'अनुलेप' जिसके बल पर बौद्ध साधक परामनोविज्ञान से जुड़ी अनेक उलझनों का समाधान खोज पाते थे। नागार्जुन स्वयं बोधिसत्व की स्थिति तक पहुँचे हुए अनन्य साधक थे। उन्हें पारे को स्वर्ण में परिवर्तित करने की विद्या तक आती थी।

नागार्जुन, शवरस्वामी आदि परमसिद्ध साधकों के अनेक ग्रन्थ नालन्दा विश्वविद्यालय के ग्रन्थागार की अप्रतिम ज्ञान-सम्पदा थे। दुख के साथ कहना पड़ता है कि इस पुस्तकालय को बख्तियार खिलजी ने 1200 ई. में जला दिया। मैक्सम्यूलर की 'सेक्रेड बुक ऑफ द ईस्ट' के कारण ही दुनिया के लोगों को वैदिक ज्ञान भंडार का पता चला। मगर हाल की खोजों और इस जर्मन विद्वान द्वारा लिखे गये पत्रों के माध्यम से पता चलता है कि वह भी हमारा अहित अधिक करने के लिए कम्पनी द्वारा नियुक्त किया गया विद्वान था, जिसने अर्थ के साथ अनर्थ भी किया। उसे उन दिनों लगभग दो लाख रुपये पगार देकर नियुक्त किया गया था। 1902 में अपनी पत्नी को लिखे उसके एक पत्र से स्पष्ट होता है कि वह सम्भवत: ब्रिटिश एजेंट था—मैं आश्वस्त हूँ, हालाँकि मैं यह देखने के लिए रहूँगा नहीं कि मेरे द्वारा किया गया वेदों का अनुवाद जो (भारतीय संस्कृति) आर्यों की जड़ है, मैंने दिखा दिया है कि वहाँ क्या है। उसके पत्रों से यह भी स्पष्ट है कि वह एक गरीब बौद्धिक था, जिसे अँग्रेजों ने जानबूझकर वेदों का अपरिपक्व अनुवाद करने के लिए नियुक्त किया था।

❑

समय ही आत्मा है

दुनिया के इतिहास में ईसा पूर्व छह सवा छह सौ वर्षों का समय बहुत ही अद्‌भुत और निराला है। यह वह शताब्दी थी जब एशिया माइनर में दुनिया का पहला आश्चर्य बना, जिसे 'द टेंपल ऑफ आर्तेमीज़' कहते हैं। इसी शताब्दी में फारस में जरथ्रूस्त्र पैदा हुआ। इसी सदी में चीन में लाओत्स पैदा हुआ जिसकी मात्र 48 कविताओं में जीवन का समस्त सार समाया हुआ है। और यही थी वह शताब्दी जब अपने वर्धमान राजकुमार महावीर ने वर्षों तपकर एक ऐसी जीवन-दृष्टि दी जिसका पालन कर पृथ्वी को स्वर्ग बनाया जा सकता है। जिन-अनुशासन के अग्रदूत भगवान महावीर की देशना आचारंगसूत्र, भगवतीसूत्र, उत्तराध्ययनसूत्र, सामयिकसूत्र एवं कल्पसूत्र आदि ग्रन्थों में सन्निहित है। महावीर से पूर्व पार्श्वनाथ ने चातुर्याम धर्म की स्थापना की थी। महाश्रमण महावीर ने पाँच व्रतों, पाँच सम्मितियों और तीन गुप्तियों का उल्लेख कर इनकी संख्या तेरह कर दी। उन्होंने सिर्फ संख्या ही नहीं बढ़ाई वरन कैवल्य के मार्ग पर आगे बढ़ने की विधि भी समझायी।

आज हमारे आसपास जो हिंसा और आतंकवाद है उसके उत्स को महावीर ने सही समझा था। उनके अनुसार तो आदमी का गर्भ में आना ही हिंसा है। मगर अगर जन्म हो गया हो तो आदमी कैसा रुख अपनाये कि कर्मबन्ध कट जाए। उन्होंने कहा कि यहाँ कुछ भी स्थिर नहीं। सब एक बहाव है। 'वेव मैकेनिक्स' भी यही कहता है कि पत्थर भी सस्पन्द है, ठिठकी हुई लहर है। इस प्रवाह में कहाँ का ठहराव? यहाँ है जैसा कुछ भी नहीं और सभी कुछ हो रहा है। बच्चा बच्चा नहीं किशोर हो रहा है। युवा युवा नहीं वृद्ध हो रहा है। अतः जितनी जल्दी-से-जल्दी यह समझ आ जाये कि हम मरणोन्मुख हैं उतनी ही त्वरा से धर्म के मर्म को समझा जा सकता है। धर्म की परिभाषा महावीर की अनूठी है। वे कहते हैं—वत्थू स्वभावो धम्मो। वस्तु का स्वभाव ही धर्म है। सूर्य का स्वभाव अपना तपाना है। पानी का स्वभाव तरल हो जाना और शरीर का स्वभाव सड़ जाना है—शीर्यते इति शरीरः। हिंसा, महावीर के अनुसार, तीन तरह की होती है—करित हिंसा, कारित हिंसा और अनुमोदित हिंसा।

इसके बाद अहिंसा के विषय में महावीर कहते हैं—जो तुम नहीं चाहते कि दूसरे तुम्हारे लिए करें तुम भी वह नहीं करो अर्थात् 'आत्मनः प्रतिकूलानि परेषां न समाचरेत'। वर्धमान का कहना है—अपने आसपास के जीवन को देखकर ही जाना जा सकता है कि आत्मा है। महावीर इसी के साथ यह भी कहते हैं कि आत्मा का निर्णय समय के साथ होता है। असल में समय ही आत्मा है। दूसरे शब्दों में, वे लोक-तत्त्व और आत्म-तत्त्व को विश्लेषित करते हैं। देहतन्त्र कर्म से संचालित है। रति विरति आदि कर्म के परिणाम हैं। कर्म चाहे शुभ हो या अशुभ, दोनों के अंजाम के प्रति समता का भाव रखना अहिंसा है। कर्म के सन्दर्भ में महावीर आस्रव और संवर की चर्चा करते हैं। बाहर से आने वाले प्रभाव को आस्रव कहते हैं और उन्हें रोक देना, न आने-देने की प्रक्रिया संवर कहलाता है। यदि इन प्रलोभनों को रोका न जाए तो बन्ध होता है। इसलिए उन्हें रोकना तप हुआ और उससे निर्जरा। निर्जरा के प्रभाव से निर्मलता आती है। सत्य को पाने के लिए जहाँ महावीर ब्रह्मचर्य और अचौर्य को महत्त्व देते हैं, वहीं वे शुरू में ही बता देते हैं कि संग्रह या परिग्रह बहुत बड़ी बीमारी है। इसलिए कि संग्रह की प्रवृत्ति में फँसा आदमी धन के लिए ही धन एकत्रित करता चला जाता है। लगभग कुछ ऐसे ही शब्द कार्ल मार्क्स ने पूँजी के लिए कहे थे—मनी वर्क्स लाइव ब्लैक मैजिक इन द हार्ट ऑफ ऐलिएनेटेड प्रॉफिटयर।

अन्त में महावीर सलाह देते हैं कि मनुष्य को सल्लेखना का संकल्प होना चाहिए। (उम्र जब पकने लगे तो जिजीविषा को छोड़कर, स्वयं अपनी इच्छा से शरीर का त्याग कर देना चाहिए, जैसा कि हमारे अपने ही युग में आचार्य विनोबा भावे ने किया था।)

❑

हम कब कम थे

'मैं भारतीयों के ज्ञान के विषय में कुछ न कहूँगा। उनकी खगोलशास्त्र और विज्ञान सम्बन्धी खोजें बेबीलोनिया और यूनान निवासियों की तुलना में कहीं अधिक विलक्षण हैं। उनकी हेतुपरक गणित प्रणाली या उनकी गणनाविधि की प्रशंसा शब्दों की सामर्थ्य के बाहर है।'

उपर्युक्त कथन सीरिया के प्रसिद्ध खगोलशास्त्री सन्त सेवेरससेबोख्त का है, जो उन्होंने सातवीं सदी के उत्तरार्ध में कहा था। उस समय तक पश्चिम में, विशेष रूप से योरोप के विद्वानों में, यह धारणा प्रचलित थी कि ज्ञान और विज्ञान के क्षेत्र में पृथ्वी पर जो कुछ भी उपलब्ध है उसकी शुरुआत यूनान से हुई। उदाहरण के लिए हायलोजोइस्ट्स ने ब्रह्माण्ड को आकाशीय श्वास से भरा हुआ बताया, जबकि हमें संवर्ग विद्या पहले से ही आती थी। अपने यहाँ जब बौद्ध चिन्तकों के बीच अपोहवाद की चर्चा चल रही थी तो बाहर से कई देश अपनी प्रारम्भिक वर्णमाला से जूझ रहे थे। कालक्रमानुसार उस समय चीन ही ऐसा देश था, जहाँ चालीस हजार शब्द-प्रतीकों वाला पहला शब्दकोश तैयार हो चुका था। भारत के सम्बन्ध में भ्रान्तियाँ बरकरार बनी रहतीं अगर अरब लोगों के माध्यम से भारतीय गणित के सिद्धान्त योरोप के लोगों के समक्ष न आये होते। पाँचवीं सदी में पाटलिपुत्र में जनमे गणितज्ञ आर्यभट्ट ने अपनी छोटी-सी पुस्तिका, जिसमें मात्र तैंतीस श्लोक हैं, खगोल सम्बन्धी कुछ ऐसे नियमों का उल्लेख किया है, जिनकी सत्य और असत्यता पर अब टिप्पणी कर पाना सम्भव हो रहा है। आर्यभट्ट ने शायद सबसे पहले शून्य और ग्रहण के कारणों पर विचार व्यक्त किये थे। आर्यभट्ट के ही साथ हम वराहमिहिर और भास्कर का भी नाम लेना चाहेंगे। भास्कर की 'सिद्धान्त-शिरोमणि' के विषय में तो यहाँ तक कहा जाता है कि उसके रचनाकार भास्कर ने अपने अवकलन-गणित द्वारा अणु की माप का आधार भी खोज लिया था। हमें नहीं पता वराहमिहिर की 'वृहत् संहिता' या कि कालिदास की पूर्व एवं उत्तरकालवर्ती कृतियाँ कितने सुधी पाठकों की निगाह से गुजरी होंगी, मगर इन्हें पढ़कर लगता है कि पहले के लोगों को क्या-क्या नहीं आता था! वैसे तो भारतीय

संस्कृति—जिसके अन्तर्गत सनातनता, दर्शन, कला और साहित्य सभी आ जाते हैं—किसी न किसी रूप में बौद्ध युग से ही सही, विदेशियों को आकर्षित करती रही मगर इसका सम्यक् प्रभाव ईसा की सोलहवीं सदी के आसपास अधिक भास्वर होना प्रारम्भ हुआ। यह वह समय था जब फादर हैवसलेडेन ने मालाबार में रहकर संस्कृत का व्याकरण पढ़ना शुरू किया। सही कथन यह होगा कि फादर हैवसलेडेन ने संस्कृत व्याकरण का विधिवत् चयन किया। सुधी पाठकों की सूचना के लिए निवेदित है कि संस्कृत का अध्ययन-अध्यापन आज विश्व के लगभग सत्तर विश्वविद्यालयों में होता है। सन् 1746 में सर विलियम जोन्स, कोलकता आये जहाँ उन्होंने संस्कृत भाषा का विधिवत् अध्ययन करना प्रारम्भ किया। सन् 1749 में चार्ल्स विल्किस 'ईस्ट इंडिया कम्पनी' के संचालक बने। इस प्रकार दोनों के प्रयत्न से सन् 1784 में 'एशियाटिक सोयायटी आफ बंगाल' की स्थापना हुई। इस अवधि में सर विलियम जोन्स ने कालिदास की शाकुन्तल तथा चार्ल्स विल्किन्स ने भगवद्गीता और हितोपदेश का अनुवाद किया। इसके बाद जयदेव के गीतगोविन्द और मनुस्मृति आदि के अनुवाद प्रकाशित हुए। सन् 1786 में फ्रांसीसी विद्वान् आंकेतिल द्पेरोन, जिनका फारसी पर अच्छा अधिकार था, उपनिषदों से प्रभावित हुए। हुआ यह कि दाराशिकोह, जो काफी समय तक काशी में रहा, वहाँ के पण्डितों की संगति में रहा। उसने उपनिषदों का 'आउपनेखत' नाम से अनुवाद किया। यह अनुवाद अन्ततः आंकेतिल के सामने से गुजरा। आंकेतिल को औपनिषदिक विचारों ने प्रभावित किया। उन्होंने उपनिषदों के लातिनी अनुवाद का बीड़ा उठाया। सन् 1801 तक आंकेतिल ने उपनिषदों का अनुवाद लातिनी भाषा में प्रकाशित कर डाला। इन्हीं उपनिषदों को जर्मनी का शोपेनहावर अपने सिरहाने रखकर सोता था। उसका मानना था कि ज्ञान के क्षेत्र में जो कुछ भी श्रेष्ठतर हो सकता है, वह सब इन उपनिषदों में समाहित है।

❑

हम ऊर्जा की सन्तान हैं

ऋग्वेद पढ़कर ऐसा लगता है कि यज्ञ करने की परम्परा आर्य जाति में कुछ समय पहले से ही प्रचलित थी। इस चराचर सृष्टि में जिन महाभूतों के कारण जीवन संचालित होता है, उन्हें ऋषियों ने देवता की संज्ञा दी। जो दे और देता चला जाए उसे देवता कहना कृतज्ञता-ज्ञापन का ही ढंग है। ऋग्वेद में काफी स्थलों पर उपलब्ध देवपूजा-याचकयज्ञ इस बात का संकेत देता है कि जब तक याज्ञिक पृष्ठभूमि की जानकारी न हो तब तक गाई गयी ऋचा की सारी रचनाएँ अथवा ऋचाएँ यज्ञ-कर्म के क्रियान्वयन का खुलासा करने-करवाने के लिए मजबूर करती रही हों। यज्ञ अपने यहाँ प्रार्थना का ही एक ढंग है। अग्नि प्रतीक है ऊर्जा का, इसी अग्नि को प्रज्वलित कर हम अपने को स्मरण दिलाते हैं कि हम ऊर्जा की सन्तान हैं, जिसमें अपने श्वासों की आहुति देकर बोलते हैं—इदन्न मम। यह मेरा या मेरी नहीं। इस तरह के त्याग-भाव से जीना ही सही जीना है। वैसे तो प्रार्थना कहीं भी, कभी भी हो सकती है मगर यज्ञ के माध्यम से की गयी प्रार्थना सही अर्थों में भीतर की दीवारों से पार पाकर, बाहर की दीवारों के पार जाना है।

ऐसा लगता है, यजुर्वेद में याज्ञिक शब्दावली का प्रयोग इन ऋषियों ने कुछ इसी वजह से किया होगा, जिस तरह राधाकृष्ण की लीलाओं से प्रेरणा लेकर वर्तमान युग में हर प्रेमिका को राधा या राधिका कह दिया जाता है। यजुर्वेद में पद्यात्मक मन्त्रों के साथ, गद्यात्मक मन्त्र भी मिलते हैं, जो यज्ञ-कर्म के साथ-साथ दोहराए जाते हैं। ऐसे मन्त्रों को 'यजुस्' कहा जाता है। अलग-अलग यज्ञकर्मों के क्रम अथवा प्रकरणों के अनुसार, आहुति कर्म की प्रक्रिया में पढ़ी जाने वाली पंक्तियों को 'याज्या' कहते हैं। याज्ञिक प्रकरण से जुड़े स्पष्टीकरण को ब्राह्मण कहा जाता है। इन्हें कण्ठस्थ करना जब थोड़ा कठिन लगने लगा, तब इन व्याख्याओं को अलग से संकलित कर लिया गया। यज्ञ की वेदी और अरणि आदि के निर्माण एवं प्रयोग का विधिवत विवरण जिन ग्रन्थों में है उन्हें ही शतपथ एवं ऐतरेय ब्राह्मण कहा जाता है। आधुनिक युग में ऐसे किसी भी विधान की प्रक्रिया का अध्ययन करने-करवाने वाले शास्त्र को सायबरनेटिक्स

कहते हैं। यजुर्वेद के विभिन्न संग्रहों में मन्त्रों के साथ, ब्राह्मण–पाठों का भी सम्मिश्रण पाया जाता है। इन दोनों प्रकार की 'याजुष शाखाओं' की संख्या सामान्यतः 101 बताई गयी है। आज की तिथि में पूर्व एवं उत्तर वर्ग की दो शाखाएँ मिलती हैं। पूर्व वर्ग की शाखा तैत्तरीय, मैत्रायण, काटक तथा कपिष्ठल नाम से जानी जाती हैं, जबकि उत्तर वर्ग की शाखा को माध्वन्दिन तथा काण्व शाखा कहते हैं।

यजुर्वेद में भी दो तरह के विभाजन हैं। एक तरह के वर्ग को 'कृष्ण यजुर्वेद' कहा जाता है और दूसरे वर्ग को 'शुक्ल यजुर्वेद'। कृष्ण का मतलब काला न होकर 'कृशर' के अर्थों में है। कृशर दरअसल खिचड़ी के लिए प्रयुक्त होने वाला संस्कृत का शब्द है। कृष्ण यजुर्वेद में क्योंकि गद्य–पद्य का तालमेल या फिर एक तरह का सम्मिश्रण है इसलिए इसका नाम रखा गया कृष्ण यजुर्वेद। इसी तरह उत्तरवर्णी संग्रहों में एक तरह की शुद्धता है जहाँ मात्र पाठ है। ब्राह्मणांशों से कुछ नहीं लिया गया, जहाँ सभी कुछ परिशोधित है, अपने आपमें परिपूर्ण है, इसलिए यजुर्वेद के इस भाग को श्वेत यजुर्वेद अथवा शुक्ल यजुर्वेद कहा गया।

यहाँ पाठकों की सूचना के लिए यह स्पष्ट कर देना भी अनुपयुक्त न होगा कि कृष्ण यजुर्वेद की चार शाखाओं काटक संहिता, मैत्रेयी संहिता, कपिष्ठल संहिता और तैत्तरीय संहिता में कई ऋषि वंशों का योगदान रहा। और, क्योंकि वह युग श्रुति परम्परा का युग था इसलिए इन शाखाओं में यहाँ वहाँ, कमोबेश पाठ भेद हो गया है। शायद यही वजह है कि आज के विद्वान यजुर्वेद की वाजसेनेयी संहिता को ही प्रामाणिक मानते हैं। इसी यजुर्वेद का अन्तिम अध्याय ईशोपनिषद् के नाम से जाना जाता है जिसमें कवि को स्वयम्भू कहा गया है।

❑

सामगान से गायकी का आरम्भ

पिछली बार हमने कृष्ण और शुक्ल यजुर्वेद पर अपनी बात खत्म की थी। इनमें सात उपनिषद् भी पिरोए गये हैं। वृहदारण्यक उपनिषद् और ईशोपनिषद् ये दोनों शुक्ल यजुर्वेद के हैं जबकि कृष्ण यजुर्वेद के अन्तर्गत पाँच अन्य उपनिषद आते हैं। इनके नाम हैं : (1) तैत्तरीय उपनिषद् (2) महानारायण उपनिषद् (3) कठ उपनिषद् (4)श्वेताश्वतर उपनिषद् एवं (5) मैत्रायण उपनिषद्।

सामवेद का नाम लेते ही पतंजलि की याद आ जाती है। पतंजलि ने 'दिव्यावदान' में सामवेद की 1080 शाखाओं का जिक्र किया है, जबकि साम का गायन करने वाले आचार्यों द्वारा प्रणीत मात्र दो ही शाखाएँ आज मिलती हैं। एक शाखा को हम प्राच्य सामग कहते हैं और दूसरी को उदीच्य।

सामगान का प्रारूप क्या रहा होगा, इसका थोड़ा-वहुत अहसास स्वामी हरिदास की गायकी से ही लगाया जा सकता है। स्वामी हरिदास, आशुधीर जी के पुत्र थे, जो शायद गायन विद्या में अपने यहाँ शिखर बिन्दु (Omega Point) माने जाते हैं। स्वामी हरिदास विरक्त होकर वृन्दावन के निधि वन में आकर रहने लगे थे। वे पता नहीं भावातीति के क्षणों में, कैसा किस तरह का 'नाद' करते थे कि निधि वन के पक्षी तक कलरव रोककर उनकी गायन विद्या के कारण सम्मोहित हो जाते थे। स्वामी हरिदास ने ही निधि वन में एक दरार के भीतर दबी, श्रीबांके बिहारी की मूर्ति को समाधि के क्षणों में देखा था। उन्हीं के आग्रह पर वह स्थान खोदा गया और इस तरह श्रीबांके बिहारी की वह मूर्ति वृन्दावन के विश्वविख्यात मन्दिर में स्थापित है। तानसेन (तन्ना मिश्र) मोहम्मद गौस के कहने पर स्वामी हरिदास से गायकी सीखने वृन्दावन आया था। इसके बाद तानसेन मध्यप्रदेश के ही राजाराम बघेला के दरबार में एक प्रिय गायक के रूप में वर्षों रहा। उन दिनों मुगल बादशाह अकबर का शासनकाल था। तानसेन की ख्याति जब अकबर तक पहुँची तो अकबर ने उसे अपने दरबार में बुला लिया। अकबर के दरबार के नौ-रत्नों में से एक तानसेन का गायन सुनकर एक बार बादशाह ने कहा, ''तानसेन! हमें फख्र है कि तुम जैसा गायक दुनिया में दूसरा

न होगा और तुम हमारे दरबार के रत्न हो।'' तानसेन ने उत्तर में कहा, ''गुस्ताख़ी माफ़! अपने उस्ताद स्वामी हरिदास के सामने बन्दा क्या चीज है।'' अकबर ने कहा, ''कहाँ हैं तुम्हारे गुरु?'' तानसेन ने कहा, ''वृन्दावन में, मगर वे किसी के लिए नहीं गाते, न कहीं जाते हैं। आपको अगर सुनना ही है उनका गायन तो वृन्दावन चलना होगा।'' वृन्दावन में लगे एक शिलापट्ट को पढ़कर लगता है, अकबर वृन्दावन गये और छिपकर स्वामी हरिदास को सुना। 'संगीत रत्नाकर' के अनुसार पहले हमारे यहाँ सामगान गाए जाते थे फिर, विष्णुपद फिर ध्रुवपद। खयाल और ठुमरी तो भारतीय संगीत की अगली परिणतियाँ हैं। वर्तमान युग में सामवेद की जो शाखा सर्वाधिक प्रचलित है उसे कौथुम शाखा के नाम से जाना जाता है। छान्दोग्य उपषिद् इसी में सन्निहित है। सामवेद का एक संकलन और भी प्राप्त है जिसे राणायनीय शाखा कहते हैं। दोनों के मन्त्रों में यहाँ-वहाँ पाठ भेद भी मिलता है। महाभाष्य में लिखा मिलता है कि यह भेद उच्चारण का है। एकार और ओकार का ह्रस्व उच्चारण, सम्भवतः छान्दसिक समत्व को बनाए रखने की प्रक्रिया का अंग है। यहाँ एक तथ्य पर ध्यान अवश्य देना होता है और वह यह कि सन्ध्यक्षरों को दीर्घ न होने दिया जाए। हमने प्रारम्भ में प्राच्य और उदीच्य दो तरह के सामगों का जिक्र किया। इनमें से पहली शाखा में 646 मन्त्र हैं, जबकि दूसरी में 1041 मन्त्र। इनमें पाठ भेद तो है ही, एक अन्य तथ्य भी रेखांकित करने योग्य है और वह है केनोपनिषद्, जिसके विषय में हम आगे लिखेंगे, सामवेद के ही अन्तर्गत आता है।

❑

आनन रहित सकल रसभोगी

सुप्रसिद्ध इतिहासकार वी.ए. स्मिथ ने अपनी पुस्तक 'अकबर द ग्रेट मुगल' में महाकवि तुलसीदास के विषय में लिखा है—ही इज टालेस्ट इन द गार्डन ऑफ पोएट्री। स्मिथ, क्योंकि इतिहासकार होने के साथ अत्यधिक काव्यप्रेमी भी था इसलिए विश्व के इतिहास के अन्य ग्रन्थों को पढ़कर ही वह इस निष्कर्ष पर पहुँचा कि शुद्ध काव्य गुणों की जो विपुल राशि महाकवि तुलसी में पाई जाती है वह अन्यत्र दुर्लभ है। है भी ऐसा ही। तुलसी के काव्य में ध्वनि, रीति, वक्रोति एवं लोकमंगलकारी भावों का एक ऐसा योग सम्पन्न हुआ है जो अन्यत्र दुर्लभ है।

कुल मिलाकर महाकवि तुलसीदास की तेरह कृतियाँ उपलब्ध हैं। वैराग्य संदीपनी, रामाज्ञा प्रश्न, जानकी मंगल, पार्वती मंगल, गीतावली, विनय पत्रिका, कृष्ण गीतावली, कवितावली, वरवै दोहावली जैसी कृतियों के अतिरिक्त जिस एक रचना ने सन्त तुलसीदास को विश्व के महाकवियों का भी कवि और जनप्रिय बना दिया, वह है उनका महाकाव्य रामचरितमानस।

मानस के प्रथम सोपान में महाकवि ने लिखा है—नाना पुराण, निगमागम-सम्प्राप्तं यद्...अर्थात् उन्होंने इस कृति की रचना, पूर्ववर्ती अनेक ग्रन्थों का अवगाहन करने के बाद की है। सब जानते हैं कि तुलसीदास से पूर्व आदिकवि वाल्मीकि रामायण की रचना कर चुके थे। मगर उनकी 'मानस' कृति पर अध्यात्म रामायण का प्रभाव अधिक है। यही नहीं, इसके अतिरिक्त योगवासिष्ठ, हनुमन्नाटक, महारामायण, प्रसन्नराघव, रघुवंश आदि अन्य काव्यकृतियों की छाया भी रामचरितमानस में झलकती है। अपने इष्ट पर लेखनी उठाने से पूर्व यह स्वाभाविक हो है कि तुलसीदास तत्सम्बन्धी साहित्य भी पढ़ते हैं। एक विदित वाक्य है—व्यासोच्छिष्टं जगत् सर्वं अर्थात् जो कुछ वेदव्यास कह गये हैं, समस्त साहित्य उन्हीं की रचना की उच्छिष्ट है। अत: तुलसीदास ने जिन सिद्धान्तों का प्रतिपादन किया है, वे भी श्रुतिसम्मत ही समझे जाएँ। सभी कवि परिस्थिति प्रसूत होते हैं। यही नहीं, उन्हें मौलिक उद्भावना

करने का हक भी होता है। मानस में उनके ऐसे वर्णन मिलते हैं जो अन्यत्र उपलब्ध नहीं। उदाहरणार्थ, पुष्पवाटिका प्रसंग अथवा जनकपुर का लक्ष्मण द्वारा नगर-दर्शन। ऐसे और भी प्रसंग हैं जो सिर्फ तुलसीदास के रामचरितमानस में तो मिलते हैं, अन्य कृतियों में नहीं मिलते।

कहीं-कहीं महाकवि तुलसीदास ने अपनी उद्‌भावना को नया रंग भी दिया है। उदाहरण के लिए, रामायण में अहल्या अदृश्य है जबकि मानस में वह पाषाण बनी पड़ी है और राम के चरण-स्वर्श से जीवित होकर पतिलोक को चली जाती है। भावना की दृष्टि से तुलसीदास की कृति, वाल्मीकि रामायण की तुलना में कहीं अधिक मर्मस्पर्शी बन पड़ी है। लगता है तुलसीदास इस दृष्टि से अध्यात्म रामायण को अपने मनोकूल पाते रहे। और फिर सीधे-सीधे अपनी चौपाई में बुन दिया। तुलसीदास जी ने लोकहित में उसे इस प्रकार प्रस्तुत किया है—

जब-जब होइ धरम की हानी,
बाढ़हि असुर अधम अभिमानी।
तब-तब प्रभु धरि विविध सरीरा,
हरहिं कृपानिधि सज्जन पीरा।

आदिकवि वाल्मीकि का एक श्लोक है—

देशे देशे कलत्राणि देशे देशे च बान्धवाः।
तं तु देशं न पश्यामि यत्र भ्राता सहोदरः॥

सभी कवि लोक सामग्री से प्रेरित भी होते हैं, ग्रहण भी करते हैं। बाबा तुलसीदास ने भी उपर्युक्त श्लोक को अपने ढंग से इस प्रकार रखा है—

सुत बिन नारि भवन परिवारा,
होंहि जाहि जग बारहिं बारा।
अस विचार जिय जागहु ताता,
मिले न जगत सहोदर भ्राता।

ऐसे और भी तमाम स्थलों पर मानस के कवि की रचना में हम सभी को भाव साम्य झलक जाता है, लेकिन इसका यह अर्थ नहीं कि महाकवि की प्रतिभा में कहीं कोई कमी थी। हर वह कवि जो बहुत पढ़ता है उसकी रचना में ऐसी छायाएँ जाने अनजाने आ ही जाती हैं और क्या पता लोकहित के कारण ही महाकवि तुलसी ने ऐसा किया हो!

इस सन्दर्भ में भगवान श्रीकृष्ण का यह कथन याद आ रहा है। कृष्ण ने अर्जुन से कहा था—अर्जुन! जो योग सम्बन्धी बातें मैं तुमसे कह रहा हूँ यह ज्ञान नया नहीं। कल्प के प्रारम्भ में मैंने यह ज्ञान मनु और मनु ने यही ज्ञान इक्ष्वाकु को दिया। आज मैं फिर वही परम्परागत ज्ञान तुम्हें दे रहा हूँ। शायद यही वजह है कि गीता में उपनिषदों के सिद्धान्त ही नहीं, विचार, शब्द यहाँ तक कि वाक्य भी एक जैसे लिखे मिलते हैं। महाकवि तुलसीदास ने भी सम्भवत: चिन्तन वाग्धारा में कालजयी विचारों को सन्निविष्ट कर उसे लोकभाषा में जन-जन के समक्ष प्रस्तुत करना ठीक समझा। यही श्रेयस्कर भी था।

❑

क्षुधा मिटाना आपद्-धर्म

'शंख स्मृति' का निहितार्थ यह है कि हृदय के साथ कहीं एक लौ है। लौ के भीतर एक और कोटक है—लौ के आकार का ही एक अधिक धवल बीज। शंख स्मृति इसे ही प्राणतत्त्व अथवा अजर अविनाशी मानती है।

शंख स्मृति कहती है—पृथ्वी, जल, तेज, वायु और आकाश ये पाँच महाभूत हैं। नेत्र, कान, त्वचा, रसना, घ्राण ये पाँच बुद्धि की इन्द्रियाँ हैं। शब्द, रूप, स्पर्श, रस और गन्ध ये पाँच इन्द्रियों में रहनेवाले विषय हैं। हाथ, पैर, उपस्थ, जिह्वा और वायु (गुदा) ये पाँच इस शरीर की कर्मेन्द्रियाँ हैं। मन, बुद्धि और अहंकार इन तीन अव्यक्त प्रकृतियाँ तथा प्रकृति और पुरुष—इस प्रकार पच्चीस तत्त्व कहे गये हैं। समझदार आदमी को इनकी प्रकृति के अनुरूप कार्य करना चाहिए।

आपस्तम्ब स्मृति—इसमें सबसे पहले अनिच्छा से बालकों के प्रति होने वाले अपराधों का वर्णन किया गया है। इसी स्मृति के माध्यम से ज्ञात होता है कि हम अपने बच्चों के प्रति कितने उदासीन हैं। वयस्क मिलकर ताश खेलते या मद्यपान करते रहेंगे और बच्चा बेचारा बोर होता रहेगा। अनाथों की सहायतार्थ दान और भिक्षादि के नियम भी इस स्मृति में मिल जाएँगे। 'बालकों को स्तनपान कराने में कोई दोष नहीं' सबसे पहले यह घोषणा आपस्तम्ब स्मृतिकार ने की थी। शातातप स्मृति शुरू से अन्त तक प्रायश्चित को लेकर है। ऐसा लगता है ईसाइयों को 'कनफेशन' की विधि शातातप स्मृति से ही मिली। शातातप ने अनेक छोटी-बड़ी बदमाशियों के परिणामस्वरूप होने वाले रोगों का जिक्र किया है। यह कुछ सोचने जैसा है कि यह जो सब तरफ बीमार लोगों की भीड़ है, यह क्या स्वयं उनके द्वारा चोरी छिपे किए गये अपराधों की ही परिणति नहीं?

'गौतम स्मृति' गद्य में लिखी गयी है। गौतम स्मृति में धर्म के अतिरिक्त आपद् धर्म का भी उल्लेख है। इस सन्दर्भ में एक कहानी विश्वामित्र के जीवन से जुड़ी है। महाभारत के बाद भयंकर अकाल पड़ा। भूख से व्याकुल विश्वामित्र एक चांडाल के झोपड़े में पहुँचे, कहा—'जो कुछ ताजा-बासा भीतर पड़ा हो लाकर दो, भूख से मर

रहा हूँ।' चांडाल ने कहा—'कुत्ते का बासी मांस भर है मगर मैं अपृश्य हूँ और आप गायत्री सिद्ध विश्वामित्र।' 'व्याख्यान बाद में, अभी तो मांस ला' विश्वामित्र ने आदेश दिया।

चांडाल मिट्टी के सकोरे में मांस ले आया। विश्वामित्र जब मांस खाने में व्यस्त थे तभी चांडाल भीतर से कुल्हड़ में जल भरकर ले आया। विश्वामित्र बासी मांस खा चुके थे मगर कुल्हड़ लेकर उन्होंने उसे दूर फेंकते हुए गरजकर कहा—'मेरा धर्म भ्रष्ट करता है?' चांडाल अवाक्। विश्वामित्र ने कहा, 'क्षुधा मिटाना मेरा आपद्-धर्म था पर यह जल मेरे लिए जरूरी नहीं। इसे पान करने से मैं धर्मभ्रष्ट हो जाऊँगा।'

हारीत स्मृतिकार ने अपनी इस स्मृति में यह लिखा है—जिस प्रकार बिना घोड़े का रथ और बिना रथ का घोड़ा कार्योपयोगी नहीं होते, उसी प्रकार बिना ज्ञान का तप अथवा तपहीन ज्ञान दोनों व्यर्थ चले जाते हैं, इसलिए तपने के साथ-साथ ज्ञान भी अनिवार्य है।

'संवर्त स्मृति'—का माहात्म्य संवर्त की विशेषता है। संवर्तकार का कहना है—दान देने से शरीर की अग्नि दीप्त रहती है। यही नहीं, ज्ञान और सौभाग्य की भी वृद्धि होती है।

'वृहस्पति स्मृति' में लिखा है—दान में दी गयी वस्तु दोबारा छीन लेने पर मनुष्य अगले जन्म में भूमिविहीन जीता हुआ अनेक बाधाओं से घिरा रहता है। भूमिहरण भयंकर पाप है जबकि आज के युग में आदमी की फितरत ही यह है कि कहाँ किसकी जमीन हड़पी जाए। ये मन्दिर-मस्जिद जो जगह-जगह रातोंरात उठ आते हैं, ये सब शुद्धरूप से आपराधिक कार्य की श्रेणी में आएँगे। जबकि इसके ठीक विपरीत जो व्यक्ति तालाब बनवाता या तालाबों का जीर्णोद्धार करता है, वह कभी विपन्न जीवन नहीं जीता। आज हम जो वाटर हार्वेस्टिंग की चर्चा सुनते हैं उसकी समझ हम भारतीयों को पहले से ही थी।

❑

सृष्टि से पुराना है आयुर्वेद

आयुर्वेद को अपने यहाँ पाँचवाँ वेद माना गया है। आयु है क्या? शरीर, पाँच कर्मेन्द्रियाँ, पाँच ज्ञानेन्द्रियाँ, मन और प्राण इनके सम्यक् योग को ही आयु कहा जाता है। आयु को आयु इसलिए कहते हैं क्योंकि एक बार चलना प्रारम्भ कर यह लगातार चलती चली जाती है। आयु के विषय में जिस विद्या के सहारे ज्ञान प्राप्त किया जाता है उसे आयुर्विज्ञान अथवा आयुर्वेद कहते हैं। कुछ विद्वानों का मानना है कि आयुर्वेद पहले हुआ, सृष्टि बाद में जनमी। आयु के लिए क्या उपयोगी है क्या अनुपयोगी, यह जानकारी बहुत जरूरी है। सृष्टि ने जिसे उपजाया है अर्थात् तमाम वनस्पतियाँ, शस्य, फल आदि, उनमें से हर एक की उपज मौसम के अनुरूप होती है। मौसम विशेष में उपजे ये सभी खास खाद्य पदार्थ शरीर के अनुकूल आते हैं इसलिए आयुर्विज्ञान यह बार-बार दोहराता है कि ऋतु के अनुकूल ही भोजन करो। प्रकृति इतनी समझदार है कि शिशु के जन्म से पूर्व ही माँ के स्तनों में दूध उतर आता है। इसी आधार पर यह मान लेने में कोई झिझक नहीं होनी चाहिए कि हमारे जन्म से पूर्व ही आयुर्विज्ञान भी रहा होगा। शरीर प्राणों का ही भोगायतन है। पंच महाभूत विकारात्मक हैं। भोग का साधन हैं इन्द्रियाँ। अन्तःकरण है मन और मोक्ष, आत्मा या प्राणों का इष्ट है उसी का नाम है आयु।

अपनी विचित्र कारीगरी के अनुरूप प्रकृति ने प्रारम्भिक उत्पाद यानी प्राइमरी प्रोडयूर्स सबसे ज्यादा बनाये। दूसरे पायदान पर उसने शाकाहारी जीव बनाये। तीसरी सीढ़ी पर उसने मनुष्य की रचना की जो शाकाहारी और मांसाहारी दोनों हैं। अन्त में उसने सबसे कम संख्या में हिंस्र पशुओं की सृष्टि की और इस तरह जीवन का यह पिरामिड बना। मगर आदमी ने अपनी चालाक बुद्धि से प्रकृति के इस योजनाकाल को तोड़-मरोड़ दिया। परिणाम यह निकला कि आज पृथ्वी पर मनुष्यों की संख्या छः अरब से अधिक हो गयी जबकि शेष सभी जीवधारी पृथ्वी से हमेशा के लिए गायब होते जा रहे हैं। इसका अन्दाज इसी से लगाएँ कि जितनी देर में ये पंक्तियाँ पढ़ पाएँगे उतनी देर में पृथ्वी पर से सौ के आसपास या सौ से भी अधिक प्रजातियाँ हमेशा के

लिए नष्ट हो गयी होंगी। अगर आपने कभी सैन डियागो का चिड़ियाघर देखा हो तो वहाँ अन्तिम छोर पर एक झरोखा है—बाहर लिखा है, अब देखिए पृथ्वी पर पाया जाने वाला सबसे ज्यादा बर्बर पशु। आप जब उसे गोलाकार छोटे झरोखे के पास जाकर भीतर देखने का प्रयन्न करते हैं तो पाते हैं कि वहाँ भीतर एक बड़ा दर्पण है जिसमें आपको खुद अपनी शक्ल नजर आती है। यह हमारी बर्बरता का ही नतीजा है कि प्रकृति का गढ़ा जीव पिरामिड अब उल्टा हो गया है।

आयुर्वेद का इतिहास पढ़ने से पता चलता है कि शरीर को अपने यहाँ सर्वाधिक महत्त्व दिया गया। शायद इसीलिए कालिदास ने लिखा है—शरीरमाद्यं खलु धर्मसाधनम्। शरीर स्वस्थ न हो तो योग साधना तक नहीं हो पाती। अश्विनी कुमार अपने यहाँ के आद्य चिकित्सक माने जाते हैं जो चिरयुवा ही रहे। जो सम्पूर्ण काया को सर्वथा नवीन कर दिया करते थे। चरक संहिता, सुश्रुत संहितादि अपने यहाँ के प्रसिद्ध चिकित्सा ग्रन्थ हैं। अपने यहाँ काय चिकित्सा और शल्य चिकित्सा दोनों का प्रचलन था। अभी भी है। चरक ने 'अश्विनौ' शब्द के अर्थ दिये हैं। कुछ अँधेरा, कुछ उजाला। शाम को उगने वाला नक्षत्र। अनसुलझी पहेली आदि जबकि हठयोग में वाम और दक्षिण नासासुरों को अश्विनी कहते हैं अर्थात् इड़ा और पिंगला। विवरण मिलता है कि 'धन्वन्तरि' संज्ञा सामान्यतः शल्य चिकित्सक के लिए प्रयुक्त होती थी जबकि काय-चिकित्सक के लिए 'चरक।'

सम्यक् ही महत्त्वपूर्ण है

बुद्ध के तीन आर्य सत्यों को हम सभी जानते हैं। मगर चौथे आर्य सत्य के विषय में अधिकांशतः उदासीन रहते हैं अर्थात् दुख-निरोधगामिनी प्रतिपदा क्या है? इस पर ध्यान नहीं देते हैं जबकि व्यावहारिक जीवन में सर्वाधिक महत्त्व इसी का होना चाहिए। स्वयं बुद्ध ने अपना पूरा जीवन इस अन्तिम आर्यसत्य को चरितार्थ करने में लगा दिया।

दुख नाश की दिशा में सभी को अग्रसर और उत्प्रेरित करते हुए, बुद्ध ने आठ मार्ग बताये, जिन्हें 'अष्टांग मार्ग' कहा जाता है। ये अष्टांग मार्ग क्रमशः इस प्रकार रखे जा सकते हैं—

सम्यक् दृष्टि—दुख क्यों जन्म लेता है और उसका निरोध कैसे किया जाय अर्थात् दुखनिरोध का ज्ञान कैसे हो यही सम्यक् दृष्टि है। जब तक हम दुनिया को दुख का भांडा नहीं मानेंगे और इसे तोड़ने का मन न बनाएँगे यानी जब तक हमारे कर्तव्य का अभिप्रेत उससे भागने की ओर न होगा तब तक हम असन्तुलित दृष्टि के शिकार हैं। सच्चे संकल्प का आगम सच्चे ज्ञान से होता है।

सम्यक् संकल्प—यह प्रतीति कि तृष्णा से छुटकारा पाए बिना दुख से छुटकारा नहीं, सम्यक् संकल्प है। हमारी तृष्णा का तिरोहण अद्वैत, अहिंसा और मैत्री-भाव से ही होगा। इसे स्वीकार कर लेना सम्यक् संकल्प है।

सम्यक् वाक्—वाणी संयम अर्थात् हर तरह के झूठ, झूठी गवाही, पर-निन्दा आदि से विमुख हुए बिना, वाणी का सदुपयोग नहीं होता। जिसे बोलने पर औरों को तकलीफ हो, ऐसी वाणी की तुलना में चुप रहना कहीं अधिक बेहतर है। इसे ही बुद्ध सम्यक् वाक् कहते हैं।

सम्यक् कर्मान्त—बुद्ध के पंचशील इसी के अन्तर्गत आते हैं। ये हैं—कोई किसी को न मारे। चोरी न करे। झूठ न बोले। मादक द्रव्यों का सेवन न करे। व्यभिचार में रत न हो। भिक्षुओं के लिए पाँच नियम और हैं—रात्रि में विलम्ब से भोजन न करे। माला न पहने। भूमि पर सोए। गान और नृत्य में आसक्त न हो। स्वर्ण और रजत का

व्यवहार न करे।

सम्यक् जीविका—ऐसा धन्धा न करे जिसमें हिंसा या बलाघात हो, झूठ बोलना पड़े या व्यभिचार हो। ऐसा जीवन जीना ही सम्यक् जीविका है।

सम्यक् व्यायाम—व्यायाम से यहाँ तात्पर्य है सच्चे उद्योग से। सच्चे उद्योग में चार बातें आती हैं—अवगुणों के नाश का उद्योग करना। नये अवगुणों से बचना। नये गुण ग्रहण करना। गुणों को सराहना।

सम्यक् स्मृति—स्मृति का अर्थ स्मरण होता है, यह तो हम सभी जानते हैं मगर बुद्ध के अनुसार स्मृति का अर्थ है—सतत विचार। यानी लगातार चित्त का शोधन। चित्त अगर शुद्ध नहीं है तो आपका हर कार्य सदोष होगा। कर्म से, मन से, वाणी से और काय से सभी प्रकार के कार्य किए जाते हैं। जो व्यक्ति सोच-समझ कर, बुरे-भले का ध्यान रखकर कार्य करता है, उसे बौद्धों के अनुसार सम्यक् स्मृति माना जाएगा।

सम्यक् समाधि—अर्थात् ध्यान में निमग्न रहना। अँग्रेजी में कहें तो मेडीटेटिव मन:स्थिति में रहना।

बुद्ध ने हर प्रकार की अति से बचने की सलाह दी। कहा कि यहाँ सभी कुछ प्रतीत्य समुत्पाद है अर्थात् एक-दूसरे पर आधारित। ऐसा नहीं कि समूचा शरीर होते हुए भी आप अपने को दायाँ या बायाँ हाथ भर मानें। बुद्ध ने कहा कि न घोर आपत्तिपरक जीवन जीना चाहिए, न घोर निवृत्तिपरक। दोनों छोरों में से किसी एक को पकड़ लेना सम्यक् दृष्टि का उदाहरण नहीं हो सकता। दूसरे शब्दों में, बुद्ध ने सह अस्तित्व को वरीयता दी।

उन्होंने देखा कि सभी न दिखाई पड़नेवाली किसी डोर से बँधे हैं, सभी यात्रा पर हैं। यहाँ जो फूल खिला है, वह भी यूँ ही नहीं खिल गया। उसके बीज ने भी हजारों वर्ष की यात्रा की है। ठीक, जिस तरह हमने और आपने। हम यों ही नहीं आ गये अकस्मात्। हमारी यात्रा भी लम्बी है और दुर्गम भी। हमें वही करना चाहिए जिससे औरों का अहित न हो।

❑

युद्ध भी बुरा है और कायरता भी

हममें से अधिकतर लोग ऐसा सोचते हैं कि 'जिन अनुशासन' को मानने वाले हमारे जैन बन्धु हमसे अलग हैं मगर सच तो यह है कि प्रारम्भ से बहने वाली दो धाराओं, ऋषि परम्परा और मुनि परम्परा में से जैन बन्धु मुनि-परम्परा का अंग हैं।

ऋषभदेव, जिनका जिक्र वैदिक साहित्य में भी मिलता है, जैनों के पहले तीर्थंकर के रूप में प्रख्यात हैं। ऋषभदेव पहले नरेश थे जिन्होंने प्रजातन्त्र की शुरुआत की। समय आने पर ऋषभ अपना राज्य अपने बड़े बेटे भरत को सौंपकर तपश्चर्या के लिए जंगल की ओर चले गये। मगर उनके वनवास से पूर्व ही उनके बेटे उनके पास आये और कहा—भरत चक्रवर्ती सम्राट बनना चहता है। उसने सन्देश भेजा है कि हम सब भरत की अधीनता स्वीकार कर लें। हम दुविधा में हैं कि लड़ें या फिर पराधीन जीवन जिएँ। ऋषभदेव ने उत्तर दिया—युद्ध भी बुरा है और कायरता भी बुरी है। पक्षी दोनों पंखों से ही उड़ पाता है। पुत्रो! मैं तुम्हें ऐसा राज्य देना चाहूँगा, जिसमें युद्ध और कायरता के सूत्र एकजुट हों। पार्थिव सत्ता से अलग भी पाने के लिए बहुत कुछ है। यह निहितार्थ ऋषभ के बेटे समझ नहीं पाये। तीर्थंकर ऋषभ ने फिर दोहराया कि युद्ध और क्लेश एक दूसरे में गुँथीं कड़ियाँ हैं। इसी बीच भरत दौड़े हुए आये। उन्हें अपने भेजे सन्देश को लेकर पश्चाताप हो चला था। उन्होंने आकर अपने भाइयों से क्षमा माँगी।

बेंजामिन वाकर के अनुसार—अयोध्या का नाम ऋषभदेव ने ही रखा था और घोषणा की थी कि यह भूमि अयोध्या अथवा युद्ध के लिए वांछनीय नहीं। ऋषभ तो अपने निश्चय के आधार पर वन की ओर प्रस्थान कर गये किन्तु भाइयों के बीच जो दरार आ गयी थी वह मिटी नहीं। बाहुबली जो भरत से छोटे थे उनके पास जब भरत का सन्देश पहुँचा तो क्रोध से फुफकार उठे। उन्होंने दूत से कहा, लगता है मुझसे छोटे अट्ठानवें भाइयों का राज्य हड़पकर भरत की साम्राज्यवादी लिप्सा अभी भी मिटी नहीं। न भूलें कि ऋषभदेव की सौ सन्तानें थीं। भरत सबसे बड़े थे। बाहुबली उनसे छोटे, फिर इसके बाद अट्ठानवें पुत्र और थे। बाहुबली के भीतर अँधड़ चल रहा था।

भरत पर उन्माद सवार है। उनकी विशालकाय सेना सीमा पर आ गयी। बाहुबली की सेना कम थी। आक्रमण और बचाव का सिलसिला लम्बा चला। कथा-सूत्रों के अनुसार, बाहुबली की विजय जब होने वाली थी, तभी भरत ने चक्र का प्रयोग कर दिया। इस अप्रत्याशित वार से बाहुबली को बड़ा आश्चर्य हुआ। बाहुबली चाहते तो भरत की हत्या कर सकते थे। मगर ऐसा न करके उस पथ के अनुगामी हुए जिस पर उनके पिता गये थे। वे स्थिर होकर ध्यानलोक में चले गये। मगर वे सहजत: ध्यान में नहीं गये। इन्हीं बाहुबली की 57 फुट उत्तुंग ध्यानमग्न मूर्ति श्रवणाबेलगोला (कर्नाटक) की एक पहाड़ी पर स्थापित है। भरत चक्रवर्ती घोषित हो गये।

चक्रवर्ती होने के बाद भरत के मन में एक और लिप्सा जनमी और वह लिप्सा थी अमर होने की। उन्होंने देवर्षि से प्रार्थना की कि इन्द्रलोक में जिस पट्ट पर चक्रवर्तियों के हस्ताक्षर हैं, वे वहाँ जाकर अपना नाम दर्ज कराना चाहेंगे। देवर्षि ने उन्हें बहुतेरा समझाया...क्या रखा है नाम में! मनुष्यों की दुनिया में नाम से ज्यादा झूठा और छलिया कोई दूसरा शब्द नहीं। फिर भी भरत माने नहीं। भरत के दुराग्रह से तंग आकर अन्तत: देवर्षि उन्हें इन्द्रलोक ले गये। भरत यह देखकर अवाक् रह गये कि उस पट्ट पर इतने चक्रवर्तियों के नाम पहले से ही अंकित थे कि वहाँ सूत भर स्थान रिक्त नहीं था।

❑

असत् नहीं था सत् भी नहीं था

पत्ते गिनते अँग्रेजीदाँ शहरियों से हटकर थोड़ा उस तरफ जाओ, जहाँ हमारी संस्कृति के सच्चे चिह्न बिखरे पड़े हैं।

पंख और पहियों पर भागती, सूचना के अकाट्य जाल में जकड़ी आज की आतंकग्रस्त जिन्दगी में अपने लोगों को, उनके उत्स की याद दिलाना काफी अटपटा लगता है। मगर यही वह समय है जब अतीत नाम वाला दर्पण, हम सभी के लिए खासा उपयोगी भी सिद्ध हो सकता है।

सृष्टि कैसे प्रारम्भ हुई? इस विषय में, हमें वृहदारण्यक उपनिषद् में लिखा मिलता है : ''पहले यहाँ कुछ नहीं था। यह सब मृत्यु से ही आवृत था। यह अशनाया (क्षुधा) से आवृत था। अशनाया ही मृत्यु है और उसने मन किया कि मैं आत्मा से युक्त होऊँ।''

एक हूँ अनेक हो जाऊँ, स्रष्टा की इस इच्छा से स्रष्टि रचना का प्रारम्भ हुआ। वह एक से अनेक हो जाने की इच्छा का परिणाम है। नारदीयसूक्त अत्यधिक काव्यमय ढंग से कहता है :

''उस समय असत् नहीं था। जो सत् है वह भी नहीं था। पृथ्वी भी नहीं थी और आकाश भी नहीं था। आकाश में विद्यमान सातों भुवन भी नहीं थे, आवरण भी कहाँ था? किसका कहाँ स्थान था? क्या उस समय दुर्गम और गम्भीर जल था? उस समय मृत्यु नहीं थी, अमरता भी नहीं थी। रात और दिन का भेद भी नहीं था। वायु शून्य और आत्मावलम्बन से श्वास-प्रश्वासयुक्त केवल एक ब्रह्म था, उसके अतिरिक्त और कुछ नहीं था। सृष्टि के प्रथम अन्धकार (मायारूपी अज्ञान) से अन्धकार (जगत्कारण) ढँका हुआ था। अविद्यमान वस्तु के द्वारा वह सर्वव्यापी आच्छन्न था। तपस के प्रभाव से वह एक उत्पन्न हुआ।''

सारांश यह कि एक अव्यक्त चेतना थी जिससे कालान्तर में स्रष्टि में वैचित्र्यों की अभिव्यक्ति हुई। वस्तुतः यही वह सर्वव्यापी शक्ति थी, जिससे इच्छा, ज्ञान और क्रिया शक्ति का प्रादुर्भाव हुआ। अपने यहाँ शिवत्व का जो सिद्धान्त है और जिसकी

चर्चा हम आगे करेंगे, घूम फिर कर काव्य-रचना पर भी चरितार्थ होता है। शायद इसलिए हम कविता को भी रचना कहते हैं, सृष्टि कहते हैं। सृष्टि के मूल में रचयिता की आत्माभिव्यक्ति की अकुलाहट है। कविता के मूल में भी यही भाव है। सृष्टि एक सर्वथा मौलिक निर्माण है। काव्य भी। रचना को मूल प्रतिभा कहा जाता है मगर वह सहजगुण होते हुए भी रहस्य है। अत: इसकी ठीक परिभाषा दुर्लभ है। अपने यहाँ ईशोपनिषद् में आया यह श्लोकांश 'कविर्मनीषी परिभू: स्वयंभू:' हमारे देश की ऊर्ध्वगामी चेतना का साध्य है।

कवि को स्वयंभू सम्भवत: किसी देश के साहित्य में नहीं कहा गया। इतनी ऊँचाई से शुरू होती है इस देश की सांस्कृतिक रचना-यात्रा।

विश्व वाङ्मय के विशाल फलक पर हम भारतीयों के समृद्ध साहित्य और चिन्तन का आज भी कितना मान है इसे समझने, जानने और परखने के लिए विश्वभर के उन तमाम विश्वविद्यालयों में जाना होगा, जहाँ प्राच्य विद्या विभागों में आज भी सैकड़ों विद्वान शोधरत हैं। हमारे अपने देश के बर्बर महानगरों में रहने वाले गिनती के अँग्रेजीदाँ पल्लवग्राही बौद्धिकों से अलग हटकर यदि हम देश के अन्य भागों में जाएँ जहाँ लोक परम्पराएँ और पैतृक ज्ञानराशि आज भी अपनी आनुवंशिक सम्पदा को अनेक विसंगतियों के बीच सँजोये है तो ऐसे अपने सरल दीख पड़ते जन और पैतृकों के समक्ष, मन एक अपरिभाषेय कृतज्ञता और अगाध श्रद्धा से भर जाता है। हमारे देश के हजारों कस्बों और लाखों गाँवों में, ज्ञान और विवेक की जो सामग्री भरी पड़ी है, हमारा प्रयत्न होना चाहिए कि वह बची रहे।

बिना किसी अतिशयोक्ति का सहारा लिये हमारा प्रयत्न यह होगा कि आगे की किस्तों में हम अपनी संस्कृति के उन पक्षों को उद्घाटित करें जिनके कारण पाश्चात्य विद्वान हमारी ओर आकृष्ट हुए जिन्होंने हमें मारा भी और सराहा भी।

❑

तमसा तट का आर्तनाद रुका नहीं

सन् 1997 में जब भारत की स्वतन्त्रता की अर्द्धशती मनाई जाने वाली थी, उन्हीं दिनों एक साथ मुझे दो आमन्त्रण मिले। पहला निमन्त्रण था कनाडा के टोरंटो विश्वविद्यालय का, जहाँ इस लेखक को 'हिन्दी कविता के पचास वर्ष' शीर्षक से एक निबन्ध पढ़ना था और दूसरा था बर्कले विश्वविद्यालय के दक्षिण एशिया विभाग के डायरेक्टर राबर्ट गोल्डमैन का, जिन्होंने वाल्मीकि द्वारा रचित विश्व के प्रथम महाकाव्य रामायण का अँग्रेजी में अनुवाद किया है। यह अनुवाद सभी विद्वानों की दृष्टि में सर्वाधिक सफल और सटीक अनुवाद है। राबर्ट गोल्डमैन अत्यधिक विनम्र स्वभाव वाले हैं। संस्कृत भाषा के अध्येताओं में विनम्रता के लक्षण लगभग सभी देशों के विद्वानों में मिले। चाहे वे उपसला (स्वीडन) विश्वविद्यालय के प्रोफेसर नीलबर्ग हों, चाहे फिलाडेल्फिया के प्रोफेसर कार्दोना। चाहे वे कनाडा विश्वविद्यालय के मिल्टन इजरायल हों, चाहे 'वंडर दैट वाज इंडिया' के लेखक ए.एल. बैशम। राबर्ट गोल्डमैन ने बताया कि रामायण की प्रेरणा और उस पर कार्य करने का सिलसिला काफी पहले डॉ. लैसेन के समय से शुरू हो चुका था। मगर लैसेन और उनके परवर्ती विद्वान डॉ. जैकोबी, दोनों ने 'रामायण' के साथ न्याय नहीं किया। इसलिए कि जैकोबी ने रामायण में पश्चिमी पाठ की झलक देखी। और तो और 'रामकथा उत्पत्ति और विकास' (प्रयाग 1950) के लेखक फादर कामिल बुल्के तक ने रामायण के साथ न्याय नहीं किया।

सच तो यह है कि वाल्मीकि न केवल महाकवि थे, बल्कि अपने समय के प्रकांड आचार्य भी थे। जब एक कवि, कवि होने के साथ-साथ आचार्य भी हो तभी वह महर्षि कहलाने योग्य होता है। युगान्तकारी रचना पांडित्य एवं ऊर्ध्वगामी चेतना भी माँगती है। रामायण जैसे महाकाव्य के लिए नायक के रूप में राम जैसा विश्व मानव ही उपयुक्त हो सकता था। महाकवि वाल्मीकि ने अपने महाकाव्य में जो साहसिक एवं अप्रतिम कार्य किया वह यह है कि देवत्व के ऊपर मनुष्यत्व को महत्त्व दिया। वाल्मीकि के राम ने अपना कोई पन्थ नहीं चलाया। मात्र एक जीवन शैली दी, ऐसी जीवन शैली जो एक बेहतर इनसान बनने की कोशिश में सहायक हो सकती है। जहाँ

व्यक्ति समाज और समस्त भूमंडल की न्यूनतम इकाई अथवा घटकों का भेद मिट जाता है। यह जो तमाम विखंडन और थोड़ा भेदाभेद हम अपने चारों ओर आज देख रहे हैं, इसके पीछे अहं की महत्ता है। राम ने अहंवाद के स्थान पर त्रयंवाद पर बल दिया। अपने समय की क्रूरताओं को समाप्त करने के लिए दलितों और आदिवासियों को भी गले लगाया। लोक-कल्याण के लिए उन्होंने त्याग का आदर्श सामने रखा।

रामायण कोई परिकल्पना नहीं। उसकी धरती सप्तदीपा है। सप्तकांड है। महाकवि वाल्मीकि ने पहले इस धरा को, इसके भूगोल को सात द्वीपों और सात समुद्रों में बाँटा है। जब सम्पूर्णता को आत्मसात करना हो तो अंड से शुरुआत करनी पड़ती है और क्योंकि महाकाव्य की धरती जलमय है तो संस्कृत में 'क' अक्षर का प्रयोग अनिवार्य हो जाता है। 'क' का अर्थ है पानी, जल। तो क+अंड मिलकर बना कांड। इस तरह रामायण के सात कांड हैं। महाकवि वाल्मीकि की रामायण में 24000 श्लोक हैं। प्रारम्भ 'साम्प्रतम्' से होता है अर्थात् वर्तमान काल से। निष्कर्ष यह है कि राम जब थे तभी रामायण की भी रचना हुई। श्लोक का प्रारम्भ गायत्री छन्द से होता है। गायत्री छन्द में चौबीस अक्षर होते हैं। इन्हीं अक्षरों को ध्यान में रखकर महाकवि ने चौबीस हजार श्लोकों की रचना की।

तमसा नदी के तट पर, जिस कवि का आर्तनाद फूटा था वह रुका नहीं वरन् अध्यात्म रामायण, कृतिवास रामायण, कंभन रामायण, तोखे रामायण और रामचरितमानस के रूप में, एक युग से दूसरे युग तक प्रतिध्वनित होता चला गया। रामायण की दो हजार से भी अधिक प्रतियों के हस्तलिखित विवरण अब तक प्राप्त हो चुके हैं।

❑

पाणिनि ने कई विद्वानों से प्रेरणा ली

वैदिक साहित्य में चार संहिताओं के अतिरिक्त, जिन छह अन्य शाखाओं का विकास हुआ उन्हें वेदांग कहते हैं। इनमें शिक्षा, छन्द, व्याकरण, निरुक्त, ज्योतिष और कल्प का नाम लिया जाता है। शिक्षा उस शास्त्र का नाम है जिसमें वर्णों और शब्दों का सही उच्चारण कैसे किया जाए, यह तथ्य स्पष्ट किया गया है। छन्द शास्त्र में अलग-अलग छन्दों का निरूपण किया गया है। इसके रचयिता आचार्य पिंगल माने जाते हैं। उदाहरण के लिए गायत्री छन्द में चौबीस अक्षर या वर्ण होते हैं। इसी तरह अनुष्टुप छन्द में बत्तीस अक्षर आदि। व्याकरण शास्त्र के अन्तर्गत पाणिनि ने अपने प्रसिद्ध ग्रन्थ 'अष्टाध्यायी' की रचना की। उनके द्वारा रचित ग्रन्थ को स्वतन्त्र ग्रन्थ भी माना जाता है। पाणिनि का काल पाँचवीं सदी ईसा पूर्व के आसपास माना जाता है। पाणिनि के विषय में आगे हम विस्तार से चर्चा करेंगे।

निरुक्त में शब्दों की व्युत्पत्ति पर प्रकाश डाला गया है। निरुक्त के रचनाकार यास्क माने जाते हैं। ऐसा लगता है, यास्क से पहले भी कई आचार्य हुए होंगे। ऐसा इसलिए कि यास्क ने अपने निरुक्त में इन सभी के मतों को जिक्र किया है। मगर क्योंकि किसी अन्य आचार्य का कोई ग्रन्थ उपलब्ध नहीं, इसलिए हम यास्क को ही प्रथम निरुक्तकार मानते हैं। निरुक्त के बाद ज्योतिर्विद्या भी छह वेदांगों के अन्तर्गत ही आती है। इस विद्या के अन्तर्गत आर्यभट्ट, वराहमिहिर आदि विद्वानों का नाम खासी प्रतिष्ठा के साथ लिया जाता है। कल्पशास्त्र में संस्कारों का वर्णन है। इन संस्कारों की संख्या सोलह है। आठ अध्यायों वाले ग्रन्थ अष्टाध्यायी के रचयिता पाणिनि के विषय में, विवरण मिलता है कि वे शालातुर गन्धार के रहने वाले थे। जनश्रुति है कि पाणिनि की माँ का नाम दाक्षी था, जो दक्ष नाम वाली किसी प्रजाति से सम्बद्ध थी।

शुरू में पाणिनि काफी मन्दबुद्धि थे। परिणाम यह कि उनके गुरु ने उन्हें अपने गुरुकुल में प्रवेश की आज्ञा नहीं दी। दुखी होकर पाणिनि ने शिव की आराधना की। इस आराधना का प्रभाव सम्भवत: यह हुआ कि व्याकरण के सूत्र उन्हें सूझ पड़े। इसके पश्चात् पाणिनि उस युग के सुप्रसिद्ध विश्वविद्यालय तक्षशिला में गहन अध्येता के रूप में प्रविष्ट हुए।

पाणिनि ने अपनी अष्टाध्यायी की रचना में उनसे भी पूर्व हुए, कई विद्वानों से प्रेरणा प्राप्त की होगी, जिनमें शाकल्य शक जाति से जुड़े कोई आचार्य रहे होंगे। पाणिनि ने शाकल्य के अलावा स्फीतायन, जो सम्भवतः ईरान के रहे होंगे एवं गार्ग्य तथा गालव ऋषि का नाम भी लिया है। पाणिनि की अष्टाध्यायी में चार हजार सूत्र हैं। ये सूत्र व्याकरण के नियमों का प्रतिपादन करते हैं। सन् 1953 में डॉ. वी.एस. अग्रवाल द्वारा लखनऊ से प्रकाशित पुस्तक 'इंडिया एज नोन टु पाणिनि' के हवाले से पता चलता है कि पाणिनि ने हर शब्द को उसकी मूल धातु से जोड़कर लगभग दो हजार धातुओं को अपनी अष्टाध्यायी में समायोजित किया है। पाणिनि का मानना था कि प्रत्येक शब्द अपने समवर्ती के सन्दर्भ में ही अर्थवान होता है। यही नहीं पाणिनि ने यह भी कहा है कि यदि कोई शब्द, शास्त्रीय नियमों के विरुद्ध लौकिक प्रचलन में कुछ का कुछ हो गया हो तो उसके प्रचलित रूप को ही प्रामाणिक मानना चाहिए। पाणिनि के विषय में एक जनश्रुति यह भी है कि एक बार जब वे अपने आश्रम में बैठे अपने शिष्यों को हिंस शब्द का व्युत्पत्तिमूलक अर्थ स्पष्ट कर रहे थे तो एक बाघ आया और उन्हें घसीटकर जंगल में ले गया।

❑

विजयपर्व आलोकपर्व

अपने देश में दीपावली का दिन विजयपर्व के रूप में मनाया जाता है। बार-बार दोहराया जाता है कि यह बुराई पर अच्छाई की, असत्य पर सत्य की विजय है। इस दिन मर्यादा पुरुषोत्तम राम अवधपुरी पहुँचे थे। इससे पूर्व कि हम आज के युद्धरत युग में सब ओर फैली, बुरी तरह उलझी, अनाख्य विसंगतियों का विश्लेषण करें, मायावी यथार्थ को समझने की कोशिश करें, पहले स्मरण कर लें श्रीराम के विराट व्यक्तित्व का।

करोड़ों लोगों की जिन्दगी में तरह-तरह से घुला-मिला बाहर दूर-दूर तक हवाओं में तिरता-गूँजता, भीतर मन की चेतन-अचेतन परतों पर जगमग सुलेख-सा शान्त समाया हुआ 'राम' कोरा शब्द भर नहीं है। वह अपने देश की इन्द्रधनुषी ऊँचाई, आसमुद्र फैली तरल संवेदना का अगरू चंदनी समागान है। यहाँ लोग मिलते हैं तो 'जय श्रीराम' कहकर अभिवादन करते हैं। अपनी देह पर राम का नाम गुदवाते हैं। रामनामी से अपनी देह ढँकते हैं। आपबीती को 'रामकहानी' का नाम देते हैं। बुरा सुनते हैं तो 'राम...राम...' कहकर चुप हो जाते हैं और इस दुख-बहुल दुनिया में हताश होते हैं तो 'अरे राम' भर दोहराते हैं। राम की याद में खास तरह का तिलक लगाते हैं। 'राम...राम..' कहकर मछलियों को आटे की गोलियाँ चुगाते हैं और देहान्त हुए प्रियजन को 'राम नाम सत्य है' कहते हुए देह-दहन के लिए ले जाते हैं।

राम का मतलब है सुहावना, भला लगने वाला, मन को रमाने वाला। भीतर यह अनुभव तब होता है जब कोई द्वन्द्व नहीं होता। सब कुछ शान्त, सम होता है। प्रेम, करुणा, शील, धैर्य, त्याग, कृतज्ञता, दीर्घदर्शिता, स्थिरता, उत्साह और विनय आदि जो महापुरुषों के गुण हैं, वे सब तो हैं ही श्रीराम में। राम जैसा जनहितैषी भी दूसरा नहीं हुआ। कोई पन्थ नहीं चलाया श्रीराम ने। न कोई ग्रन्थ लिखा उन्होंने। हमें एक आदर्श जीवन जीने की शैली दी। एक द्रष्टा, एक विज्ञानी, एक चिकित्सक की तरह देखा अपने समय के संक्रान्त युग को। जिन्दगी जो थोड़े से लोगों के लिए उकता देने वाली मौज है और बाकी के वास्ते दुख का, अभावों का दस्तावेज—राम ने उसे सत्ता से हट कर देखा। न भूलें कि बुद्ध को वैराग्य तो मात्र ईसा से छह सदी पूर्व हुआ था,

जबकि इसी इक्ष्वाकुवंश में बुद्ध से हजारों वर्ष पूर्व जनमे श्रीरान को शैशव काल में ही वैराग्य हुआ था। पूछा था विश्वमानव राम ने वसिष्ठ से, क्यों है सब तरफ तृष्णा की आग? श्रीराम के साथ मनुष्यता का नया इतिहास शुरू होता है। वसिष्ठ के साथ उनका संवाद दूर तक चला। उसी की निष्पत्ति है 'योग वसिष्ठ'। गीता से कहीं अधिक गहरा मनोविश्लेषक ग्रन्थ। बुद्ध को तो यह बोध चालीस की आयु के पार हुआ। श्रीराम ने कर्म, मर्यादा, शील और विनय के शिखर किशोरावस्था में छू लिये थे। उन्होंने जड़ पड़ी अहल्या की मूर्च्छा तोड़ी। दलितों, कमजोरों, वे जो अस्पृश्य हैं जिनके लिए इस दमकदार दुनिया में हर तरफ अन्धकार है, जिनके लिए जन्म ही बुढ़ापे की शुरुआत है और बरबस थोपा गया—वनवास वनवासी राम ने, ऐसी शबरी के जूठे बेर खाकर, मानवतावाद की खरी प्रामाणिक शुरुआत की। समता के कोरे कागज पर पहला हस्ताक्षर किया श्रीराम ने। राम के सागर व्यक्तित्व को क्या समझ पाएगी आज के आदमी की पोखर चेतना!

कितनी पुरानी है कहानी श्रीराम की कह पाना मुश्किल है। कामिल बुल्के के अनुसार, उनकी कहानी तिब्बत, हिन्दचीन, श्याम, ब्रह्मदेश और हिन्देशिया तक फैली है। साल-दर-साल, पता नहीं कब से, राम की यह लीला तरह-तरह से सुघढ़ और अनगढ़ दोनों तरह से खेली जाती है। शताब्दियाँ बीत गयीं, उसी तरह होता है जन्म। उसी तरह निष्कासन। उसी तरह कामभरी शूर्पणखा होती है, राम से निराश। घन्नाता है रावण का अट्टहास। उसी तरह हल की फाल से उभरती है सीता। अशोक के वृक्ष तले दुखती है सीता। जली हुई लंका की राख पर दमकती है एक लपट की तरह सीता। यह गगन गवाह है। बार-बार फटती है धरती। बार-बार धरती में धँसकर खो जाती है सीता। धरती को भी हम माँ कहते हैं सीता को भी। इस तरह का सम्बोधन हमारी गहरी जातीय चेतना के गहन मनोविज्ञान की खबर देता है। मातृशक्ति की उपासना हम प्रारम्भ से करते आये हैं। हमारे यहाँ जो सबसे प्राचीन मूर्ति मिली है, वह भूदेवी की है। विज्ञान की नयी खोजों द्वारा यह तथ्य अभी हाल ही में प्रमाणित हो पाया है कि पृथ्वी भी एक जीवन्त धड़कता हुआ ग्रह है। उसे भी पीड़ा होती है। वह भी बीच-बीच में थककर करवट लेना चाहती है, आदि आदि।

देवी तत्त्व की चर्चा इसलिए आवश्यक है क्योंकि आलोक का यह पर्व हम देवी लक्ष्मी की आराधना का दिन भी मानते हैं। देवी के सौन्दर्य और उसके वर्चस्व को हमने प्रधानता इसलिए दी; क्योंकि हम दिव्यता के पक्षधर हैं। हम स्वयं को भी अमृतपुत्र मानते हैं। सेमाई संस्कृतिवालों की तरह हम ग्लानिग्रस्त लोग नहीं, जिन्हें ईश्वर ने ईडन गार्डन से धक्के देकर पृथ्वी पर फेंका था। हम स्वयं को 'मौलिक पापी' नहीं मानते। देवी सौन्दर्य हमारी मनोवृत्तियों का मानवीकृत रूप है। जनमते ही हम भूदेवी

का स्पर्श करते हैं इसलिए हमें सिखाया गया है कि—

समुद्रवसने देवि पर्वतस्तनमंडिते।
विष्णुपत्नि नमस्तुभ्यं पादस्पर्शं क्षमस्व ते॥

अर्थात् समुद्ररूपी वस्त्रों को धारण करने वाली, पर्वत रूपी स्तनवाली, भगवान विष्णु की पत्नी, हे वसुधादेवि, मैं तुम्हें नमस्कार करता हूँ। तुम पादस्पर्श को क्षमा करो।

वाणी के अभाव में, मनुष्य का जीवन व्यर्थ माना गया है। इसलिए जिस दूसरी देवी के प्रति हम समर्पणशील हैं वह है वाग्देवी। जिस पर प्रसन्न हो जाए, उस पर वरदानों की वर्षा होने लगती है। अदिति, गायत्री, दुर्गा, आदि अपने यहाँ जो अनेक देवियाँ पूज्य मानी गयी हैं, ये सिर्फ हम भारतीयों ही की संस्कृति की विशेषता हो, ऐसा नहीं है। विश्व की तमाम संस्कृतियों में प्राचीनकाल से ही देवी तत्त्व की प्रधानता परिलक्षित होती है। इसके कुछ उदाहरण इस प्रकार हैं—रोम सभ्यता में वीनस सौन्दर्य की देवी के रूप में आज भी पूजित है। अन्द्रासतेइया दंड देने वाली देवी है। इसका वर्णन यूनान के मिथकों में मिलता है। इसी तरह माया संस्कृति में अल्मोघने ओम नाम की एक देवी है, जो भारत की ही तरह बुद्धि की देवी के रूप में पूजी जाती थी। सीरिया के प्राचीन ग्रन्थों में अनत नाम की एक देवी का जिक्र मिलता है, जो उत्पत्ति और संहार की देवी मानी जाती थी। पिछले वर्षों में डायना का नाम विश्वभर में चर्चा का विषय रहा। डायना रोम के मिथकों में जंगल की देवी के रूप में पूजी जाती थी। यूनान में अरेस युद्ध की देवी समझी जाती थी, जो मंगल ग्रह से उतर कर युद्ध का कारण बनती थी। जापान में बुद्ध का धर्म फैलने से पहले बेनतेन नाम की देवी सागर में निवास करने वाली शक्ति का प्रतिरूप थी। रोम में पृथ्वी माता को बोनदिया नाम से पूजा जाता था। और तो और, प्रसव के समय माँ को कम-से-कम पीड़ा हो, कारमेंता नाम की एक ऐसी भी देवी रोम में प्राचीन पोथियों में सम्मिलित है। जिस तरह हमारे यहाँ लक्ष्मी का जन्म सागर-मंथन से हुआ उसी तरह यूनान में अगीना को वरुण की बेटी के रूप में पूजा जाता है, जो समय आने पर प्रसन्न होकर धन-धान्य से पूर्ण कर देती है। वसन्त ऋतु में हमारे यहाँ जिस तरह सरस्वती पूजा का विधान है, उसी तरह रोम के आस-पास के क्षेत्र में फ्लोरा देवी की अभ्यर्थना में आज भी एक पर्व माना जाता है।

रावण पर विजय प्राप्त कर क्योंकि वनवासी राम अयोध्या लौटे थे, इसलिए हम इस ऐतिहासिक क्षण को आलोक पर्व के रूप में मनाते हैं। मगर श्रीराम को भी, इस युद्ध में विजय यों ही नहीं मिली, उन्हें भी शक्ति अर्जन के लिए नौ दिन तक निरन्तर तपस्या करनी पड़ी थी। हम सबका जीवन 'विपरीत का जोड़' है, इसके भी बाह्य एवं आन्तरिक आयाम हैं। पार्थिव जगत में तो जोड़-तोड़कर शक्ति अर्जित की जा सकती है, मगर आध्यात्मिक उन्नति के लिए साधना अनिवार्य है। इस लोकोत्तर शक्ति को

पाने के लिए नवरात्र का वर्णन तन्त्र साहित्य में मिलता है और क्योंकि लोकनायक राम ने यह प्रयोग कर, अजेय रावण पर विजय पायी इसलिए नवरात्र में अनेक साधक नौ देवी शक्ति का आह्वान करते हैं। श्रीराम ने भी यही किया था।

एक लोकनायक जो कुछ भी करता है, जीवन जीने की प्रक्रिया में जो भी महत्त्वपूर्ण निर्णय लेता है आगे आने वाली पीढ़ियाँ उसी का अनुसरण करती हैं। सम्भवतः यही कारण है कि आज भी हम यह पर्व विजयपर्व या आलोकपर्व के रूप में मनाते हैं। मगर यह भी सोचना अनपेक्षित न होगा कि हम रामायण-महाभारत युग में नहीं, एक ऐसे युग में जी रहे हैं जहाँ जीवनशैली ही नहीं बदली अनेक नयी आस्थाओं ने भी जन्म ले लिया है और जिनके अनुयायी एक दूसरी तरह के आदर्श, एक दूसरी तरह की समूह चेतना में जीवन जीते हैं।

यह तो सच है कि हम लोकतन्त्र में जी रहे हैं। मगर हम सबकी मान्यताओं में तरह-तरह की भेद-रेखाएँ हैं। द्विनियत्व होने के कारण यह सारी भाग-दौड़ 'दुनिया' कहलाती है। रोटी और रब जिन्दगी की नदी के यही दो किनारे हैं। नदी के इस ओर, जो भी व्यक्ति रोटी पा जाएगा, रहस्य की तलाश में जिन्दगी के उस ओर जाएगा ही जाएगा।

श्रीराम के बाद से पृथ्वी पर, एक दूसरे को काटती, इतनी विचारधाराएँ दुनिया में बह चुकी हैं कि पिछली मान्यताओं के सहारे जीवन जीना लगभग दूभर हो चुका है। पारम्परिक जीवन शैली में जो सौम्यता मानव समाज का गुण हुआ करती थी वह संकुचित होते-होते एक तरह की आत्मरति में बदल गयी है। यान्त्रिक प्रगति के फलस्वरूप आदमी या तो हिंसा और हथियारों की ओर चला गया है या फिर चरम भोगवाद की ओर। इस महजबपरस्त, अन्धे विज्ञानी, यन्त्रग्रस्त आदमी को फिर से सत्य की राह पर दोबारा कैसे लाया जाए, विश्व के तमाम समाजशास्त्री चिन्तकों के समक्ष यह बहुत बड़ा सवाल है।

इसका एक ढंग तो यह होगा कि आदमी को उसके हाल पर छोड़ दिया जाए, यह मानकर कि प्रकृति का एक सनातन सिद्धान्त है, जो हर स्थिति में सम पर आकर ठहर जाता है। दूसरा ढंग यह होगा, जहाँ आदमी को उसकी मज़हबपरस्ती से घसीट कर बाहर लाया जाए, उसे बताया जाए कि सत्य तो आकाश की तरह अमाप्य है। उसे एक किताब में बन्द कर तुम क्यों स्वयं को बौने से बौना बनाए जा रहे हो। यह काम सिर्फ आदमी को उसकी कल्पनाशक्ति और सृजनशीलता की याद दिलाकर ही किया जा सकता है। यह काम आसान नहीं। इसलिए कि आदमी में जहाँ विश्व मानव बनने की सम्भावनाएँ छिपी हैं वहीं इसके ठीक विपरीत वह छुद्र होने में भी माहिर है। यह बात बार-बार दोहराने की जरूरत है कि मनुष्य द्वारा गढ़ी गयी चीजें स्वयं उससे बड़ी नहीं हो सकतीं। मनुष्य अपने कृतित्व की तुलना में हमेशा बड़ा होता है। 'द यूनीवर्स

ऑफ एक्सपीरियेंस' के लेखक के अनुसार, यह कैसी जड़ता है कि पिछले तीन हजार वर्षों में, किसी तत्कालीन परिस्थिति विशेष में लिखी, बोली गयी दो-चार किताबों को, अपरिवर्तनीय दिशासूचक मानकर कुछ हठी नेता, मनुष्य को किन्हीं किताबों के निर्देशानुसार परखने की कोशिश करते हैं। तमाम वैज्ञानिक प्रगति के बावजूद उनका रवैया आज भी गुहावासी आदिमानव जैसा ही है।

आदमी अपने कृतित्व की तुलना में हमेशा बड़ा होता है। सैद्धान्तिक दृष्टि से यह सही होने के बावजूद, यन्त्र-ग्रस्त आज के समाज में यह सम्प्रत्यय उलट गया है। नये समाजशास्त्री विलिय हूकर के अनुसार, आज की अपनी उपलब्धियों के सामने आदमी बौना होता चला जा रहा है। उसने स्वयं संगणक बनाये। फिर अपनी ही बुद्धि के समस्त विषय उसमें भर दिये। अब आज जब अपने दैनिक जीवन में वह उनका प्रयोग करता है, तो कई बार संगणक द्वारा गलत सूचना दिए जाने पर भी वह उनका विरोध नहीं करता। अगर कम्प्यूटर 'डाउन' हो जाए, तो तमाम अन्तर्राष्ट्रीय उड़ानें रद्द हो जाती हैं। बैंक काम करना बन्द कर देते हैं। आदि आदि।

अपनी सफलता के सामने आदमी के बौना होते जाने वाली स्थिति, हर दिन आदमी को और बेचैन करती है कि कैसे और बड़ी सफलता पायी जाय। आज जो युद्ध हो रहा है वह खुलकर हमारे सामने अभी आया है। मगर इस बैर की, विनाश की जड़ें बड़ी गहरी हैं। यह राम और रावण के बीच के युद्ध जैसा सीधा युद्ध नहीं है।

एक महत्त्वपूर्ण तथ्य यह है कि भारत के बाहर जो तीन आस्थाएँ पनपीं उन्हें सेमेटिक अथवा सेमाई धर्म कहा जाता है। इन्हें अब्राहमिक भी कहते हैं अर्थात् तीनों की जड़ अब्राहम में विद्यमान है। यहूदियों के ग्रन्थ में जिक्र आया है कि उन्हीं की नस्ल में एक नया मसीहा पैदा होगा। मसीह आया भी। ईसा के रूप में उसका जन्म यहूदी परिवार में ही हुआ। मगर यहूदियों के ईश्वर यहोवा की प्रतिशोध प्रवृत्तियों का उसने विरोध किया। परिणाम यह हुआ कि उसी के लोगों ने उसे मार डाला। मगर ईसा की मृत्यु के ही साथ ईसाई धर्म का जन्म हुआ। अधिक-से-अधिक लोग ईसाई धर्म में दीक्षित हुए और पाँचवीं शती में ईसाई अनुयाइयों ने यूरोप के लोगों पर बड़े अत्याचार किये। उन दिनों वहाँ के लोग हम भारतीयों की ही तरह प्रकृति के उपादानों की बड़ी गहन पूजा करते थे। ओक के वृक्ष में अत्यधिक दिव्यता का वास है इसलिए 'ओक' वहाँ सर्वाधिक पूजनीय था। ईसा को मानने वालों ने अपने धार्मिक उन्माद में यूरोप के सारे ओक वृक्ष काट डाले। इस तरह पूरा यूरोप हजरत मोहम्मद के जन्म लेने तक लगभग ईसाई बन चुका था। यही स्रोत आगे बढ़ता है और इसी तरह की प्रेरणा के अनुरूप एक नये धर्म का सूत्रपात होता है, जिसे हम इस्लाम के नाम से जानते हैं। जिन ऐतिहासिक कारणों से ईसाई धर्म के मतावलम्बियों की संख्या बढ़ी थी उन्हीं उपायों के माध्यम से इस्लाम धर्म भी बढ़ा-पनपा। आज दुनिया की आबादी छह अरब

से अधिक है। इसमें सबसे अधिक ईसाई हैं और दूसरे नम्बर पर इस्लाम को मानने वाले। होड़ इन्हीं दोनों के बीच है। असली युद्ध भी इन्हीं दोनों के बीच। दोनों का उद्देश्य 'ईविल' को नष्ट करना है। दोनों एक-दूसरे को अपना शत्रु मानते हैं, और दोनों की दृष्टि में दोनों 'ईविल' हैं।

यह विश्वमानव राम का युग नहीं और युद्ध भी अब आमने-सामने नहीं होता। और युद्ध जब नहीं हो रहा होता, तब भी शान्ति नहीं होती। तब 'शीत युद्ध' होता रहता है। यही नहीं, आज होने वाला युद्ध निर्णायक भी नहीं होता। वह अगले युद्ध की तैयारी का एक सन्धिकाल होता है। हिटलर ने दूसरे महायुद्ध में लाखों यहूदी मरवा दिये, तो कालान्तर में नयी रणनीति के तहत उसने इस्राइल की स्थापना कर दी। मगर साथ ही एक ऐसी विवादास्पद जगह पर की, जिसके कुछ भाग पर फिलस्तीनी अपना हक मानते हैं। अमेरिका की पूरी अर्थव्यवस्था पर चूँकि यहूदियों का क़ब्ज़ा है इसलिए अमेरिका इस्राइल को प्रश्रय देने के लिए बाध्य है। पहले अरब देश गरीब थे। मगर 'ओपेक' देशों का संगठन बन जाने के बाद वे पेट्रो डॉलर के प्रताप से सर्वाधिक धनी हो गये। अफगानिस्तान जिसने अपनी अफीम बेचकर अरबों डॉलर कमा लिये हैं उसे भी अब इसके अतिरिक्त कि पिछले बैर का बदला ले सके, चाहता है कि ईसाइयों की तुलना में हजरत को मानने वालों की संख्या बढ़ जाए।

'सर्वे गुणाः कांचनमाश्रयन्ते' के सिद्धान्तानुसार यह युद्ध अतिरिक्त अर्जित लक्ष्मी के उपयोग का है, जिसमें सत्य और असत्य की कोई विभाजन रेखा नहीं। इसमें बम भी गिराए जा रहे हैं और ऊर्जायुक्त बिस्कुट भी।

❑

धन से अमरता नहीं मिलती

वैदिक संस्कृति का इतिहास कहता है कि संहिता की प्रत्येक शाखा के अपने-अपने आरण्यक भी होते हैं। इस हिसाब से आरण्यकों की संख्या भी सौ से अधिक होनी चाहिए, लेकिन आज के युग में हमें जो आरण्यक प्राप्त हैं, उनके नाम इस प्रकार हैं—ऐतरेय आरण्यक, सांख्यायन आरण्यक, तैत्तरीय आरण्यक, वृहदारण्यक, जैमिनी-योपनिषदारण्यक और छांदोग्य आरण्यक। प्राचीन मनीषियों ने जीवन को चार आश्रमों में बाँटा। ब्रह्मचर्य, गृहस्थ, वानप्रस्थ और संन्यास। कई दृष्टियों से चार की संख्या हमारे यहाँ खासी महत्त्वपूर्ण है। कैसे? इसलिए कि चार महावाक्य जिनका जिक्र हमने किया, ये चारों चार संहिताओं में मिलते हैं। समय को हमने चार युगों में बाँटा है—सतयुग, त्रेता, द्वापर और कलियुग। दिशाएँ भी चार हैं, जिनके चार कोण हैं—ईशान अग्नि, वायु, नैऋत्य। चार पुरुषार्थ हैं—धर्म, अर्थ, काम और मोक्ष। चार मनःस्थितियाँ हैं—जाग्रत, स्वप्न, सुषुप्ति और तुरीय। चार प्रकार के कर्म हैं और चार ही तीर्थ—द्वारका, पुरी, रामेश्वरम आदि। आरण्यक आश्रमों में रहते हुए इन ऋषियों ने जो उपनिषद् गाये उनकी संख्या 108 है। एक सौ आठ की संख्या में आठ का अंक माया का प्रतिनिधित्व करता है। आठ का पहाड़ा पढ़िए, पहले इसका योग घटेगा! सोलह, चौबीस, बत्तीस, चालीस आदि, फिर यह संख्या गड़बड़ाने लगती है। मगर नौ की संख्या में योग स्थिर रहता है। आठ और एक के योग से मिली संख्या के बीच जो शून्य है वह पूर्णता का प्रतिनिधित्व करता है। हो सकता है एक सौ आठ की महत्ता अन्य विद्वानों को अधिक विस्तार से अथवा अधिक सारगर्भित रूप में ज्ञात हो। इन 108 उपनिषदों में ईश, केन, कठ, प्रश्न, मुंडक, मांडूक्य, तैत्तरीय, ऐतरेय, छान्दोग्य और वृहदारण्यक इन्हीं दस उपनिषदों को प्रामाणिक माना जाता है। शंकराचार्य ने इन्हीं दस पर अपना भाष्य लिखा है। पुनरुत्थानवादी युग में जब महर्षि दयानन्द हुए तो उन्होंने भी इन्हीं दस उपनिषदों को रेखांकित किया। आज के युग में श्वेताश्वतर और कौषीतकी इन दो उपनिषदों पर भी कतिपय विद्वान चर्चा करने लगे हैं। वृहदारण्यक

में जिन याज्ञवल्क्य ऋषि का जिक्र आता है, उनकी दो पत्नियाँ थीं। मैत्रेयी और कात्यायनी। कात्यायनी को गार्गी नाम से भी जाना जाता है। याज्ञवल्क्य अप्रतिम विद्वान तो थे मगर क्रोधी भी थे।

एक बार शाकल्य ऋषि पर बिगड़ते हुए उन्होंने यह तक कह दिया कि ''यदि तुम इस तरह प्रश्न करोगे तो तुम्हारा मस्तक गिर जाएगा।''

वृद्धावस्था में एक बार महर्षि ने अपनी दोनों पत्नियों से कहा, ''अब मैं संन्यास लूँगा। तुम मेरी सम्पत्ति को आपस में बाँट लो।'' मैत्रेयी बोली, ''आप जो धन मुझे देंगे उससे क्या ईश्वर मिलेगा?'' याज्ञवल्क्य ने प्रश्नातुर मुद्रा में पूछा, ''क्या?'' मैत्रेयी ने दोहराया, ''क्या मुझे धन से अमरता मिलेगी?'' याज्ञवल्क्य का दो टूक उत्तर पूरी पूँजीवादी सभ्यता पर एक थप्पड़ की तरह आज तक प्रतिध्वनित हो रहा है। याज्ञवल्क्य का उत्तर था, ''अमृतत्वस्य तु नाशारित वित्तेन'' अर्थात् धन से अमृतत्व मिलने की कोई आशा नहीं।

❑

'मेरा' भाव छूटने पर जगता है संन्यास

हम जब आश्रम व्यवस्था का जिक्र करते हैं, तो अक्सर एक शब्द बार-बार सुनने को मिलता है 'संन्यास'। बेशक, संन्यास महत्त्वपूर्ण है, पर इससे भी अधिक महत्त्वपूर्ण यह जानना है कि न्यास तत्त्व क्या है? 'नि' में 'अस्' धातु के योग से जो शब्द बना है, उसे 'न्यास' कहा जाता है। इसे इस तरह समझा जा सकता है—जिसका जो स्थान नहीं, उसे वहाँ से हटाकर उस स्थान पर उसके प्रकृत (स्वाभाविक) मालिक को वहाँ बैठा देने का नाम न्यास है। यही न्यास क्रिया 'ट्रस्ट' के नाम जानी जाने लगी है।

जिस तरह अपनी यह देह हमारे द्वारा रची हुई नहीं है। मृत्यु के समय भी हम इसे साथ नहीं ले जा सकेंगे, इसलिए यह मान लेने में कोई बुराई नहीं कि हम इसके मालिक नहीं। इस देह से सम्बन्धित स्वजन भी हमारे साथ नहीं जाएँगे। हमने जो सम्पत्ति अर्जित की है, देहान्त के बाद वह भी हमारे साथ नहीं जाएगी। इसलिए हम में से कई प्राणी न्यास भाव से जीना शुरू कर देते हैं। दूसरे शब्दों में, 'मेरा' भाव छोड़ने का अभ्यास करने लग जाते हैं। ऐसा इसलिए, क्योंकि हम जानते हैं कि यह देह, यह सारा तामझाम यहीं छूट जाने वाला है। इस न्यास भाव को कई वर्गों में बाँटा गया है। इनमें सबसे पहला है अंगन्यास, अर्थात् देह और उसमें समाहित विविध अवयवों अथवा तत्त्वों को न्यास भाव से देखना। दूसरे शब्दों में स्वाभिमान त्यागना, लगातार इसे 'ईशावास्य' (इसमें ईश्वर का वास है) कहना। देह के प्रति सजग रहते हुए भी इसे एक धरोहर की तरह बरतना अंगन्यास की तरह की साधना है।

न्यास भाव की एक और स्थिति है, जिसे करन्यास कहा जाता है। इतना तो हम सभी जानते हैं कि यह देह सूक्ष्मातिसूक्ष्म परमाणु के रूप में गर्भ में आयी थी। कैसे इसकी यात्रा शुरू हुई? कैसे बना स्नायु जाल, रुधिर बनने की विधि क्या थी? एक-एक करके किस प्रक्रिया द्वारा यह शरीर पला-बढ़ा? कैसे भीतर ही भीतर एक कारखाना चल पड़ा और दिल धड़कने लगा। संस्कार कहाँ से आये और वे हमें कहाँ ले जा रहे हैं? इस सम्पूर्ण विधि को पूर्वजों ने नाम दिया करन्यास।

करन्यास के बाद आता है मातृकान्यास। मातृकान्यास का आशय खंड-खंड में

व्याप्त भावनाओं से लगाया जा सकता है। हमारी यह देह जो क्रिया-कलाप करती है, वाणी के माध्यम से उच्चारण करती है, वे क्रियाएँ मातृकाओं के जरिए सम्पन्न होती हैं। परा, पश्यन्ती, मध्यमा और वैखरी-वाणी के ये सभी प्रकार दरअसल मातृकाओं के ही अधीन हैं। हमारे द्वारा बोली गयी वाणी भी इसी सूक्ष्म विधि से संचालित है। सच तो यह है कि इस प्रक्रिया को समझना मनुष्य के वश की बात नहीं। मातृकान्यास के बाद आता है ऋष्यादिन्यास। ऋष्यादिन्यास की साधना के अन्तर्गत हम ऋषि भाव से जीवन जीते हुए अच्छे लोगों की संगति में रहना पसन्द करते हैं। विलास और वैभव से बचते हैं। तब हमारी देह, हमारी वाणी, हमारा चिन्तन ऊर्ध्वगामी होने लगता है।

ऋष्यादिन्यास के बाद आता है व्यापकन्यास। देह को धरोहर मान चुकने के बाद हमारे सभी कार्य-व्यापार कुछ ऐसे होने लगते हैं कि हमें 'स्व' और 'पर' का भेद करने वाली रेखा नहीं दिखाई पड़ती। हमारे भीतर एक विश्वव्यापी दृष्टि पैदा हो जाती है। व्यर्थ की आसक्तियाँ और कर्मों से पैदा हुआ अभिमान तब स्वत: ही तिरोहित हो जाता है। हमें लगने लगता है कि संसार में सभी जीव एक सूत्र में बँधे मिट्टी के पुतले मात्र हैं, जो कुछ दिन तक अपना खेल खेलकर फिर महाशून्य में विलीन हो जाएँगे।

जब तक व्यक्ति इस सम्पूर्ण प्रक्रिया से गुजरे नहीं, जब तक वह एकान्तजीवी होकर साधनारत न हो, जब तक उसके भीतर के राग-द्वेष शान्त न हो गये हों, तब तक उसे खुद को संन्यासी कहने का कोई हक नहीं। दक्षिण के किसी शोधार्थी ने लिखा था कि अपने देश में लगभग सवा करोड़ लोग खुद को संन्यासी मानते हैं। ये लोग पूरे देश में फैले अनेकानेक पन्थों से जुड़े हैं। इनमें से कितने लोग ऊपर दिये गये वर्गीकरण और विवेचना के दायरे में आकर खरे उतरेंगे, कह पाना कठिन है।

❑

स्वेच्छा का धर्म

वैदिक युग से चली आ रही वर्ण व्यवस्था की कमियों को बुद्ध ने काफी गहराई से समझा था। प्रत्येक जन वर्ण, जन्म एवं जाति के आधार पर एक-दूसरे को हेय दृष्टि से देखता था। भले ही उसमें अपनी जाति विशेष के गुण हों या न हों। क्योंकि वर्णगत उच्चता उन्हें परम्परा से प्राप्त थी, इसलिए ऐसे लोगों की कमी न थी, जो अपने दुर्गुणों या अवगुणों पर आवरण डालकर पिछड़े और साधन-विपन्न लोगों को प्रताड़ित करते थे। अंगुत्तर निकाय के अनुसार, क्षत्रियों का उद्देश्य भोग्य पदार्थों का संग्रह करना था, प्रज्ञावान होना था। क्षत्रियों की प्रतिष्ठा बलवान, शक्तिशाली होने पर होती थी। वे पृथ्वी का स्वामी बनने की इच्छा रखते थे आदि। इसी तरह ब्राह्मणों का उद्देश्य था भोग्य पदार्थों का संग्रह, कर्मकांड मन्त्रों आदि की जानकारी और यज्ञादि। भोग्य पदार्थों का संग्रह एवं व्यापार द्वारा अधिक-से-अधिक धन संग्रह, वैश्य समाज की प्रधान विचारधारा थी। आज के युग में वर्ण व्यवस्था तो टूटी नहीं, उल्टे हो यह गया है कि हर वर्ण का एक ही उद्देश्य रह गया है अधिक-से-अधिक धनोपार्जन। जो हो, तथागत अपने 'दीपनिकाय' में कहते हैं :

शीलयुक्त होकर संयम से विहरना, किसी भी प्रकार के बुरे कर्म से भय खाना, प्रतिपाद्य नियमों के अनुसार आचरण करना ही वर्ण है। तात्पर्य यह कि वर्ण की पहचान गुणों से होनी चाहिए, जबकि वह होती थी या होती है, जन्म के आधार पर। शायद इसीलिए अपना समाज आज भी तरह-तरह की संकीर्णताओं का शिकार है। तथागत ने कर्म को प्रधानता देने के ही साथ शील को भी उतना ही महत्त्व दिया। ऐसा इसलिए कि जिम्मेदारी निभाने की प्रक्रिया में यदि आप अपने सहयोगी के प्रति कटु हैं अथवा ईर्ष्या का भाव रखते हैं तब भी आप बुद्ध द्वारा सुझाई व्यवस्था से दूर हो जाते हैं। लगभग इसी तरह की परिभाषा 'आपस्तम्ब' के सूत्रों में भी मिलती है। सही धर्माचरण से निकृष्टवर्ण अपने से उत्तम वर्ण को प्राप्त होते हैं, उन्हें उसी वर्ण में गिनना चाहिए जिसके योग्य वे होते हैं। बुद्ध कहते हैं व्यक्ति चाहे किसी वर्ण का क्यों न हो, जब तक वह वर्ण विशेष वाले कर्मों का सही सम्पादन नहीं करता, कहता कुछ है और करता

कुछ और तब ऐसी स्थिति में वह स्वयं को उस वर्ण विशेषवाला कहने को हकदार नहीं। तथागत बराबर शील पर बल देते थे। शील का मतलब होता है सदाचार। बुद्ध ने अपने धर्म में सभी लोगों का स्वागत किया। वे चाहे किसी जाति के क्यों न हों उनका, तथागत ने आजीवन स्वागत किया।

बुद्ध की करुणा निस्सीम थी। उन्होंने पूरी मनुष्य जाति को एक नयी राह दिखायी। दुनिया में आज जितने भी बड़े धर्म हैं वे या तो लोगों को फुसलाकर, लोभ में फँसाकर अपने झंडे के नीचे लाये हैं, या फिर उनका आकार तलवार के बल पर बढ़ा रहा है। सिर्फ बुद्ध का धर्म ही ऐसा है, जिसे लोगों ने स्वेच्छा से अपनाया है।

❑

छोटी मगर अच्छी शुरुआत

कालक्रम की दृष्टि से विचार करने पर लगता है कि भारतीय संस्कृति के प्रति पश्चिम की अभिरुचि की शुरुआत फ्रांस में हुई, 'इकोल द लांग्वेस ओरिएंतालेस विवांतेस' की स्थापना के साथ, जहाँ एलेक्जेंडर हेमिल्टन संस्कृत भाषा के पहले प्राध्यापक के रूप में नियुक्त हुए। धीरे-धीरे भारतीय संस्कृति का अध्ययन-अध्यापन जर्मनी, इंग्लैंड, अमेरिका, कनाडा तथा आस्ट्रेलिया आदि देशों के विभिन्न विश्वविद्यालयों में होने लगा। 1816 में फ्रैंग बॉप नामक एक बावरी विद्वान ने संस्कृत भाषा की विशिष्टताओं को ठीक-ठीक रूप में समझते हुए तुलनात्मक भाषा-विज्ञान की नींव डाली। 1821 में पेरिस में सोसायटी एशियाटिक की और फिर इसके दो वर्ष बाद लंदन में रॉयल एशियाटिक सोसायटी की स्थापना हुई।

भारतीय संस्कृति के प्रचार-प्रसार में जिन दो पाश्चात्य विद्वानों का नाम विशेष रूप से उल्लेखनीय है, वे हैं जर्मनी के मैक्सम्यूलर और रोडाल्फ रॉथ। मैक्सम्यूलर ने ऑक्सफोर्ड में रहकर 'सेक्रेड बुक्स ऑफ द ईस्ट' का प्रकाशन किया। जबकि रोडाल्फ रॉथ का नाम बोहतलिंक से जुड़ा है। इन दोनों विद्वानों ने अथक परिश्रम कर एक वृहत् संस्कृत-जर्मन शब्दकोश तैयार किया, जिसे सेंट पीटर्सबर्ग लेक्सिओन नाम से जाना जाता है। यह कोश रूसी इम्पीरियल अकादमी ऑफ साइंसेस द्वारा छापा गया था।

उन्नीसवीं सदी से लेकर बीसवीं सदी के तीन दशकों तक भारतीय संस्कृति पर जिन पाश्चात्य विद्वानों ने कार्य किया, उनमें से कुछ नामों का उल्लेख हो सकता है, शायद पाठकों को रुचिकर लगे। ये नाम इस प्रकार हैं—जेम्स टाड, थियोडोर अफरेटन्त आगस्तेबर्थ, सेंट हिलायरे, जार्ज बुहलर, राबर्ट कॉडवेल, सर एलेक्जेंडर, कनिंघम, विलियम रोज डेविड, जैकोबी, जेम्स फर्गुसन, आर्थर कीथ, जुलियस जॉली, विंसेट स्मिथ, फ्रैंक किलहान, चार्ल्स रॉकवेल एवं राक्वेल लेनमन आदि। इस सारणी में लगभग 38 विदेशी विद्वानों के नाम आगे के दशकों में और जोड़े जा सकते हैं।

फ्रांसीसी चिन्तक वाल्तेयर की पुस्तक 'कस्टम्स एंड स्प्रिट ऑफ द नेशन्स' में

ढेरों उद्धरण यजुर्वेद से दिये गये हैं। इसी तरह चार्ल्स स्टुअर्ट के विषय में कहा जाता है कि वह अपने समय में भारतीयता से इतना प्रभावित हुआ कि उसके मित्र उसे हिन्दू स्टुअर्ट कहकर चिढ़ाने लगे थे। वर्तमान युग में बर्कले विश्वविद्यालय के राबर्ट गोल्डमैन द्वारा किया गया वाल्मीकि रामायण का अँग्रेजी अनुवाद सर्वश्रेष्ठ माना जाता है। इसी तरह प्रोफेसर ए.एल. बैशम द्वारा लिखित शोध प्रबन्ध 'द वंडर दैट वाज इंडिया' हिन्दी के सभी लेखकों और सम्पादकों को जरूर पढ़ना चाहिए। वैसे तो भारतीय संस्कृति का अध्ययन-अध्यापन लगभग सभी देशों में होता है, मगर भारतीय संन्यासी, शायद सिकन्दर के समय से ही बाहर जाने लगे थे। असंग, आनन्द और महेन्द्र सहित कई बौद्ध भिक्षु बहुत पहले ही भारत के बाहर यहाँ की सांस्कृतिक सम्पन्नता का प्रचार कर आये थे। अगर हम इमर्सन, थोरू और वाल्ट ह्विटमैन जैसे अमेरिकी लेखकों को पढ़ें तो पाएँगे कि इन पर भारतीय चिन्तन का गहरा प्रभाव है मगर इससे भी पहले हमें गोएथे के फाउस्ट को न भूलना होगा, जिसके उपोद्घात पर भारतीय नाट्यशास्त्र का सीधा प्रभाव है। इस सन्दर्भ में हम स्वामी विवेकानन्द के उस व्याख्यान का भी जिक्र करना चाहेंगे जो उन्होंने शिकागो में दिया था। रॉकफ़ेलर ने विवेकानन्द से प्रश्न किया—मेरे पास जो अथाह सम्पत्ति है, उसका मैं क्या करूँ? स्वामी विवेकानन्द ने कहा—तुम्हें चाहिए कि तुम एक संस्थान की स्थापना करो और इस तमाम धन को जनसेवा के कार्य में लगा दो, इसलिए कि पृथ्वी पर बहुत लोग हैं जो अभावग्रस्त हैं।

कालान्तर में रॉकफेलर ने स्वामीजी को सूचित किया। फलस्वरूप विवेकानन्द ने रॉकफेलर को आशीष देते हुए लिखा—"इट इज ए स्माल गुड बिगनिंग।" इसके बाद फोर्ड ने फोर्ड फाउंडेशन की स्थापना की। इस सद्भाव की ही करामात है कि आज पृथ्वी पर सैकड़ों ऐसे संस्थान बन चुके हैं, जो मेधावी छात्रों, वंचितों और सर्वहारा वर्ग के लोगों की सहायता करते हैं।

❑

परमहंस के न्यारे बोल

मानव मस्तिष्क पर अब तक जो भी खोज हुई है, उसके आधार पर माना यह जा रहा है कि चित्त या मन कोई ठहरी हुई स्थिति नहीं। तमाम सारे बाह्य प्रभाव हमें पल-पल आन्दोलित करते रहते हैं। इसका परिणाम यह होता है कि हर आदमी, भीतर से अपने साथ एक भीड़ लिये चलता रहता है। तो भी कुछ लोग ऐसे भी होते हैं, जिनका ध्यान किसी एक प्रतीक, किसी एक उपादान अथवा किसी एक सम्प्रत्यय पर टिककर कुछ इतना दृढ़ हो जाता है कि फिर शेष दृश्यमान जगत उनके अन्तःकरण, उनके मस्तिष्क पर कोई प्रभाव नहीं छोड़ पाता। ताजा उदाहरण लें तो एक नाम सामने आता है—दक्षिणेश्वर के रामकृष्ण परमहंस। रामकृष्ण के मन की स्थिति कुछ ऐसी थी कि कोई एक बार सिर्फ 'माँ' नाम भर ले दे कि वे तत्काल भाव-समाधि में चले जाते थे। 'रामकृष्ण लीला' प्रसंग में ऐसे अनेक अलौकिक दृष्टान्त मिलते हैं। रामकृष्ण परमहंस की देह में वह कौन-सा रसायन था कि वे जिसे छू देते, उसी का रूपान्तरण हो जाता था। रामकृष्ण परमहंस के अद्वैतज्ञान की समझ से जुड़ी एक दिलचस्प घटना का जिक्र भी 'लीला प्रसंग' में सम्मिलित है। उन दिनों रामकृष्ण अस्वस्थ होकर काशीपुर के बाग में रहा करते थे। उनकी बीमारी दिनों-दिन बढ़ती चली जा रही थी। उनकी बीमारी का समाचार सुनकर शशधर तर्कचूड़ामणि उन्हें देखने आये। बातचीत के मध्य शशधर ने कहा—शास्त्रों में लिखा है कि आप जैसे महापुरुष, इच्छा मात्र से ही अपने को स्वस्थ कर लेते हैं। आप भी क्यों ऐसा नहीं करते? रामकृष्ण बोले, "पंडित होकर यह तुम क्या कह रहे हो?" एक बार मैंने जब अपनी काया 'माँ' या प्रभु को सौंप दी तो उसे वहाँ से हटाकर क्या इस टूटे-फूटे हाड़-मांस की ठठरी को सँवारने की प्रवृत्ति हो सकती है? पंडित जी निरुत्तर हो गये, मगर स्वामी विवेकानन्द से चुप नहीं रहा गया। उन्हें लगा कि शशधर की वाणी में व्यंग्य है। शशधर गुरुदेव को जैसे एक चुनौती-सी दे रहा है। वे रामकृष्ण परमहंस से अनुरोध करने लगे—"आपको रोग मुक्त होना ही पड़ेगा। हम लोगों के लिए अवश्य होना पड़ेगा।"

परमहंस बोले, "अरे भाई! क्या मेरी यह इच्छा है कि मैं रोग भोगता रहूँ? मैं

चाहता हूँ कि रोग न रहे। किन्तु यह होता कहाँ है? अच्छा होना न होना माँ के हाथ में है।''

विवेकानन्द बोले, ''तो फिर माँ से कहिए न?'' रामकृष्ण परमहंस ने कहा, ''अच्छा! देखूँगा, यदि हो सका तो कहूँगा।'' थोड़े अन्तराल बाद विवेकानन्द ने आकर प्रश्न किया, ''माँ क्या बोली? आपने माँ से कहा था न?'' रामकृष्ण परमहंस बोले, ''हाँ, मैंने गले का घाव दिखाकर कहा था—इसके कारण मुझसे खाया नहीं जाता। तू कोई उपाय कर कि मैं दो कौर गले के नीचे पहुँचा सकूँ?'' यह सुनकर माँ तुम सब लोगों की ओर इशारा कर बोलीं, ''क्यों भला? इन सबके मुँह से तो खा रहे हो।'' लीला प्रसंग में लिखा है, ''देहबुद्धि का यह कैसा अद्भुत भाव और अद्वैतज्ञान की कैसी अद्भुत अवस्थिति!''

❑

आयातित जीवन के अभ्यस्त हो गये हैं हम

पूरा भूमंडल भयंकर विकृतियों के दौर से गुजर रहा है। अभिभावक परेशान हैं, बच्चे अराजक हुए जा रहे हैं। मगर यह सब एक दिन में नहीं घटा। भारत से बाहर, समाज की जो छवि है भूमंडलीकरण के इस जहरीले दौर में, भारतीय समाज भी इससे स्वयं को बचा नहीं पाया। मीडिया के मकड़जाल ने हम सबको बुरी तरह अपने लपेटे में ले लिया है। यही नहीं अपना देश दोहरी विपत्ति का शिकार है। एक ओर अपसंस्कृति का प्रसार है, दूसरी ओर आतंकवादियों की मार।

यह कहना बहुत अहेतुक होगा कि हमें जो आजादी मिली वह एक तरह से खंडित आजादी थी और पूर्वजों की तमाम सदाशयता के बावजूद हम प्रान्त, भाषा एवं वर्ण-वर्ग की जकड़न से उबर नहीं सके। हमारी सन्तानों को न तो अपने अतीत की खबर है और न ही यह एहसास कि जाना किधर है। हम एक आयातित जीवन जीने के अभ्यस्त हो गये हैं। आयातित विचार, आयातित उत्पाद, आयातित भाषा। हम आत्म-धिक्कार एवं भारत-निन्दा का सुख लेते हुए करते कुछ हैं और कहते कुछ और हैं। या कम-से-कम वैसा तो नहीं करते जैसा हमारे यहाँ की प्राचीन पोथियों में लिखा मिलता है। उदाहरणार्थ, ॠग्वेद का सूक्त कहता है "मूल को सींचने से राष्ट्र प्रबल होता है।" जबकि हम वे अभागे लोग हैं जिन्होंने मूल की हमेशा उपेक्षा की। परिणाम यह कि पिछले चौबीस सौ वर्षों से हम पर लगातार आक्रमण होते रहे और अपने देश का नक्शा कट-पिटकर छोटा ही होता रहा, बढ़ा कभी नहीं। यह कुछ सोचने जैसा है कि अँग्रेजों के आगमन के समय हमारी आर्थिक स्थिति क्या थी। क्या हम एक आत्मनिर्भर देश थे? औरंगजेब जैसे बर्बर शासक के दरबार में वेनिस का होजकीम (मानची) चालीस वर्ष तक रहा, उसके द्वारा लिखित वर्णनों से तो यही लगता है कि यहाँ सभी चीजों की विपुलता थी। इसी तरह 1840 में मौंटगोमरी मार्टिन ने भी दोहराया था कि भारत कृषि और उद्योग दोनों दृष्टियों से पूर्णतः समृद्ध था।

वास्को दे गामा यहाँ 1448 में आया। सन् 1510 में आया अल्फान्जो अल्बुकर्क। इसके बाद डच आये, फिर फ्रांसीसी आये और अन्ततः अँग्रेजों का आगमन

कुछ ऐसे और इस ढंग से हुआ कि हम आज तक उनकी भाषा से चिपके, मानसिक दासता की गिरफ्त में जकड़े हैं। इसके लिए हम मैकाले की 1835 की रपट को दोषी ठहराते हैं। जबकि डॉ. आर.सी. मजूमदार की विश्वभारती व्याख्यानमाला से स्पष्ट होता है— अँग्रेजी की शुरुआत ब्रितानियों ने नहीं, वरन् स्वयं हम हिन्दुस्तानियों ने यह कहकर की कि 'हमें अंग्रेजी चाहिए'। हममें से किसी ने तब यह प्रश्न नहीं किया कि ये कौन लोग हैं जो अपनी मातृभूमि छोड़कर यहाँ भारत में क्या लेने आये हैं? सन् 1800 से 1900 ई. तक का इतिहास भारत की भुखमरी का इतिहास है। इन वर्षों में देश के दो करोड़ के लगभग लोग भूख से कराह-कराह कर मर गये। अँग्रेज लेखक जार्ज आरवेल (असली नाम एरिक आर्थर ब्लेयर) ने ठीक ही लिखा था—"हम सब एशिया के कुलियों को लूटकर जिन्दा हैं।" सन् 1857 के विद्रोह को अँग्रेजों ने 'सिपाही विद्रोह' भर कहकर दबा दिया। इसके बाद हिन्दू-मुसलमान, पारसी आदि विभिन्न आस्थाओं से जुड़े समझदार लोगों ने एक साथ मिलकर आजादी की लड़ाई छेड़ने का निश्चय किया। बंगाल के बुद्धिजीवियों ने इसी दौर में अनेक सुधारों की ओर ध्यान दिया जिसमें सती-प्रथा और बाल-विवाह आदि की भर्त्सना की गयी। इस सन्दर्भ में राजा राममोहन राय, केशवचन्द्र सेन आदि ने अहम भूमिका निभायी। मुसलमानों के नेता सर सैयद अहमद खाँ सम्भवत: पहले मुसलमान थे जो कुरान और शरीयत के पक्षधर होते हुए भी, हिन्दुस्तान को हिन्दू और मुसलमान दोनों का वतन मानते थे। सर सैयद और हाली के विचारों में कब और कहाँ मोड़ आया, इसका कुछ आभास 'मुस्लिम पॉलिटिक्स इन इंडिया' नामक कृति में मिलता है।

पाकिस्तान के जनक मुहम्मद अली जिन्ना शुरू में मुस्लिम लीग जैसी संस्था को प्रतिक्रियावादी मानते थे। 7 फरवरी सन् 1935 में केन्द्रीय असेम्बली के अधिवेशन में बोलते हुए जिन्ना ने कहा भी था—"धर्म व्यक्ति और राजनीति के बीच का मामला है।" मगर सन् 1937 में असेम्बली चुनाव जब मुस्लिम लीग पर भारी पड़ा तब जिन्ना ने रंग बदलना शुरू कर दिया। पाकिस्तान के सन्दर्भ में मुहम्मद इकबाल की याद आना भी स्वाभाविक है। इकबाल भी शुरू में उदारमना थे मगर जैसे ही उन्हें 'सर' की उपाधि मिली वे भी सम्प्रदायवादी भाषा बोलने लगे। यह स्च है कि हमारी खंडित स्वतन्त्रता के कारण बहुत गहरे और अनाख्य हैं मगर इसी के साथ यह भी सच है कि इतिहास के गतिमान चक्र कई बार बड़ी ओछी प्रतिभा और घटनाओं द्वारा एकाएक विनाशकारी मोड़ ले लेते हैं। समाजशास्त्री या तत्त्ववेत्ता लाख नैतिकता, अपरिग्रह, संयम आदि की बात करें, मूल्यों की दुहाई दें। मगर सच तो यह है कि एक पूरी की पूरी पीढ़ी अपने देश में ही दिग्भ्रमित हो चुकी है।

❑

आदर्श और पाखंड

हम जब स्मृतियों के युग में पहुँचते हैं तो पाते हैं कि इनकी संख्या बीस है, जिनमें सबसे पहले नाम आता है वर्तमान युग में अत्यधिक चर्चित मनुस्मृति का। मनु ने अपनी स्मृति में भला भी कहा है और बहुत कुछ ऐसा भी जो आज की परिस्थितियों में असंगत लगेगा।

याज्ञवल्क्य स्मृति व्यावहारिकता की दृष्टि से छठी शताब्दी तक निश्चित रूप से उपादेय रही होगी। इसलिए कि इस स्मृति में क्या करणीय है और क्या अकरणीय इस पर तो विचार मन्थन हुआ ही है। इसी के साथ गलत किए गये कर्मों का शमन करने के लिए प्रायश्चित का भी विधान है। अभियोग और न्यायपद्धति उन दिनों याज्ञवल्क्य स्मृति के आधार पर ही होती थी। तीसरी स्मृति है अत्रि स्मृति। इसमें कौन, किस अनुष्ठान का अधिकारी है, वह सुपात्र है या कुपात्र इस भेद-रेखा को काफी कुछ अंशों तक विश्लेषित किया गया है। चौथी स्मृति है विष्णु स्मृति। सामान्य रूप से गृहस्थ जीवन जीने वालों के लिए इस स्मृति में तरह-तरह के निर्देश हैं। उदाहरण के लिए, समाज में जो लोग कुरूप हैं, अपंग हैं अथवा काने-लँगड़े या बहरे हैं, ऐसे व्यक्तियों पर कटाक्ष करना पाप माना गया है। पाँचवीं स्मृति को व्यास स्मृति कहकर पुकारा जाता है। व्यास स्मृति में स्त्रियों को क्या करना चाहिए, क्या नहीं करना चाहिए—ऐसे बहुत से सुझाव दिये गये हैं। व्यास ने यह कभी सोचा ही न होगा कि आते-आते एक दिन इतनी महँगी हो जाएगी जिन्दगी कि पति-पत्नी दोनों को काम करना पड़ेगा। यही नहीं अमेरिका में तो अपने ही घर के उद्यान की सफाई करने के लिए बच्चे पगार माँगते हैं—बोलो डैड पाँच डॉलर दोगे या दस।

व्यास के बाद अगली स्मृति का नाम है वासिष्ठ स्मृति, जिसमें किस वर्ण का जीव कौन-सा अन्न खाए इस पर विचार किया गया है। यह स्मृति भी वर्तमान युग की बाजारवादिता से अनवगत रही होगी। क्योंकि आज का आदमी क्या नहीं खाता। हम मैक्सिको में थे तो पाया कि लोग कैक्टस तो खाते ही हैं, चाय के साथ भुने हुए हरे टिड्डे भी खाते हैं। चीन के लोगों को मेंढक पसन्द है जबकि अलास्का के निकट सफेद चूहे महँगी डिश माने जाते हैं।

कात्यायन स्मृति एक ही विवाह को आदर्श मानती है मगर साथ ही यह भी कहती है कि राजा यदि चाहे तो पुत्रोत्पत्ति की आशा से दो-तीन रानियाँ भी रख सकता है। स्मृतियों को पढ़कर पता चलता है कि नियोग की प्रथा उन दिनों आम बात न सही, ऋषि और राजपरिवारों में तो निश्चय ही मान्य थी। महाभारत के अनेक पात्र इस तथ्य के साक्षी हैं कि उनका अवतरण आज की दृष्टि से कुछ-कुछ अटपटा कहा जाएगा। दक्ष स्मृति में आश्रम धर्म के पालन पर विशेष बल दिया गया है। दूसरे शब्दों में, ऐसा नहीं कि कहने को तो आप ब्रह्मचारी कहलाते हैं मगर बाद में बड़ी सहजता से वर्णन करते हैं क्या करें बाँध टूट गया।

असल में आदर्श जब भी बहुत ऊँचा होगा उसमें एक न एक दिन पाखंड अवश्य घुस जाएगा। अगली स्मृति औसनस स्मृति के नाम से पुकारी जाती है। यह स्मृति शिष्टाचार की शिक्षा देती है। समाज में बड़ों के साथ कैसे पेश आया जाय, बाबा तुलसी तो मानस में लिख गये हैं—''प्रातःकाल उठ के रघुनाथा...।'' आज कौन वीर बालक माँ-बाप के चरण छूता है। हाय और बाय के इस युग में तो बच्चे पिता से बात करते हुए यार सम्बोधन का प्रयोग करने लगे हैं और हम सब भले हाय-हाय करते रहें यह बीमारी अब रुकने की नहीं।

❑

सांख्य-सार

अपने यहाँ जितने भी दार्शनिक निकाय हैं, उनमें सम्भवतः सांख्य दर्शन सर्वोपरि है। ऐसा इसलिए कि सांख्य के सूत्र अथवा सांख्य की छाया अन्य सभी दर्शनों पर प्रतिभासित हुई सी लगती है। पढ़ते हुए ऐसा भी लगता है कि सांख्य दरअसल दर्शन नहीं, एक तरह का मनोविज्ञान है। सांख्य दर्शन के आदि प्रर्वतक कपिल मुनि हैं, जो महाभारत काल से भी पहले विद्यमान रहे होंगे, तभी तो उनका प्रभाव व्यास ने भी ग्रहण किया। सांख्य के सूत्र हमारे मनोजगत के तत्त्वों को उद्घाटित करते हैं। सही अर्थों में सांख्य की गहराई को विज्ञान भिक्षु ने पकड़ा और सांख्य पर प्रवचन भाष्य लिखा। सांख्य के रहस्य को समझने वाले अब थोड़े से लोग रह गये हैं। महाभारत के शान्तिपर्व में विवरण मिलता है कि सांख्य सही अर्थों में सूक्ष्म शरीर की गतिविधि और उसके नियमन, संचालन एवं सम्पादन की कला का दूसरा नाम है। जहाँ अपने भीतर की गहराई में उतरकर, साधक 'निर्माणकार्य' करते हैं, इसी तरह योग की सहायता से वे निर्माणचित्त तक पहुँचते हैं। वे अतीत-वर्तमान में संचरण करते हुए अन्ततः 'कायव्यूह' के द्वारा सूक्ष्म रूप से हर किए गये कर्म का क्षय करते हुए एक ऐसी स्थिति में पहुँच जाते हैं, जहाँ उनका विलय हो जाता है।

सांख्य की भूमि पर तीन तरह के तत्त्व हैं : व्यक्त, अव्यक्त तथा 'ज्ञ'।

अव्यक्त तत्त्व को मूल प्रकृतिप्रधान कहा जाता है। सांख्य में इन्हें पच्चीस प्रमेय कहा गया है। इन्हीं पच्चीस तत्त्वों को समझ लेने से दुःख की निवृत्ति होती है। व्यक्त, अव्यक्त और 'ज्ञ' को जान लेने से व्यक्ति उस अवस्था में पहुँच जाता है, जिसे सामान्यतः हम साम्यावस्था कहते हैं। शायद इसीलिए सांख्य का अर्थ भी साम्यावस्था पड़ा। यह तथ्य समझ लेने जैसा है कि इन तत्त्वों में जो चेतन है उसे ही 'ज्ञ' या पुरुष भी कहा जाता है। शेष दो को 'व्यक्त' और 'अव्यक्त'।

पुरुष निर्गुण और निर्लिप्त है। किस तरह ये तत्त्व परिणाम तक पहुँचते हैं इसके लिए 'कार्यकारण' भाव को समझना जरूरी है। हर पदार्थ में कोई न कोई धर्म होता है। यह धर्म नित्य ही बदलता रहता है। इस बदलाहट को 'परिणाम' कहते हैं। यही परिणाम व्यक्त और अव्यक्त तत्त्वों में सतत प्रवहमान रहता है।

कपिल के अनुसार, आदमी जिन्दगी के किसी भी पड़ाव पर हो उसे तीन तरह के दुःख हैं—आध्यात्मिक, आधिभौतिक और आधिदैविक। आध्यात्मिक दुःख भी दो तरह के हैं—शरीर सम्बन्धी और मानसिक। जब शरीर में रहने वाले वात, पित्त और कफ का सन्तुलन बिगड़ जाता है तो आदमी ज्वरग्रस्त हो जाता है, यह दुःख आध्यात्मिक दुःख है। चाहे माइग्रेन हो या चाहे अतिसार, चाहे अपच हो या चाहे कब्ज, ये सभी दुःख आध्यात्मिक हैं, यहाँ तक कि मधुमेह भी आध्यात्मिक दुःख है। दूसरी तरह का आध्यात्मिक दुःख है कि जिसे चाहते हैं वह न मिले और जो नहीं चाहते वह मिल जाए तो यह दुःख भी आध्यात्मिक है। मच्छर, सर्प, विच्छू अथवा हिंसक जीवों द्वारा मिलने वाला दुःख आधिभौतिक माना जाता है, जबकि बाढ़, भूकम्प आदि आधिदैविक दुःख की श्रेणी में आते हैं।

माया अजेय है

कुछ समय के लिए ब्रह्म जैसे भारी भरकम शब्द को भूल जाएँ। सिर्फ यह मानें कि अपने सौरमंडल के आगे दूर–दूर तक, किसी नियम से बँधा एक अछूता सम्प्रत्यय है, जिसे परमसत्ता कहा जा सकता है। उसी परमसत्ता के अधीन अपना सौरमंडल है, जिसका ध्रुव केन्द्र अपना सूर्य है। यह सूर्य अक्षय ऊर्जा के कारण पृथ्वी पर उगते और मुरझाते हैं। यहाँ हम यह न भूलें कि इसे अपरा प्रकृति नाम से पुकारा जाता है, जबकि परा प्रकृति पूरे खगोल में व्याप्त परमसत्ता है। हम जिस अपरा सत्ता के अधीन हैं, उसमें तीन मौलिक गुण घुले–मिले हैं। इन गुणों को सतोगुण, रजोगुण और तमोगुण कहा जाता है। जब हम शान्त एवं स्वस्थ अर्थात् स्वयं में स्थित होते हैं, तब हमारे भीतर सतोगुण काम कर रहा होता है। जब हम किसी को प्रभावित करना अथवा किसी अन्य को आतंकित करना चाह रहे होते हैं तो हमें रजोगुण आन्दोलित कर रहा होता है और जब हम क्रोध में आकर हिंसक हो उठते हैं, तब हम तमोगुण की गिरफ्त में होते हैं। क्योंकि न हम हमेशा शान्त रह पाते हैं और नहीं हर समय क्रुद्ध, इसलिए हमें यह मान लेने में कोई उलझन नहीं होनी चाहिए कि हम इन्हीं तीन गुणों का समुच्चय हैं और हम यदि चाहें भी तो इन तीन गुणों से पार नहीं जा सकते, क्योंकि जो अपरा प्रकृति बाहर काम रही है वही हमारे भीतर भी यही काम करने में व्यस्त है।

यदि परम सत्ता के अलावा कहीं कुछ नहीं तो ये तीन गुण आये कहाँ से और उनमें मोहित होने वाले जीव कहाँ से आये? उत्तर यही हो सकता है कि परम सत्ता पहले स्वयं मोहित हुई और तब उसी ने हम सबको मोहित किया। इस सामूहिक सम्मोहन को नाम मिला 'माया'। रामतीर्थ ने माया का अर्थ किया है 'मा' = नहीं, 'या' = जो अर्थात् नहीं है।

श्रीकृष्ण कहते हैं : यह गुणमयी देवी दुरत्यया माया मेरी है। यह माया क्योंकि गुणमयी है, इसलिए हर कोई इससे मोहित होता है। इसी माया की अचिंत्य शक्ति से लोग मुझे यानी मूल को भूल गये हैं और ब्याज को ही सब कुछ मान बैठे हैं।

शांकर मत वाले कहते हैं कि माया एक अव्यय परमसत्ता में दूसरी कल्पित

शक्ति का अध्यारोप कर देती है। जैसे फिल्म के पर्दे पर, दिखाई देने वाले निहायत मामूली, अनपढ़ या कुपढ़ किस्म के लोग, अपनी भँड़ैती करने या चूरन बेचने के बावजूद आपको महान लगने लगते हैं, ठीक उसी तरह अपनी अध्यारोपी अदा की वजह से माया ही सबको अपने पीछे दौड़ाए रखती है। इसमें दोष माया का नहीं, आदमी के भीतर लगातार उत्पात करने वाली उस कल्पना का है, जो परमसत्ता की तस्वीर बनी इस माया को असल मान बैठी है और जो समस्त भूमंडल को नाच नचा रही है।

साध्य, साधना और चैतन्य

जैव विज्ञान के अनुसार, मनुष्य भी पशुओं की ही श्रेणी में आता है। पशु और मनुष्य में अन्तर यह है कि पशु झूठ नहीं बोल पाता, जबकि मनुष्य सच्चाई को छिपाने में माहिर है।

इस दृष्टि से मनुष्य पशु ही नहीं पशु से कहीं ज्यादा है, मगर जहाँ पशु अपनी समृद्धि के लिए चाहकर भी प्रयत्न नहीं कर पाते, मनुष्य यदि चाहे तो अपनी ऊर्ध्वमुखी चेतना के सहारे दिव्यता की ओर उदग्र हो सकता है। सामान्यतया हम पाते हैं कि वह किसी-न-किसी तरह की खोज में लगा रहता है। वह वही नहीं रहना चाहता, जो वह है। आदमी अपने अधूरेपन से अवगत है, इसीलिए पूर्णता चाहता है। उसे प्रारम्भ से अमरत्व की तलाश है। वह यह तो जानता है कि भूख से उसका कोई छुटकारा नहीं, इसलिए वह काम करता है मगर इस प्रक्रिया में उसके भीतर बार-बार यह प्रश्न घुमड़ता है कि वह जीवन धारण किसलिए किए है। इस प्रयोजनीय तत्त्व को अपने यहाँ साध्य-साधन का प्रयोग माना गया है। लेकिन यह चरम प्रयोजनीय तत्त्व है क्या? यदि 'चैतन्य चरितामृत' उठाकर देखें तो यहाँ हमें दो अत्यधिक सारगर्भित पंक्तियाँ मिलती हैं :

ज्ञानी जीवन्मुक्त दशा पाइनु करिमाने
वस्तुत: बुद्धि शुद्ध नहे कृष्ण भक्ति बिने

श्रीरूप को इस तत्त्व की रहस्यपरकता समझाते हुए चैतन्य कहते हैं कि भक्ति बड़ी दुर्लभ मन:स्थिति है। व्यक्ति चाहे जितना समर्पण भरा हो, उसे अक्सर लगता है कि वह जिस आराध्य को मानने के लिए इतना व्याकुल है, क्या वह है भी। आस्तिक से आस्तिक प्राणी भी अक्सर सन्देह के घेरे में आ जाता है। शायद इसीलिए चैतन्य भक्ति की सुदुर्लभता पर बल देते हैं और कहते हैं कि उन व्यक्तियों में भी जिनमें यह धारा अक्षुण्ण बह रही है, अक्सर वे भी भटक जाते हैं। क्या वजह रही होगी कि एक हजार वर्ष तक तपस्या करने के बाद (जो एक तरह की भक्ति ही है) विश्वामित्र

अन्ततः भटक ही गये। ऐसा इसीलिए कि विश्वामित्र अनुभूति सम्पन्न नहीं थे और बिना अनुभूति के भक्ति पायी ही नहीं जा सकती। भक्त निष्काम होता है, वह मुक्ति की कामना नहीं करता। संसार-चक्र में भटकते-भटकते कोई एक बिरला ही भक्तिलता का बीज प्राप्त कर पाता है। यह बीज चेष्टा से नहीं मिलता। तो क्या चेष्टा व्यर्थ है? चैतन्य कहते हैं—चुप बैठकर चरितामृत पढ़ने से मन अनिवार्यतया यहाँ वहाँ भटकता है, मन का मतलब ही है जो फिजूल की बातें सोचे। इसलिए चैतन्य ने कीर्तिगायन की परम्परा डाली। कीर्तिकथन श्रीचैतन्य की दृष्टि से तब और अधिक गहरे उतरता है, जब सामूहिक हो। इसलिए चैतन्य ने नगर कीर्तन की नींव डाली। हो सकता है बंगाल के बाउलों की परम्परा चैतन्य के मन में रही हो। हालाँकि इसी के साथ यह भी सच है कि बाउलों का सन्देश अहिंसा का सन्देश और उनकी साधना शान्ति साधना रही है, जबकि चैतन्य ने नाम संकीर्तन को नगर संकीर्तन में परिवर्तित कर इतिहास को एक नयी दिशा की ओर मोड़ दिया।

❑

हर घर कुछ कहता है

मिस्र की नाइल नदी के किनारे जो पिरामिड बने हैं, वे लगभग तीन हजार वर्ष पूर्व बनाए गये थे। इन्हें 'फैरोस' के पिरामिड कहा जाता है। इन पिरामिडों में 'मौजा' नामवाला पिरामिड जिस क्षेत्र में है, उसे 'खुफू' कहकर पुकारा जाता है। लगभग चालीस वर्ष पहले की बात है, बोबिस नामक एक फ्रांसीसी पर्यटक वहाँ केरेगिस्तान की तेज धूप से बचने के लिए इस पिरामिड के भीतर घुस गया। सीढ़ियों पर चढ़ता हुआ जब वह एक तिहाई तल पार कर गया तो उसे लगा कि जैसे हवा का दबाव काफी बढ़ गया है। उसे वहाँ ऊष्मा के ही साथ एक विचित्र तरह की सिहरन का अनुभव हुआ। पहले आते रहे पर्यटकों द्वारा पेयजल के खाली डिब्बों, चाकलेट की पन्नियों और बुझी सिगरेटों के ठुर्रों के अलावा उसे वहाँ एक मरी हुई बिल्ली भी पड़ी दिखी।

बोबिस ने जब उस बिल्ली को पास जाकर ध्यान से देखा तो लगा कि बिल्ली मरी तो है, मगर उसकी देह से दुर्गन्ध नहीं आ रही। बोबिस यहाँ हजारों वर्ष पहले की ममियाँ देखने आया था। बोबिस को यह बात काफी चौंकाने वाली लगी कि मरी हुई बिल्ली का शव सूख तो गया है, सड़ा नहीं। बोबिस को तत्काल यह कौंधा कि पिरामिड में जरूर प्रकृति को घेरकर कोई ऐसा नियम जान लिया गया है कि शव को सड़ने से कैसे बचाया जाए। अपने यहाँ संस्कृत भाषा में एक सूत्र है—'शीर्यते इति शरीरम्' अर्थात् जो सड़ जाए, उसका नाम शरीर है। इसके बाद बोबिस ने नकल के आधार पर पिरामिड की शक्ल का एक छोटा पिरामिड बनाया। हू-ब-हू उसी तरह का पिरामिड बना लेने के बाद उसने मृत बिल्ली के एक बच्चे को उस छोटे पिरामिड में रख दिया। उसके आश्चर्य का ठिकाना न रहा, जब उसने पाया कि वह बिल्ली का बच्चा भी उसी तरह धीरे-धीरे सूखता गया। बोबिस ने अपना यह प्रयोग कई महीनों तक चालू रखा। कभी वह छोटे पिरामिड के भीतर मरा चूहा रखता, तो कभी मरी चिड़िया। मगर हर बार परिणाम वही निकले। अपने इन तमाम अनुभवों को उसने यूरोप के अखबारों में छपवाया। इन प्रयोगों द्वारा उसने यह सिद्ध करना चाहा कि हम जो घर बनाते हैं, उन्हें यदि एक विशेष ढंग से बनाया जाए, दूसरे शब्दों में, आकाश

को एक विशेष ढंग से घेरा जाए तो शरीर का क्षरण कम या नहीं के बराबर होता है।

हम दीवारों को खड़ाकर सही अर्थों में आकाश को ही घेरते हैं और इस खालीपन को घर कहते हैं। हम यह भूल जाते हैं कि खास ढंग पर घिरा यह आकाश हमारी देह के रसायनों पर खास तरह का प्रभाव डालता है, इसलिए कुछ घरों में भीतर घुसते ही एक अजीब तरह की बेचैनी महसूस होती है। हर घर हमारी मानसिकता में फेरबदल करता है।

राष्ट्रपिता और सत्यान्वेषण

इस समय देश में अध्यात्म का बोलबाला है। बड़े-बड़े आश्रम हैं, जिनमें बड़े-बड़े सन्त बैठे हैं, नोट गिनते हुए मगर उनकी कथनी कुछ ऐसी है जैसे वे सीधे-सीधे ऊपर वाले से बातें करते हों। इसके विपरीत यदि हम महात्मा गाँधी की जीवनी पढ़ें तो पाएँगे कि वे कितने महान कर्मयोगी थे। उन्होंने लिखा है—मैं केवल सत्य के साथ अपने अनेक प्रयोगों के अतिरिक्त और कुछ नहीं हूँ—यह कहानी आत्मकथा का रूप धारण कर लेगी।

हम भारत के लोग किन्हीं अंशों तक कृतघ्न भी हैं। हमने अहिंसा का सिद्धान्त पारित करने वाले महात्मा बुद्ध को पैदा किया और फिर उन्हें देश निकाला जैसा दे दिया। ठीक वही स्थिति महात्मा गाँधी पर भी लागू होती है। सन् 1948 में 29 जनवरी की शाम गाँधीजी ने अपनी वसीयत लिखवायी और 30 जनवरी को हम ही में से एक ने उन्हें गोली मार दी। विश्व इतिहास की घटनाएँ पढ़कर लगता कुछ यही है कि सुकरात से लेकर मार्टिन लूथर किंग (जूनियर) तक जिन सत्यान्वेषियों ने समाज के उत्थान के लिए कार्य किया, वे सभी या तो सूली पर चढ़ाए गये, या फिर उन्हें जहर दिया गया अथवा फिर उन्हें जला डाला गया। महात्मा गाँधी आज की दुनिया में निरन्तर प्रासंगिक होते जा रहे हैं। उसकी वजह यह है कि पूरी पृथ्वी के पास लोगों की प्राथमिक आवश्यकताओं को देने के लिए तो बहुत कुछ है, किन्तु लोगों को लोभ-लिप्सा का संवरण कर पाने की क्षमता पृथ्वी में अब लगभग नहीं बची। महात्मा गाँधी को विश्वास था कि जो कार्य एक व्यक्ति कर सकता है, उसे सभी कर सकते हैं। उन्होंने सत्य से जुड़े जो भी प्रयोग किये वे बन्द कोठरी में नहीं किये, खुले आम किये।

एक बार महात्मा गाँधी के पास एक महिला आयी अपने पुत्र को लेकर। उसने शिकायत की कि उसका बेटा गुड़ बहुत खाता है। उसे डर है कि जल्दी ही उसके बेटे के दाँत खराब हो जाएँगे। महात्मा गाँधी ने उस समय, उस महिला को यह कहकर टाल दिया कि अगले सप्ताह आना। दूसरा सप्ताह प्रारम्भ होते ही वह महिला बापू के पास दोबारा पहुँची। गाँधी जी ने उस लड़के को अपने मुँह के आगे वाले टूटे दाँत

दिखाते हुए कहा—"अगर तुमने गुड़ खाना बन्द नहीं किया तो तुम्हारा वही हाल होगा, जो मेरा हुआ है।" लड़के की माँ ने कहा—"ऐसा समाधान तो आप पिछले सप्ताह भी दे सकते थे।"

बापू ने उत्तर दिया—"जब तुम मेरे पास आयी थीं, मैं स्वयं भी गुड़ बड़े चाव से खाता था। लड़के को उपदेश देने से पहले मुझे लगा कि मुझे पहले स्वयं अपनी गुड़ खाने की आदत को तिलांजलि देनी होगी। इसीलिए मैंने उसी दिन से अपनी गुड़ सम्बन्धी कमजोरी पर अंकुश लगाया। एक सप्ताह तक गुड़ न खाने की प्रतिज्ञा पर जब मैं विजयी हुआ, तभी मैं तुम्हारे बेटे को गुड़ न खाने की हिदायत दे सका।" निहितार्थ यह कि बापू नैतिक दृष्टि से विरल महात्मा थे।

❑

आस्था और जड़ता

वर्ण व्यवस्था और अस्पृश्यता की जो बीमारी हमारे देश को खाए जा रही है, उसकी हल्की झलक यहूदियों में भी देखी जा सकती है। यहूदी 'एजरा' को ईश्वर का पुत्र मानते हैं। उन दिनों जो परिवार सायनागॉग (यहूदी प्रार्थना घर) से जुड़े होते थे वे स्वयं को उच्च कुलीन ही नहीं मानते थे, वरन अन्य लोगों के साथ आहार लेना भी पसन्द नहीं करते थे। यहूदियों की सूदखोरी से अरब लोग बहुत चिढ़ते थे, इसीलिए 'यहूदत' की तुलना में उन्हें ईसाई धर्म ज्यादा पसन्द आया।

ईसाई धर्म की जिस शाखा को अरबों ने अपनाया था, उसमें ईसा की त्रिमूर्ति की ही उपासना होती थी। उन दिनों रोम के सम्राट की राजधानी कुस्तुनतुनिया में थी। रोम के सम्राट ने एक घोषणा-पत्र जारी किया था कि किसी भी बीमारी का रोगी यदि यूनानी पद्धति वाली दवा का सेवन करेगा तो वह अपराधी माना जाएगा और उस वैद्य का वध कर दिया जाएगा। आज्ञा यह थी यदि बीमार पड़ो तो ईसाई पादरी के पास जाओ वरना मरो। पादरियों में यह बहस पीढ़ियों तक चली कि ईसा में कितने प्रतिशत ईश्वरत्व है। ईश्वर यदि अनश्वर है तो ईसा कितने वर्ष और अमर रहेंगे। मरियम को अगर ईसा की माँ कहा जाता है तो क्या उन्हें ईश्वर (गॉड) की भी अम्मा मान लिया जाय। इन्हीं बहसों के कारण पादरियों के भी कई सम्प्रदाय बन गये। इन्हीं पादरियों में एक विद्वान का नाम 'एरियस' था। एरियस को इस तमाम बहस के बीच एक विचित्र तर्क सूझा। उसने कहा, ''ईसा को हम ईश्वर का बेटा मानते हैं—सन ऑफ गॉड''—तो इसका अर्थ हुआ कि एक वक्त ऐसा भी रहा होगा जब ईश्वर निस्सन्तान रहा होगा, यानी ई. सन् एक (1) से पहले के वर्षों में गॉड यानी ईश्वर औलादहीन रहा होगा। तो इसका अर्थ यह हुआ कि एक ईश्वर वह ईश्वर था जो निस्सन्तान था और दूसरा ईश्वर वह ईश्वर जो पुत्रवान हुआ। तभी तो हम कहते हैं—जीसस द सन ऑफ गॉड। तर्क दमदार था, मगर इस तर्क का परिणाम यह हुआ कि एरियस को फाँसी दे दी गयी। इन्हीं धार्मिक सन्तों में एक था—पेलिगियस। पेलिगियस ने एक बार अपने प्रवचन में कहा, ''आदम पैदा हुए तो ईव के कहने पर उन्होंने ज्ञान के वृक्ष का फल खा लिया।

आदम फल खाते या न खाते, मरते तो जरूर, क्योंकि मृत्यु अटल है तब फिर दोनों को क्यों ईश्वर ने धक्के देकर स्वर्ग से निकाला।'' यह कुछ सोचने जैसा है कि हर आदमी, आदम की ही तरह सामान्यतः बेगुनाह होता है, हर कोई अपने-अपने अच्छे-बुरे कर्मों का फल भोगता है। आदम के कामों का फल नहीं। पेलेगियस ने जब यह कहा कि बापतिस्मे के पानी से पाप न धुले हैं न धुल सकते हैं तब न सिर्फ उसकी सम्पत्ति हड़प कर ली गयी, उसे देश निकाला भी दे दिया गया।

❑

द्वैत की धारणा

दक्षिण भारत में अनेक एकान्त स्थल हैं, जैसे कि कावेरी निसर्ग धाम यानी एनसिएंट रिजार्ट, जहाँ रहकर अनुभव होता है कि एक तरह का जीना पूर्णत: विदेह भी हो सकता है, जहाँ रहकर लगता है ज्ञाता, ज्ञान और ज्ञेय तीनों एक साथ विलीन हो चुके हैं। दक्षिण भारत अनेक मनीषियों को अवसर प्रदान करता है कि वे अस्तित्व की रहस्यपरक गहराइयों में जितना गहरे डूब सकें, डूबें। इन्हीं अनेक शोध संस्थानों में से एक है—द्वैत वेदान्त रिसर्च फाउंडेशन, जिसके अध्यक्ष हैं प्रोफेसर पाण्डुरंगी, जो बयासी वर्ष की आयु में भी लगभग दस-बारह घंटे चिन्तन-मनन में ही व्यतीत करते हैं। माध्वाचार्य द्वारा प्रतिपादित द्वैतवाद के तत्त्वों का खुलासा करते हुए प्रो. पाण्डुरंगी कहते हैं—अद्वैत जैसी कोई स्थिति सम्भव ही नहीं है। भेद अनिवार्य है। तत्त्व दो तरह के हैं—स्वतन्त्र और परतन्त्र। इनमें स्वतन्त्र स्वयं विष्णु हैं। अपनी कृति 'विष्णु तत्त्वनिर्णय' में प्रो. पाण्डुरंगी कहते हैं—विष्णु निर्दोष हैं। वे स्वतन्त्र भी हैं, शक्तियुक्त भी और विज्ञानमय सुख से ओतप्रोत हैं। उनके अनुसार भेद भी तीन तरह के हैं : सजातीय भेद, विजातीय भेद और स्वगत भेद। सजातीय भेद को इस तरह समझें कि सब वृक्ष वृक्ष हैं, मगर बबूल बबूल रहेगा और वटवृक्ष वटवृक्ष। अथवा नीला भी रंग रंग है और पीला भी रंग रंग। दूसरी तरह का भेद विजातीय भेद कहलाता है। जैसे पत्थर और पानी अथवा अग्नि और आकाश। स्वजातीय भेद, कुछ ऐसा है कि आम के वृक्ष में आम का तना आम के पत्तों से भिन्न है। आम के पत्तों से आम में आया बौर भिन्न है और आम की शाखाओं पर आम का फल शाखाओं से भिन्न है। यह भेद स्वजातीय भेद है। आगे इन भेदों को प्रमाणों द्वारा सिद्ध करना ही द्वैतवाद का लक्ष्य है।

प्रमाणों के अन्तर्गत प्रत्यक्ष, अनुमान और शब्दों का सहारा लिया जाता है। प्रत्यक्ष को किसी प्रमाण की जरूरत ही नहीं। उदाहरण के लिए जितनी तरह के जीव स्वेदज, उद्‌भिज, अंडज और पिंडज आदि हैं, वे सभी अपने आप सूचना देते हैं कि वे आपस में एक-दूसरे से भिन्न हैं। सर्प मृगों से भिन्न है और मृग को हम मनुष्य नहीं कहते।

इस तरह प्रत्यक्ष प्रमाण तो अपने आप कहता है कि इस दुनिया में भेद की सत्ता है। दूसरा प्रमाण अनुमान प्रमाण के नाम से जाना जाता है। इस भेद का आधार यह है कि सब गुणों से युक्त ईश्वर एक और है और उसकी रची सृष्टि में जीव अपने स्रष्टा से भिन्न। जो प्राणी यह सोचता है कि आत्मोन्नति की दिशा में अग्रसर एक दिन वह स्वयं भी ईश्वर हो जाएगा, उस पर ईश्वर कोई कृपा नहीं करता। अद्वैतवादी कहते हैं—यह सारा दृश्य जगत् माया है, जबकि मध्वाचार्य का मानना है कि यह उसी की इच्छा है, इसलिए शिरोधार्य है। अद्वैत जिसे प्रपंच कहता है, द्वैतवाद उसे कुछ इस तरह रेखांकित करता है—जड़ और ईश्वर अलग-अलग हैं। जीवों में परस्पर भेद हैं। जड़ और जीव अलग-अलग हैं।

❑

रेकी की रचना

अथर्ववेद के तेरहवें अध्याय में एक विधा का जिक्र है, जो अन्त:करण की क्षमताओं की ओर संकेत करती है। किसी षड्यन्त्रकारी ने यदि उत्कोच द्वारा अथवा फिर किसी अन्य उपाय से आपका अहित किया है तो आप किसी यक्ष का स्मरण कर ध्यानावस्था में रहते हुए यह आभास पा सकते हैं कि आपके खिलाफ कहाँ क्या हो रहा है। कुछ इसी तरह की विधायक विद्या है संवर्ग विद्या, जो उपनिषद् युगीन एक गाड़ीवान को आती थी। इस श्रमजीवी का नाम था सयुग्वा रैक्व। सयुग्वा का अर्थ है गाड़ीवाला। अस्तु, रैक्व अपनी बैलगाड़ी पर ही रहता और पागलों की तरह यहाँ-वहाँ घूमता रहता। आजकल जिस रेकी का जिक्र जगह-जगह सुनने को मिलता है, दरअसल उसकी जड़ रैक्व की संवर्ग विद्या में है, जिसमें आप दूर बैठकर कल्पना की आँखों से अपने-अपने सुहृद के लिए मंगल कामना करते हैं। अपनी आँखों के समक्ष धवल गोलवृत्त बनाकर फिर उस ऊर्जा के गोले को अपनी बन्द पलकों अथवा कक्ष में तिरोहित होने देते हैं। रेकी कोई अजूबा नहीं।

रैक्वऋषि ने विराट् से झरती ऊर्जा को सीधे-सीधे ग्रहण करने की एक विधायक विधि गढ़ी थी। असल में हम लोगों को पता नहीं कि हम पर कई हजार तरंगें निरन्तर बरस रही हैं। यह तो हमारे मस्तिष्क के स्नायुजाल का कमाल है कि हम उन सब में से कुछ को ग्रहण करते हैं और कुछ पल उन पर संतरण कर उन्हें भी तिरोहित हो जाने देते हैं। यह तथ्य आप द्वारा रचे षड्यन्त्र अथवा कुविचार के साथ भी होता है। वह अन्तत: लौटकर आप पर ही आक्रमण करता है। रेकी से जुड़ी वह विद्या है, जिसे हम संवर्ग विद्या भी कह सकते हैं। आखिर हमारा शरीर है क्या—यही क्षिति जल पावक गगन समीरा का मेला। इस शरीर को बने या बनाए रखने के लिए भी इन्हीं तत्त्वों की आवश्यकता होती है। अगर हम इस वाक्य को इस तरह लिखें कि शरीर के भीतर जो भट्ठी धधक रही है, उसे अपने अस्तित्व की रक्षा के लिए लगातार ईंधन चाहिए। यह ईंधन अन्न जल वायु आदि के माध्यम से शरीर को चलाए रखता है। बाबर ने जब अपने बेटे हुमायूँ के दीर्घ जीवन की कामना करते हुए रात-रात जागकर प्रार्थना

की थी, तो वह दरअसल रैक्व द्वारा अनुभूति विद्या का ही प्रयोग कर रहा था। अभिनवगुप्त इस प्रक्रिया को आसाद्य नाम देते हैं—अर्थात् चारों ओर पूर्णस्वरूप से इसी ऊर्जा को पाने की योग्यता। अभिनव ने लिखा है कि ऊर्जा को माँगने की भी एक विधि है। यदि हमें एकाग्र होकर उसे पाने की विधि आती है तो ऊर्जा भी उसी रूप में तरंगायित होने लगती है। अपने यहाँ ये जो तमाम सुभाषित है, जैसे—असतो मा सद्गमय, ये सब उसी सदाशयतापूर्ण मन:स्थिति में की गयी प्रार्थनाएँ हैं, जो विधायक स्थितियों को सक्रिय करने में सहायक सिद्ध होती हैं। रेकी नाम से प्रचलित विद्या भी उसी का एक हिस्सा है।

❑

यहूदियों के रक्षक रेबाई ससोव

अपने यहाँ नासदीयसूक्त में सृष्टि की उत्पत्ति के विषय में विवरण मिलता है। उस समय असत् नहीं था, सत् भी नहीं था, पृथ्वी भी नहीं थी और आकाश भी नहीं था। आकाश में विद्यमान सातों भुवन भी नहीं थे। आवरण भी कहाँ था और किसका कहाँ स्थान था? क्या उस समय दुर्गम और गम्भीर जल था? उस समय मृत्यु नहीं थी और अमरता भी नहीं थी। रात-दिन का भेद भी नहीं था। वायु शून्य और आत्मावलम्बन से श्वास-प्रश्वासयुक्त केवल वही एक ब्रह्म था। उसके अतिरिक्त और कुछ नहीं था। सृष्टि के प्रथम अन्धकार से जगत्कारण ढका हुआ था। सभी अज्ञात और जलमग्न थे। अविद्यमान वस्तु के द्वारा वह सर्वव्यापी आच्छन्न था। तपस् के प्रभाव से वह एक उत्पन्न हुआ।

तपस् का यह सिद्धान्त हमें यहूदी जाति, जो स्वयं को भी हमारी तरह श्रेष्ठ मानती है, की पुस्तक 'सोल्स ऑन फायर' से मिलता है जिसमें स्वयं को तपाने वाले यतियों का जिक्र है। पहले कभी इजराइल में एक ऐसा ही रेबाई हुआ—बालसेम तोव। राज्य की सीमा पर था उसका झोपड़ा। बालसेम निराला था और कीमती भी। दुनिया में कीमती हमेशा कम ही होते हैं।

एक बार राज्य में सूखा पड़ा। राजा दौड़ता हुआ बालसेम के पास गया और उससे सहायता माँगी। बालसेम उठा और जंगल में गया। वहाँ एक काली चट्टान थी। चट्टान पर खड़े होकर उसने चिनगारी पैदा की, फिर मन्त्र जैसे कुछ शब्द दोहराये। संयोग ऐसा हुआ कि राज्य पर आयी विपत्ति टल गयी। कुछ समय बाद बालसेम नहीं रहा। तब उसका शिष्य मागिद, रेबाई की गद्दी पर बैठा। संयोगवश कुछ ही अन्तराल के बाद राज्य में बाढ़ आ गयी।

राजा फिर थर्राया हुआ मागिद के पास आया और उससे मदद माँगी। मागिद उठा, जंगल में गया। चट्टान पानी में डूब गयी थी, अतः बिना चिनगारी पैदा किये उसने सिर्फ वही शब्द दोहराये। संयोग ऐसा हुआ कि जल का स्तर घटने लगा। कालान्तर में राजा और मागिद दोनों नहीं रहे। मागिद की जगह 'ससोव' रेबाई बना।

वर्षों बाद राज्य में पाला पड़ा। कुहरे में काँपता मन्त्री ससोव के पास आया और उससे मदद माँगी। ससोव वहीं बैठा रहा। उसने मन-ही-मन कहना शुरू किया, "ओ यहोवा! काली चट्टान तो, बाढ़ में डूबने के बाद, पता नहीं किस पाताल में समा गयी और जंगल को बस्ती खा गयी। रहा मन्त्र, वह सिखाया तो था मेरे मुर्शिद ने मगर मैं उसे भी भूल गया। फिर भी तू मेरे लोगों पर आयी विपत्ति टाल दे।"

तभी लोगों ने देखा कि बादल फट गये हैं और सूर्य निकल आया है।

❑

नाद से निनादित सब

हमारे यहाँ शब्द की तुलना ब्रह्म से की गयी है। मगर संगीत के इतिहास के लेखक सांबमूर्ति का कहना है कि हमें नाद को अधिक महत्त्व देना चाहिए। नाद से ही यह समस्त क्षेत्र निनादित है। स्वर्ग का जो विवरण हमें विभिन्न ग्रन्थों में मिलता है, उसमें अप्सराएँ नाद में निमग्न, सुगन्ध पीती हुई तितली के पंखों पर तिरती रहती हैं। गन्धर्व स्वार्गिक गान गाते हैं। गन्धर्व नामक वेद, जो अब लुप्तप्राय है, नाद और संगीत का ही पिटक हुआ करता था। गन्धर्व वेद के विषय में यह भी कहा जाता है कि वह सामवेद का ही एक अंग था। सही अर्थों में आज जो ध्रुपद गायकी प्रचलित है, उसका उत्स सामवेद ही है। भारतीय संगीत के प्रथम विशेषज्ञ दत्तिल माने जाते हैं जो 190 ई. के आसपास हुए। दूसरे हैं कोहल जो 280 ई. में हुए। इसके पश्चात् भरत का नाम आता है। ये भरत नाट्यशास्त्र के रचयिता हैं या कोई और इस पर विद्वानों में मतभेद है। आठवीं सदी के आसपास नारद नामक यायावर गायक को अपने यहाँ की संगीत परम्परा को समृद्ध करने वाला महान गायक माना जाता है। नारदीय शिक्षा, संगीत मकरंद और पंचम स्वर आदि संगीत ग्रन्थों में, नाद को आध्यात्मिक साधना का अत्यधिक सशक्त उपादान माना गया है। अभिनवगुप्त ने अपनी कारिका में नृत्य-नाट्य के ही साथ संगीत पर भी अपना मन्तव्य प्रकट किया है। मातंग नामक एक अन्य कलापारखी ने अपनी कृति बृहदेसी में भारतीय संगीत की सात्त्विकता पर जो विचार व्यक्त किये हैं, उनके आधार पर तो यह तक स्वीकार करना पड़ता है कि संगीत की अनुरणन ध्वनि मनुष्य को समाधि की स्थिति में भी ले जा सकती है। सारंगदेव ने अपनी कृति संगीत रत्नाकर में, खगोल विद्या को नाद से जोड़कर यह सिद्ध करने की कोशिश की है कि यह समस्त ब्रह्माण्ड किसी 'ओम' जैसी ध्वनि से अनवरत निनादित है। नंदिकेश्वर, जो संगीत के परम विशेषज्ञ माने जाते हैं, पहले स्वरसम्राट थे, जिन्होंने बारह पदों को खोजकर अभिनय मुद्रा को संगीत के साथ जोड़ा। नंदिकेश्वर के विषय में कहा जाता है कि वे ग्यारहवीं शती के अन्त में हुए। बारहवीं सदी के प्रारम्भ होते ही संगीत के क्षेत्र में एक साथ कई कलाविदों ने अपने-अपने स्वर-समायोजन किये।

इन्हीं सब के कारण संगीत के क्षेत्र में हिन्दुस्तानी स्कूल की शुरुआत हुई। इस समय तक, क्योंकि मुसलमान भारत पर आक्रमण कर यहाँ रच बस ग्ये थे, इसलिए उनके सम्पर्क से भारतीय संगीत में और कई मधुर स्वर जुड़े। भारतीय संगीत को अमीर खुसरो ने अपने ढंग से समृद्ध किया। भारतीय रागों के क्षेत्र में नायक गोपाल का नाम भी बड़े आदर के साथ लिया जाता है। गोपाल खिलजी सुल्तान के दरबारी गायक थे। पुरंदरदास किन्नौर घराने के जन्मदाता माने जाते हैं। वे विजयनगर राजदरबार से सम्बद्ध थे, हालाँकि उनका जन्म कहीं और हुआ था। तानसेन उर्फ तन्ना मिश्र ने ध्रुपद गायकी स्वामी हरिदास से सीखी थी। दक्षिण स्कूल के उन्नायक पुंडरीक विट्ठल की कृति आज भी दक्षिण के संगीतकारों को प्रिय है। गोविन्द दीक्षितार की 'संगीत सुधा' नाम की कृति उनकी संगीत साधना का सार मानी जाती है। भारतीय संगीत कला क्षेत्र के अन्तिम रत्न थे भातखंडे, जिनकी मृत्यु पिछली सदी में सन् 1940 में हुई।

❑

सूफ़ी...

सूफ़ी शब्द सुनने में आसान लगता है मगर सूफ़ियों की सी जिन्दगी जी पाना कठिन से कठिनतर होता जा रहा है—यह शिकायत अभी हाल में हमारे एक सूफ़ी साधक पड़ोसी ने की। सूफ़ी शब्द के कई अर्थ हैं और हर अर्थ के आधार पर गढ़ी गयी उतनी है जटिल परिभाषाएँ। विद्वान लोग सूफ़ियों के विषय में जिस पुस्तक को सर्वाधिक प्रामाणिक मानते हैं वह है 'तज़किरातुल औलिया', जिसे फिरदुद्दीन अत्तार ने सन् 1230 के आसपास हस्तलिपि के सहारे लोगों तक पहुँचाने का काम किया। प्रारम्भ में सूफ़ियों का न तो कोई संगठित समुदाय था और न ही इन सबका इस्लाम से कोई विशेष सरोकार। वे जहाँ कहीं थे, बस थे। साम्प्रदायिक बन्धनों के प्रति सर्वथा उदासीन। ठीक उसी तरह जिस तरह का खण्डित जीवन जीते हुए आज हम एक-दूसरे के प्रति शंका और ईर्ष्या से भरी जिन्दगी जीते हैं। वह सही सूफ़ी के मनोविज्ञान का हिस्सा नहीं। वह दिन-रात विराट् से जुड़ा उसी में तल्लीन रहता है। हर तरह के प्रपंच से दूर एक फटा ऊनी चोंगा पहिने, बेमतलब की भाग-दौड़ से अलग वह एकान्त में एक गुमसुम अनाम-सी जिन्दगी जीता है। पहले इस तरह का ऊनी चोंगा ईसाई सन्त पहनते थे। हो सकता है, उन्हीं से प्रेरित होकर सूफ़ियों ने भी इसे धीरे-धीरे अपना लिया हो। ऐसा भी माना जाता है कि पैग़म्बर की मृत्यु के बाद, इस ढीले वस्त्र का प्रचलन हुआ।

सूफ़ी शब्द को अपने नाम के साथ जोड़ने वाला पहला व्यक्ति हुआ अबू हाशिम। सूफ़ियों का सम्मिलन इस्लाम के साथ कब हुआ इस पर निकोल्सन, बार्कर आदि विद्वानों में मतभेद है। 'कुल्लो नफशीन हालिकुन इल्ला वज्जेहु' अर्थात् अल्लाह के सिवाय शेष सारी वस्तुएँ नाशवान हैं—सूफ़ियों का ध्रुव वाक्य है। अपने यहाँ ऐसे या इससे मिलते-जुलते सूत्रवाक्य तो हैं ही। यह भी लिखा मिलता है कि इच्छा न हो तो तत्त्वज्ञान मिला ही मिला है उसे खोजने के लिए उपदेशकों के पास जाने की जरूरत नहीं। सूफ़ियों की बहुत-सी प्रवृत्तियाँ इस्लाम में ढूँढ़े नहीं मिलतीं, यह कथन उतना ही सही है जितना यह कहना कि सूफ़ियों पर बाहर से कुछ लादा नहीं गया। सूफ़ी ज़रे-ज़रे में अल्लाह की ही छवि देखता है। भारतीय चिन्तनधारा के अनुसार

यह हुआ सर्वात्म भाव। अपने यहाँ इस और ऐसी दृष्टि वाली कविता भी ख़ूब लिखी गयी है। उदाहरण के लिए, ईशा वास्यमिदम् सर्वम् या फिर हिन्दी के पहले कवि मलिक मुहम्मद जायसी के ये पक्तियाँ :

उन बानन्ह अस को जो न मारा
बेधि रह्यौ सगरो संसारा
गगन नखत जो जाँहि न गने
वे सब बान ओहि के हनै!
धती बान बेधि सब राखी
साखी ठाढ़ देहि सब साखी।

यह अलग बात है कि हम अब ऐसी समग्रता के पक्षधर नहीं रहे। प्रगतिपथ पर बढ़ते हुए दूर चले आये हैं। सूफ़ी बिना किसी फल की आशा किये, विराट् के समक्ष पूर्ण समर्पण को ही अपनी स्थिति मानता है। अन्तःकरण की शुद्धि उसके लिए सर्वाधिक महत्त्वपूर्ण है। यही नहीं, वह अपनी (माशूका) अर्थात् त्रिय परमेश्वर से सीधे-सीधे बात करता है। उसके विरह में छटपटाता है, रोता है, भावोन्माद की दुनिया में चला जाता है। इस्लाम की मान्यतानुसार ऐसा सही नहीं है। ऐसा इसलिए कि मक्का कालीन एक सूरा (85, 14) में परमात्मा को 'अलवद्द' कहा गया है। निकोल्सन के अनुसार, प्रभु के प्रति मनुष्य के प्रेम का उल्लेख, पवित्र कुरान में तीन बार आया है और सभी का निहितार्थ यही है कि यदि परमात्मा से तुम्हें प्रेम है तो मेरा अनुसरण करो और तब परमात्मा तुमसे प्रेम करेगा और तुम्हारे पापों को क्षमा कर देगा क्योंकि वह असीम दयावान है।

अपने समर्थन में सूफ़ी जिस हदीस का हवाला देते हैं वह इस प्रकार है : जो अपने को जान लेता है वह अपने स्रष्टा को जान लेता है। अथवा "मैं एक छिपा हुआ खज़ाना था और मैं अपने को प्रकट करना चाहता था इसलिए मैंने सृष्टि की कि मैं जाना जा सकूँ।" बिल्कुल यही कथन हमें अपने वृहदारण्यक उपनिषद् में मिलता है।

सूफ़ियों का मानना है कि आमतौर पर हर कोई मोमिन होता है फिर उसके भीतर जब स्रष्टा के प्रति जिज्ञासा का भाव जागता है तो उसे एक राह दिखाने वाले की जरूरत होती है जिसे मुर्शिद संज्ञा से अभिहित किया जाता है। कबीरदास ने अपने एक पद में किसी ऐसे ही मुर्शिद को सम्बोधित करते हुए लिखा है :

मुर्शिद! नैनों बीच नबी है
स्याह सफ़ेद तिलो विच तारा
अविगत अलख रबी है।

तो साधना के क्षेत्र में उतरने वाले को जब एक मुर्शिद मिल जाता है तब उसे सालिक यानी यात्री कहते हैं। जिस तरह बौद्धों में नये भिक्खु को एकान्त में रहने की

सलाह दी जाती है ठीक उसी तरह सालिक भी एकान्त में रहने का अभ्यास करता है। एकान्त में रहते-रहते उसे अज्ञात से आती आवाज़ें सुनाई पड़ने लगती हैं तब शायद उसे आरिफ़ नाम से जाना जाने लगता है। सूफ़ियों के अगले पड़ाव और भी दुरूह हैं उसे मात्र जल पीकर जिन्दा रहने की तरकीबें और अन्य कई अनुशासन स्वयं पर आरोपित करने पड़ते हैं। इस साधना में आते-आते एक दिन ऐसा भी आता है जब सूफ़ी विराट् की सत्ता में लीन अथवा 'फ़ना' हो जाता है। यह स्थिति कुछ ऐसी है जैसे लोहा आग में तपकर स्वयं दहकता हुआ अंगार बन जाता है। कुछ साधक इससे भी आगे की कल्पना करते हुए कहते हैं कि जब तक फ़ना अल-फ़ना की स्थिति न आये तब तक पूर्ण विलय सम्भव नहीं। उनका तर्क यह है कि आग में तपकर लोहा अंगार तो बन जाता है मगर अपना लोहत्व अर्थात् अपना स्वभाव नहीं छोड़ता इसलिए फ़ना से अल-फ़ना तक पहुँचना खासा दुस्तर कार्य है।

सूफ़ियों के सन्दर्भ में एक कहानी अक्सर दोहराई जाती है। वह कहानी सुप्रसिद्ध सूफ़ी अबू याजीद अल बिस्तामी के बारे में है जो बिना किसी व्यतिक्रम के शाम की नमाज़ के लिए मस्जिद ज्यादा ही जाता था। यह सिलसिला यों चलता रहा। एक बार शाम को जब कस्बे के अन्य प्रार्थी नमाज़ पढ़ने मस्जिद पहुँचे तो उन्होंने पाया कि बिस्तामी नदारद है। बहरहाल नमाज़ के बाद पड़ोसियों ने उसकी तलाश शुरू की। खोजते हुए वे जब कस्बे के बाहर पहुँचे तो उन्होंने देखा कि वह बूढ़ा फ़कीर एक टीले पर गुमसुम बैठा था। लोगों ने उसे आवाज़ दी जिसका उस साधक पर कोई प्रभाव नहीं हुआ। हारकर सभी टीले पर चढ़े और झकझोरकर उन्होंने बिस्तामी से पूछा—तुम आज शाम नमाज़ अता करने क्यों नहीं आये? फ़कीर ने धीमे स्वर में बुदबुदाते हुए कहा, "जब तक वह नहीं मिला था मस्जिद आ जाया करता था। अब जब वह मिल गया है तब मेरे लिए हर जगह मस्जिद हो गयी है। वह कहाँ नहीं कि उसके समक्ष झुकने के लिए एक खास किस्म के गुम्बद में ही आया जाये।"

सूफ़ी मत के सम्बन्ध में इस बात को लेकर गहरा मतभेद है कि यह रहस्यपरक प्रवृत्ति आखिर आयी कहाँ से? यूरोप के विद्वानों ने इस बारे में गहरी पड़ताल की है। कुछ का मानना है कि इस प्रवृत्ति की जड़ें ग्रीक दर्शन में हैं। एडलबट मर्क्स का कहना है कि क्योंकि आत्मनिरीक्षण की प्रवृत्ति सबसे ज्यादा यूनानियों में थी और इस्लाम के आने से पहले, बहुत पहले, आसपास के तमाम क्षेत्रों में यूनानी दर्शन का ही प्रभाव था इसलिए यह मान लेने में कोई हर्ज नहीं कि सूफ़ियों को उनकी रहस्य परकता यूनान से मिली। ब्राउन का मानना है कि अन्य विचारधाराओं की तुलना में सूफ़ीशैली नव अफलातूनी दर्शन के अधिक निकट जान पड़ती है हालाँकि किसी भी निष्कर्ष पर पहुँचने से पूर्व यह जान लेना ज्यादा जरूरी है कि नव-अफलातूनी दर्शन स्वयं पूर्वी देशों और विशेष रूप से, इस पूरे क्षेत्र में पहुँच चुके श्रमणों द्वारा सीखकर एक अलग दार्शनिक निकाय बना।

❑ ❑ ❑